Film, Fernsehen, Medienkultur
Schriftenreihe der Hochschule für Film und Fernsehen „Konrad Wolf"

Herausgegeben von
L. Mikos, Potsdam, Deutschland
M. Wedel, Potsdam, Deutschland
C. Wegener, Potsdam, Deutschland
D. Wiedemann, Potsdam, Deutschland

Die Verbindung von Medien und Kultur wird heute nicht mehr in Frage gestellt. Medien können als integraler Bestandteil von Kultur gedacht werden, zudem vermittelt sich Kultur in wesentlichem Maße über Medien. Medien sind die maßgeblichen Foren gesellschaft licher Kommunikation und damit Vehikel eines Diskurses, in dem sich kulturelle Praktiken, Konflikte und Kohärenzen strukturieren. Die Schriftenreihe der Hochschule für Film und Fernsehen schließt an eine solche Sichtweise von Medienkultur an und bezieht die damit verbundenen Themenfelder ihren Lehr- und Forschungsfeldern entsprechend auf Film und Fernsehen. Dabei werden unterschiedliche Perspektiven eingenommen, in denen es gleichermaßen um mediale Formen und Inhalte, Rezipienten und Kommunikatoren geht. Die Bände der Reihe knüpfen disziplinär an unterschiedliche Fachrichtungen an. Sie verbinden genuin film- und fernsehwissenschaftliche Fragestellungen mit kulturwissenschaft lichen und soziologischen Ansätzen, diskutieren medien- und kommunikationswissenschaftliche Aspekte und schließen Praktiken des künstlerischen Umgangs mit Medien ein. Die theoretischen Ausführungen und empirischen Studien der Schrift enreihe erfolgen vor dem Hintergrund eines zunehmend beschleunigten technologischen Wandels und wollen der Entwicklung von Film und Fernsehen im Zeitalter der Digitalisierung gerecht werden. So geht es auch um neue Formen des Erzählens sowie um veränderte Nutzungsmuster, die sich durch Mobilität und Interaktivität von traditionellen Formen des Mediengebrauchs unterscheiden.

Tanja Deuerling

Innovationsmanagement für neues Fernsehen

Entwicklung von Bewegtbildformaten in Abhängigkeit vom Innovationsgrad

Tanja Deuerling
Potsdam, Deutschland

Dissertation Filmuniversität Babelsberg Konrad Wolf, Berlin, 2015

Film, Fernsehen, Medienkultur
ISBN 978-3-658-11668-2   ISBN 978-3-658-11669-9 (eBook)
DOI 10.1007/978-3-658-11669-9

Die Deutsche Nationalbibliothek verzeichnet diese Publikation in der Deutschen Nationalbibliografie; detaillierte bibliografische Daten sind im Internet über http://dnb.d-nb.de abrufbar.

Springer VS
© Springer Fachmedien Wiesbaden 2016
Das Werk einschließlich aller seiner Teile ist urheberrechtlich geschützt. Jede Verwertung, die nicht ausdrücklich vom Urheberrechtsgesetz zugelassen ist, bedarf der vorherigen Zustimmung des Verlags. Das gilt insbesondere für Vervielfältigungen, Bearbeitungen, Übersetzungen, Mikroverfilmungen und die Einspeicherung und Verarbeitung in elektronischen Systemen.
Die Wiedergabe von Gebrauchsnamen, Handelsnamen, Warenbezeichnungen usw. in diesem Werk berechtigt auch ohne besondere Kennzeichnung nicht zu der Annahme, dass solche Namen im Sinne der Warenzeichen- und Markenschutz-Gesetzgebung als frei zu betrachten wären und daher von jedermann benutzt werden dürften.
Der Verlag, die Autoren und die Herausgeber gehen davon aus, dass die Angaben und Informationen in diesem Werk zum Zeitpunkt der Veröffentlichung vollständig und korrekt sind. Weder der Verlag noch die Autoren oder die Herausgeber übernehmen, ausdrücklich oder implizit, Gewähr für den Inhalt des Werkes, etwaige Fehler oder Äußerungen.

Gedruckt auf säurefreiem und chlorfrei gebleichtem Papier

Springer Fachmedien Wiesbaden ist Teil der Fachverlagsgruppe Springer Science+Business Media
(www.springer.com)

Danksagung

Das Schreiben dieser Arbeit war ein Innovationsprozess. Noch nie zuvor habe ich so intensiv erfahren, wie meine eigene Kreativität funktioniert. Dank sagen möchte ich allen, die mich auf diesem Weg begleitet und unterstützt haben.

Allen voran gilt mein Dank meinem Doktorvater Prof. Dr. Dieter Wiedemann, der mich von der ersten vagen Idee bis zur finalen Fassung in jeder Phase großartig unterstützt hat. Er hat mir nicht nur jede fachliche und praktische Hilfe gegeben, die man sich nur wünschen kann, sondern auch stets die Sicherheit vermittelt, dass ich auf dem richtigen Weg bin. Dabei hat er mir die größtmögliche Freiheit gegeben, meine eigenen Ideen zu entwickeln.

Mein Dank geht auch an Prof. Dr. Brigitte Witzer, die mich ermutigt hat, einen neuen Weg einzuschlagen und mich nach vielen Jahren in der Praxis noch einmal der Wissenschaft zu widmen. Danke auch an alle Freunde, die mich in den vergangenen Jahren unermüdlich motiviert haben.

Besonders bedanken möchte ich mich bei meinem Freund Michael Moser, sowohl für die praktische Hilfe als auch für die emotionale Unterstützung. Danke, dass Du mich so liebevoll bis ins Ziel begleitet hast.

Zutiefst dankbar bin ich schließlich meinen Eltern Irene und Georg Deuerling. Für alles.

Inhaltsverzeichnis

Abbildungsverzeichnis   **13**

1 Einleitung   **15**
   1.1 Ausgangssituation und Fragestellung 15
   1.2 Ziel und Methode 19
   1.3 Aufbau der Arbeit 21

2 Formate als Innovationen   **23**
   2.1 Innovation und Kreativität: Abgrenzung und Zusammenhang 23
   2.2 Innovationen in Fernsehunternehmen 25
   2.3 Was ist neu im Fernsehen? Formate als Innovationsobjekte 27
      2.3.1 Kreative Routine und Innovation 27
      2.3.2 Innovative Produkte und Prozesse 29
      2.3.3 Inhalt, Content und Bewegtbildformat 30
      2.3.4 Formate als Rahmenkonzepte für informierende,
           unterhaltende und fiktionale Inhalte 33
   2.4 Die Bedeutung von Innovationen für Sender, Produzenten,
      Zuschauer und Werbetreibende 35
      2.4.1 Zuschauer und Werbetreibende als Kunden von
           Formatinnovationen 37
      2.4.2 Sender als Gatekeeper für Formatinnovationen 38
      2.4.3 Innovationen aus Perspektive der Anbieter 40
   2.5 Innovationsgrad von Formaten 41
      2.5.1 Einteilung des Innovationsgrades in Dichotomien 42
      2.5.2 Konzepte zur graduellen Abstufungen von Innovationen 43
      2.5.3 Geringer Innovationsgrad: inkrementelle Formatinnovationen . 45
      2.5.4 Mittlerer Innovationsgrad: echte Formatinnovationen 46
      2.5.5 Hoher Innovationsgrad: radikale Formatinnovationen 48
   2.6 Innovationen aus der Prozessperspektive 49
      2.6.1 Prozess: Begriff und Spektrum 50
      2.6.2 Merkmale von Innovationen 51
      2.6.3 Modelle von Innovationsprozessen 53
      2.6.4 Unklarer Start des Innovationsprozesses 64

2.6.5 Erfolgsbewertung als Prozessabschluss 66
2.6.6 Sieben-Phasen-Modell der Formatentwicklung 68
2.7 Zusammenfassung: Innovationen 70

3 Kreativität und ihre Bedeutung für Formatinnovationen 73
3.1 Besonderheiten kreativer Industrien als eigenes Wirtschaftsfeld ... 73
   3.1.1 Kreativität im Produktionsprozess 75
   3.1.2 Produkte mit kostenintensiven Originalen 76
   3.1.3 „Kreative Arbeiter" 77
   3.1.4 Wettbewerb und Leistungserwartung 78
3.2 Ansätze aus der Kreativitätsforschung 80
   3.2.1 Individuum und Kognition 81
   3.2.2 Motivation und weitere Komponenten von Kreativität 84
   3.2.3 Kreativität in Abhängigkeit vom Kontext 88
   3.2.4 Einfluss des sozialen Systems 90
   3.2.5 Anwendung der Erkenntnisse im unternehmerischen Kontext . 92
3.3 Methoden zur Kreativitätsförderung 94
   3.3.1 Intuitiv-kreative Methoden 96
   3.3.2 Analytisch-systematische Methoden 100
   3.3.3 Systematische Anwendung von Kreativitätstechniken 104
3.4 Zusammenfassung: Kreativität 106

4 Organisation von Innovation 109
4.1 Innerbetriebliche Gestaltungsmöglichkeiten 110
   4.1.1 Zentrale und dezentrale Einbindung von Innovationsaufgaben in die Unternehmensstruktur 110
   4.1.2 Innovationssystem als ganzheitliche Ausrichtung des Unternehmens 116
   4.1.3 Mechanische und organische Systeme 117
4.2 Zwischenbetriebliche Gestaltungsmöglichkeiten 119
   4.2.1 Zwischenbetriebliche Marktlösungen 119
   4.2.2 Formen zwischenbetrieblicher Kooperationen 121
4.3 Projektnetzwerke als Organisationsform für Formatinnovationen .. 121
   4.3.1 Netzwerke als beziehungsorientierte Kooperationsform 122
   4.3.2 Projekte als Organisationsform 123
   4.3.3 Bewegbildproduktion in Projektnetzwerken 124
   4.3.4 Formatinnovation in Projektnetzwerken 125
   4.3.5 Organisationen in organisationalen Feldern 126
4.4 Zusammenfassung: Organisation 128

5 Innovationsprozesse für Formate   131
  5.1 Frühe Phase 132
    5.1.1 Impulse als Innovationsinitiative 133
      5.1.1.1 Strategischer Impuls 134
      5.1.1.2 Kreativer Impuls 136
    5.1.2 Ideen als Basis von Innovationen 137
      5.1.2.1 Strukturierung eines Ideenpapiers 137
      5.1.2.2 Leitfaden für das Ideenpapier 139
      5.1.2.3 Ideenpapier als Meilenstein und seine Grenzen 145
    5.1.3 Konkretisierungen im Konzept 147
      5.1.3.1 Leitfaden für Konzepte 148
      5.1.3.2 Zielbildung als Prozess 150
  5.2 Pilot-Phase 152
    5.2.1 Papierpilot: Entwicklung zum Piloten 152
    5.2.2 Leitfaden für Papierpiloten 153
    5.2.3 Pilotproduktion als „physische Umsetzung" 156
    5.2.4 Formen der Pilotierung 157
  5.3 Realisierungs-Phase 159
    5.3.1 Serienproduktion und Markteintritt 159
    5.3.2 Evaluierung als Erfolgsfeststellung und Prozessabschluss ... 161
      5.3.2.1 Gegenstand, Zeitpunkt und Experten als Rahmen der
              Erfolgsmessung 162
      5.3.2.2 Evaluierung bei sich ändernden Zielen 164
      5.3.2.3 Möglichkeiten der Erfolgsmessung 165
      5.3.2.4 Bedeutung der Quote 166
      5.3.2.5 Ökonomischer Nutzen 167
      5.3.2.6 Qualität von Fernsehformaten 168
  5.4 Zusammenfassung: Innovationsprozesse 171

6 Grad-Phasen-Modell: Theorie und Anwendung   173
  6.1 Theorie zur Steuerung von Innovationsprozessen in Abhängigkeit
      von Phasen und Grad 174
    6.1.1 Ausmaß an Kreativität 174
    6.1.2 Phasenabhängige Steuerung und Strukturierung 176
    6.1.3 Steuerung von Prozessen in Abhängigkeit vom Innovationsgrad 178
    6.1.4 Theorie des Grad-Phasen-Modells 181
    6.1.5 Innovationsgrad als Zielvorgabe 184

6.2 Effizienz vor Kreativität: inkrementelle Formatinnovationen 185
    6.2.1 Impulse zu inkrementellen Innovationen 187
        6.2.1.1 Vorgelagerte Markt- und Formatanalyse 188
        6.2.1.2 Vorgaben und Briefing 189
        6.2.1.3 Routinierte Akteure und Projektmanager 190
    6.2.2 Strukturierte Ideenfindung 192
    6.2.3 Parallelisierung in der Konzeptphase 193
    6.2.4 Ausblick auf den weiteren Prozessverlauf: Routine und Prozessverkürzung 195
    6.2.5 Zusammenfassung und Empfehlungen für inkrementelle Formatinnovationen 197
6.3 Strukturierte Kreativität: echte Formatinnovationen 198
    6.3.1 Rahmenbedingungen und Anregungen für Impulse 199
        6.3.1.1 Bedeutung der richtigen Personen 199
        6.3.1.2 Vorgaben für echte Formatinnovationen 200
        6.3.1.3 Förderung kreativer Impulse 201
        6.3.1.4 Methodischer Ideenanstoß: Formatbaukasten 202
    6.3.2 Organisation der Entwicklung von Ideen für echte Innovationen 206
        6.3.2.1 Motivation für echte Innovationen 207
        6.3.2.2 Verantwortung, Koordination und Schnittstellen 208
        6.3.2.3 Innovationsstruktur für Formatentwicklung 209
        6.3.2.4 Ideenprozesse in der Innovationsstruktur 211
    6.3.3 Zeitintensive Konzeptphase echter Formatinnovationen 214
        6.3.3.1 Risiko und Risikotransparenz 214
        6.3.3.2 Informeller Austausch und standardisierter Informationsfluss 216
    6.3.4 Ausblick auf den weiteren Prozessverlauf: Iterationen und intensives Monitoring 217
    6.3.5 Zusammenfassung und Empfehlungen für echte Formatinnovationen 219
6.4 Freiheit statt Struktur: radikale Formatinnovationen 221
    6.4.1 Freiheit für radikale Innovationen 222
    6.4.2 Ressourcen für radikal-neue Formate 223
    6.4.3 Radikale Innovationen in großen Fernsehunternehmen 224
    6.4.4 Ansätze für konkrete Maßnahmen 226
        6.4.4.1 Offen für alle: Ideenwettbewerb 227
        6.4.4.2 Neues von Lead-Usern 228
        6.4.4.3 Technologiebeobachtung und -entwicklung 231
        6.4.4.4 Tests und Probemärkte 233

       6.4.5   Kleine Organisationen als Innovationstreiber 235
            6.4.5.1 Anforderungen für die Zusammenarbeit mit kleinen
                     Einheiten 235
            6.4.5.2 Ausgliederung von Innovationen 237
            6.4.5.3 Zukauf und Neugründung: Strategien von
                     Produktionsunternehmen 238
       6.4.6   Ausblick auf den weiteren Prozessverlauf: Chefsache bis
               zum Prozessende 239
       6.4.7   Zusammenfassung und Empfehlungen für radikale
               Formatinnovationen 240
   6.5 Zusammenfassung: Grad-Phasen-Modell 241

7 Ergebnisse und Ausblick   **245**
   7.1 Zusammenfassung der Ergebnisse 245
   7.2 Fazit und Ausblick 248

Literaturverzeichnis   **251**

Abbildungsverzeichnis

2.1 Kunden und Anbieter von Formaten (eigene Darstellung) 36
2.2 Der Innovationsgrad in Abhängigkeit zur Kreativität (eigene Darstellung) 42
2.3 Graduelle Abstufungen von Formatinnovationen (eigene Darstellung) 44
2.4 Innovationsprozess nach Vahs/Burmester (1999, S. 90) 54
2.5 Generische Phasen der Fernsehproduktion nach Schwehm/Voigt (2012, S. 23) 55
2.6 Innovationsprozess für Medienunternehmen nach Mueller-Oerlinghausen/Sauder (2003, S. 34) 56
2.7 Rahmenkonzept mit drei Ebenen nach Köhler (2005, S. 87) 57
2.8 Medieninnovationsprozess nach Dogruel (2013, S. 348) 58
2.9 Senderinduzierte Entwicklung nach Fröhlich (2010, S. 259) 59
2.10 Produzenteninduzierte Entwicklung nach Fröhlich (2010, S. 360) . 60
2.11 Formatbasierte Entwicklung nach Fröhlich (2010, S. 361) 61
2.12 Vier-Ebenen-Modell nach Schwehm/Voigt (2012, S. 31) 63
2.13 Sieben-Phasen-Modell der Formatentwicklung (eigene Darstellung) 70

3.1 Geneplore-Modell nach Ward/S. M. Smith/Finke (2010, S. 193) . 83
3.2 Komponenten-Modell nach Amabile (1996, S. 113) 87
3.3 Domäne-Feld-Individuum-Modell nach M. Csikszentmihalyi (2010, S. 315) 91
3.4 Kreativität in Abhängigkeit zur Steuerungsintensität (eigene Darstellung) 95

4.1 Zentrale Organisation von Entwicklung und Innovationen mit Stabsstellen oder -abteilungen (eigene Darstellung) 111
4.2 Zentrale Organisation von Entwicklung und Innovationen auf Bereichsebene (eigene Darstellung) 112
4.3 Zentrale Organisation von Entwicklung und Innovationen im Programmbereich (eigene Darstellung) 112
4.4 Dezentrale Organisation von Entwicklung und Innovationen im Programmbereich (eigene Darstellung) 113

4.5 Kombinierte zentrale-dezentrale Organisation von Entwicklung und Innovationen in Anlehnung an Hess/Köhler (2003, S. 53) . . . 114
4.6 Innovationsstruktur nach Colman (2012, S. 82) 115
4.7 Strukturvarianten des Innovationssystems nach Hauschildt/Salomo (2011, S. 58) 116
4.8 Modell der Content-Produktion im organisationalen Feld nach Windeler (2010, S. 227) 128

5.1 Kreativität im Innovationsprozess (eigene Darstellung) 133
5.2 Leitfäden für Ideenpapier, Konzept und Papierpilot (eigene Darstellung) 155

6.1 Der kreative Nukleus (eigene Darstellung) 175
6.2 Die Steuerungsintensität im Verlauf der Prozessphasen (eigene Darstellung) 177
6.3 Innovationsgrad und Steuerungsintensität (eigene Darstellung) . . 178
6.4 Stage-Gate-Prozess für die frühe Phase nach Cooper (1988, S. 243) 180
6.5 Fünfphasiger Stage-Gate-Prozess mit „discovery"-Phase nach Cooper/Edgett/Kleinschmidt (2002, S. 22 f.) 182
6.6 Kreativität in Abhängigkeit zu Innovationsgrad und Prozessphasen (eigene Darstellung) 183
6.7 Das Grad-Phasen-Modell (eigene Darstellung) 184
6.8 Impuls für inkrementelle Innovationen (eigene Darstellung) 187
6.9 Produktplanungsprozess in Anlehnung an Schachtner (1999, S. 81) 192
6.10 Die Prozesse der Ideenphase (eigene Darstellung) 193
6.11 Die Konzeptphase bis zum Moneygate (eigene Darstellung) 194
6.12 Der Formatbaukasten (eigene Darstellung) 204
6.13 Innovationsstruktur für Formatentwicklung (eigene Darstellung) . 209
6.14 Informationsbeschaffung im Rahmen der Trendermittlung nach Herstatt/Lüthje/Lettl (2007, S. 67) 229
6.15 Fünfphasiger Stage-Gate-Prozess mit vorgeschalteter Technologieentwicklung nach Cooper/Edgett/Kleinschmidt (2002, S. 26) 232

1 Einleitung

1.1 Ausgangssituation und Fragestellung

Fernsehen ist nicht tot. Es zeigt sich lebendiger denn je. Ein „goldenes Zeitalter des Fernsehens" wird gar heraufbeschworen und die deutsche TV-Branche zeigt sich euphorisiert wie schon lange nicht mehr.

Das deutlichste Zeichen für den Stimmungswechsel: Es werden wieder anspruchsvolle deutsche Serien entwickelt und produziert – innovative Serien mit komplexen Geschichten, ungewöhnlichen Plots und den besten Schauspielern, nach erfolgreichen amerikanischen Vorbildern horizontal über mehrere Folgen und Staffeln erzählt. Diese „neue deutsche Welle" (Riehl 2014) reißt in der Film- und Fernsehszene alle mit, die Rang und Namen haben. Starregisseur Tom Tykwer dreht „Babylon Berlin", Produzent Nico Hoffmann „Deutschland 83" und Oliver Berben „Schuld". Alle großen Sender wie ARD, ZDF und RTL haben prestigeträchtige fiktionale Innovationen in der Pipeline, aber auch Pay-TV-Kanäle wie Sky, TNT und FOX setzen auf deutsche serielle Fiktion. Sogar ein kleiner Sender wie Vox arbeitet an einem eigenen fiktionalen Format.

Die anspruchsvolle Serie ist unumstritten „das nächste große Ding", *die* Innovation im deutschen Fernsehen. Doch die Tatsache, dass verstärkt auf qualitativ hochwertige – und teure – fiktionale Eigenproduktionen gesetzt wird, ist weit mehr als ein Formattrend. Die neue deutsche Serienwelle steht für einen Umbruch im Fernsehen, der mit der Ausbreitung des Internets – einer technischen Innovation – Anfang des Jahrtausends begonnen hat.

Die befürchtete Revolution, bei der das Internet das gute alte Fernsehen radikal ablöst, ist zwar ausgeblieben. Aber wir sind mitten in der Evolution zu einem „neuen Fernsehen". Sie bedeutet den Abschied von der Vorstellung von „vor dem Fernseher sitzen". Neues Fernsehen steht für die flexible und individuelle Nutzung von Bewegtbildinhalten. Nicht gemeint sind in diesem Kontext Spiele und selbst gedrehte Filmchen, User Generated Content (UGC) wie z. B. die unzähligen Katzenvideos, die im Internet kursieren. Neues Fernsehen steht hier für professionell produzierte Inhalte (Frees 2014, S. 419), auf welchen Plattformen auch immer sie angeboten werden. Das Internet ist hierbei nicht als Konkurrenz zu sehen, sondern als eine weitere Option der medialen Nutzung, eine Möglichkeit, von der immer mehr Gebrauch gemacht wird.

79,1 Prozent der Deutschen sind 2014 online (Eimeren/Frees 2014, S. 378), im Schnitt 111 Minuten am Tag (ebd., S. 392). Noch verbringen sie viel mehr Zeit vor dem Fernseher. 240 Minuten täglich beträgt die durchschnittliche Nutzungsdauer – ein Wert, der sich in den vergangenen Jahren kaum verändert hat (ebd., S. 392). Der *Verband Privater Rundfunk- und Telemedien* (VPRT) prognostiziert, dass das klassische Fernsehen auch künftig der stärkste Umsatzträger im deutschen Werbemarkt bleibt: Für 2014 wird für Fernsehwerbung ein Netto-Wachstum von ca. 2,7 Prozent auf 4,2 Milliarden Euro erwartet. 2013 waren es noch 2,2 Prozent (Giersberg 2014, S. 7).

Bescheiden erscheinen hingegen noch die absoluten Zahlen der in Streamings eingebunden Online-Videowerbung. Hier geht man 2014 zwar „nur" von einem Umsatz von 244 Millionen Euro aus. Das bedeutet allerdings einen Anstieg von beachtlichen 22 Prozent im Vergleich zum Vorjahr. Der Trend: weiter steigend. Und ganz plausibel, wenn man die Digital Natives, die mit Computern groß geworden sind, als Indikator für die Zukunft der Fernsehnutzung betrachtet: 2014 sind diese 14- bis 29-Jährigen 233 Minuten täglich im Internet unterwegs, sie sitzen aber nur 128 Minuten vor der Glotze (Eimeren/Frees 2014, S. 395).

Die Jungen zeigen uns, wie radikal sich die Nutzung von audiovisuellen Medienangeboten wandelt: Parallel zum klassischen Fernsehen wird auf dem Second Screen gechattet und gesurft. 57 Prozent der Onliner ab 14 Jahren gehen parallel zum Fernsehen gelegentlich ins Internet (Busemann/Tippelt 2014, S. 410). Fast die Hälfte der jüngeren Zuschauer (47 Prozent) nutzen zeitgleich sendungsbezogene Online-Dienste (ebd., S. 411) – wenn sie denn überhaupt noch „klassisch" vor dem Fernseher sitzen. Zunehmend bedienen sich die Jungen der unterschiedlichsten Bewegtbildangebote via Internet – dank der rasanten Ausbreitung von Smartphones und Tablets immer und überall. Hier kann online live oder zeitversetzt ferngesehen werden, es gibt Videoportale (allen voran YouTube), Mediatheken, Podcasts, Videostreamings oder die unzähligen informativen Videos und lustigen Clips, die auf vielen Websites eingebunden sind. 79 Prozent der Digital Natives schauten sich 2014 mindestens einmal die Woche eine Form von Bewegtbildangeboten online an, bei allen Onlinern ab 14 Jahren sind es 45 Prozent (Koch/Liebholz 2014, S. 398). Für sie macht es heute schon keinen Unterschied, ob sie ihre Lieblingsserie live on air oder zeitversetzt online schauen. Um auch die zunehmende non-lineare Nutzung von TV-Inhalten bei den vor allem jungen Zuschauern zu berücksichtigen, weist die *Arbeitsgemeinschaft Fernsehforschung* (AGF) seit 2014 nicht nur die Quoten des klassischen Fernsehen aus, sondern misst auch die Streamingnutzung von Fernsehinhalten (AGF 2014).

Die neue Generation an Bewegtbildkonsumenten ist zunehmend bereit, für gute Inhalte zu bezahlen. Der deutsche Pay-TV-Markt wächst im Vergleich zum

1.1 Ausgangssituation und Fragestellung

linearen Fernsehen schnell – 12 Prozent Umsatzwachstum werden hier 2014 erwartet, bei Paid-Video-on-Demand ist ein Plus von 18 Prozent prognostiziert (Giersberg 2014, S. 19).

Insgesamt führt die Masse an unterschiedlichen freien und kostenpflichtigen Bewegtbildangeboten auf allen Plattformen vor allem dazu, dass insgesamt viel mehr ferngesehen wird. Es ist von einem anhaltenden „Bewegtbildboom" die Rede (ebd., S. 7), und ein Ende scheint nicht in Sicht. Das neue Fernsehen verspricht goldene Zeiten.

Die Macher aber stellt dieses neue Fernsehen vor ganz neue Herausforderungen. Die Fragmentierung steigt. Viele neue Sender und Pay-TV-Angebote aus dem In- und Ausland überschwemmen den Markt. Der Start von Netflix in Deutschland (2014) wurde sehnsüchtig wie das Christkind erwartet. Der Wettbewerb hat sich massiv verstärkt. Die kleinen Anbieter nagen an den Marktanteilen der großen. Keiner brachte es so auf den Punkt wie der 2013 frisch gebackene RTL-Geschäftsführer Frank Hoffmann angesichts des Quoteneinbruchs des TV-Riesen: „Das Hochhaus RTL wurde um das Penthaus gekürzt. Das ist weg" (Hoff 2013).

Die technologischen Entwicklungen galoppieren, es muss investiert werden. Neue Marktpartner wie Plattformen- und Netzwerkbetreiber, Endgerätehersteller und Mediaagenturen gewinnen an Bedeutung. Um in diesem sich rasant verändernden Umfeld bestehen zu können, müssen Unternehmen ständig Neues bieten. Der Innovationsdruck steigt und dabei herrscht die Angst, einen Trend zu verschlafen oder aufs falsche Pferd zu setzen.

In der oftmals nervösen und hektische Diskussion um die Möglichkeiten neuer Plattformen und Endgeräte, um Interaktivität und Konvergenz wurde aus meiner Sicht in den letzten Jahren das Wichtigste vernachlässigt – das, worum es bei klassischem und erst recht im neuen Fernsehen primär geht: die innovativen Inhalte.

Ohne Inhalte bleiben nicht nur alle Plattformen leer. Die passenden, qualitativ hochwertigen und immer wieder neuen Inhalte entscheiden darüber, wer in diesem hart umkämpften Markt bestehen kann. Innovative Formate als eine industrialisierte Form von Inhalten, die Verlässlichkeit für Produzenten, Sender und Zuschauer bieten, sind der Kern des Geschäftes – im klassischen wie im neuen Fernsehen. Der Fokus muss verstärkt auf die Entwicklung von innovativen Formaten gerichtet werden, und zwar nicht nur als Mittel zur Sendeplatzbefüllung in einem linearen Programmschema. Die Sender müssen attraktive Angebote machen, denn gerade die jungen Zuschauer suchen sich ihre Sendungen selbst zusammen. Die Vielfalt im Netz macht sie dabei kritischer bei der Auswahl.

Und die Produzenten? Sie sind diejenigen, die das neue Fernsehen entwickeln und produzieren. Durch die vielen neuen Sender und Distributoren ergeben sich Möglichkeiten, neue Vertriebswege jenseits der klassischen Auftragsproduktion zu gehen. Mit dieser „hoffnungsvollen Position zunehmender Stärke" (Lückenrath 2014) können sie sich erlauben, Ideen unabhängig von bestimmten Sendern und Slots zu entwickeln.

Formate sind die wichtigsten Produkte auf einem crossmedialen Content-Markt. In ihre Entwicklung muss investiert werden Das gilt nicht nur für fiktionale Serien als Königsdisziplin unter den Formatgenres. Die Parallelität von alten Sehgewohnheiten und neuem Nutzungsverhalten erfordert ein breites Spektrum an Angeboten: Neben den herausragenden Serien braucht das neue Fernsehen eine Vielfalt von innovativen Content-Snacks, Informations-Sendungen bis hin zu großen Lagerfeuer-Shows, aber auch attraktive „Brot und Butter"-Formate wie Dokusoaps, Quizshows oder Telenovelas.

Das neue Fernsehen fordert innovative Formate – mehr und qualitativ hochwertiger als jemals zuvor. Sender und Produzenten haben eine riesige Chance, nicht nur gute Geschäfte, sondern auch gutes Fernsehen zu machen. Doch dafür müssen sie sich gezielt und systematisch mit der Entwicklung von innovativen Formaten befassen – und sie nicht kreativen Zufällen überlassen. Medienunternehmen brauchen für diese komplexe Aufgabe ein professionelles Innovationsmanagement.

Im Gegensatz zu anderen Industriezweigen aber sind viele Sender und Produzenten noch weit weg von einer systematischen Organisation der Entwicklung von neuen Formaten. Die unterschiedlichen Herangehensweisen von Kreativen und Managern, der Konflikt zwischen künstlerischem Anspruch, wirtschaftlichem Nutzen und der Akzeptanz bei den Zuschauern stehen einer klaren Steuerung von Innovationsprozessen im Wege. Das Management von Formatinnovationen scheitert oft an der Frage: Wie viel Freiheit braucht Kreativität und wie viel Struktur verträgt sie? Doch um wettbewerbsfähig zu bleiben, muss es eine Professionalisierung von Strukturen und Prozessen geben. Neues Fernsehen braucht neues Innovationsmanagement.

Daraus ergeben sich meine zentralen Forschungsfragen, auf die ich im Folgenden Antwort geben will: Wie lässt sich aus Sicht von Medienunternehmen die Entstehung von neuem Fernsehen steuern, um sie nicht dem Zufall zu überlassen? Welche Wege gibt es, im Spannungsfeld zwischen Kreativität und Management die Formatentwicklung angemessen zu steuern? Also: Wie kann ein erfolgreiches Innnovationsmanagement für Bewegtbildformate aussehen?

1.2 Ziel und Methode

Die medienwissenschaftliche und medienökonomische Auseinandersetzung mit der Entwicklung und Herstellung von Innovationen hat erst in den vergangenen Jahren einige neue Ansätze geliefert.

Eine kommunikationswissenschaftliche Konzeption von Medieninnovationen liefert erstmals Dogruel (2013). Sie entwirft dabei ein Begriffsverständnis, das sowohl „neue Techniken" und „Zeichensysteme" als auch die Dimensionen „Organisation" und „mediale Institution" mit einbezieht.

In der Fernsehforschung nehmen vor allem interdisziplinäre Untersuchungen zur Unterhaltungsproduktion eine Vorreiterrolle ein. Hier wurde die Bedeutung einer Auseinandersetzung mit der Produktion und Verbreitung von Inhalten erkannt, die „nicht nur die wichtigsten Geschäftsfelder der Medienindustrie sind, sondern durch Inhalte (und ihre Effekte) gleichzeitig die besondere Stellung der Medien als gesellschaftliche Institution" (Fröhlich 2010, S. 15) begründen.

Zu den relevanten Analysen von unterschiedlichen Aspekten der Unterhaltungsproduktion zählt die institutionenökonomische Untersuchung der Innovationslogik der deutschen TV-Unterhaltungsproduktion im Vergleich zu der Großbritanniens von Fröhlich (ebd.). Zabel fokussiert den Wettbewerb in der TV-Produktion und befasst sich mit den Produktionsprozessen und dem Innovationsmanagement (Zabel 2009; Zabel 2010), Lantzsch (2008) untersucht den internationalen Formathandel. Einen entscheidenden Beitrag liefert die organisationssoziologische Perspektive, bei der allen voran Sydow und Windeler die Netzwerke in der Fernsehproduktion betrachten (Windeler 2010; Windeler 2008; Windeler 2004; Sydow/Windeler 2004b; Sydow/Windeler 2004a). Ein Überblick zu den relevanten theoretischen und praktischen Ansätzen zur Diskussion über die Produktion von Unterhaltung wird in den Sammelbänden von Lantzsch/Altmeppen/Will (2010) und Siegert/Rimscha (2008) gegeben. Aus diesen Betrachtungen wird deutlich, dass die Entwicklung von neuen Formaten noch wenig professionell strukturiert und gemanagt ist.

Ansätze, wie das in der Praxis verändert werden könnte, entwickelt die Betriebswirtschaftswissenschaft auf Basis von theoretischen Grundlagen. Konkrete Handlungsempfehlungen zum Innovationsmanagement für Medienunternehmen liefern Sammlungen von Dal Zotto/Kranenburg (2008) und Habann (2003). Becker/Schwaderlapp/Seidel (2012) und Seidel (2009) befassen sich allgemein mit kreativitätsintensiven Prozessen. Köhler (2005) und Köhler/Hess (2003) konstruieren Organisations- und Prozessmodelle für crossmediale Medieninnovationen. Habann (2010) untersucht die Erfolgsfaktoren von Medieninnovationen, um daraus Schlüsse für das Management zu ziehen.

Bewegt man sich weg von Studien, die auf Fernsehen oder Medien bezogen sind, und hin zur allgemeinen jüngeren Innovationsforschung, findet man Auseinandersetzungen mit der frühen Phase von Innovationsprozessen und mit radikalen Innovationen (Gundlach/Ganz/Gutsche 2010; Herstatt/Verworn 2007; Herstatt 2007; Verworn/Herstatt 2007a; Verworn/Herstatt 2007b; Herstatt/Lüthje/ Lettl 2007).

Eine Betrachtung dieser frühen Phase, der ersten Schritte der Formatentwicklung, ist im medienwissenschaftlichen Kontext kaum zu entdecken; ebenso wenig wie eine konsequente Auseinandersetzung damit, dass Innovation nicht gleich Innovation ist, sondern dass wir es mit unterschiedlichen Innovationsgraden zu tun haben. Die Medienwissenschaft hat zudem deutlichen Nachholbedarf beim Betrachten der Erstellung von Inhalten für unterschiedliche Plattformen, also für das neue zukunftsträchtige Fernsehen. Mit den Ansätzen in dieser Arbeit möchte ich diese Lücke schließen und so einen Beitrag in der Auseinandersetzung um ein innovatives und erfolgreiches neues Fernsehen leisten.

Mein Ziel ist die Entwicklung eines neuen Modells zum Management von Formatinnovationen: Mit dem Grad-Phasen-Modell soll der Medienwissenschaft ein neuer Theorierahmen für weitere Forschungen im Bereich Bewegtbildentwicklung und -produktion geboten werden. Für die Praxis sind daraus konkrete Empfehlungen zur Organisation von Formatinnovationen abzuleiten.

Dabei gilt es zunächst, die Prozesse zur Erstehung von neuen Formaten im medienunternehmerischen Kontext zu analysieren und zu strukturieren. Mein Ansatz ist es, die entstehenden Formate nach ihrem Neuigkeitsgrad zu differenzieren. Der Innovationsintensität, so meine These, muss das Managementverhalten angepasst werden – oder umgekehrt: Mit dem Grad-Phasen-Modell als Orientierung kann das Management konkret steuern, wie innovativ ein neues Format sein wird.

Ich habe dafür eine interdisziplinäre, deduktive Herangehensweise gewählt: Zum einen bildet bestehendes Wissen aus unterschiedlichen Fachbereichen das Grundgerüst, um für meinen Untersuchungsgegenstand ein neues Modell abzuleiten und Gestaltungsempfehlungen zu geben. Ich beziehe mich auf Erkenntnisse aus der Medienwissenschaft, der Ökonomie – allen voran aus der Innovationsforschung – sowie auf relevante Ansätze aus der Kreativitätsforschung.

Zum anderen sind neben der Bearbeitung dieser wissenschaftlichen Quellen aktuelle Studien und die kontinuierliche Beobachtung des crossmedialen Fernsehmarktes für die Entwicklung des Grad-Phasen-Modell genutzt worden. Schließlich ist mein Erfahrungswissen aus 20 Jahren Branchenpraxis, u. a. als Chefredakteurin und Unternehmensberaterin, mit in diese Arbeit eingeflossen. Damit konnte ich die Theorie immer wieder mit der Praxis abgleichen und einschätzen, ob die Ansätze einem Einsatz in der Realität standhalten.

1.3 Aufbau der Arbeit

Diese Arbeit ist in zwei große Blöcke gegliedert. Nach dieser Einleitung schafft der erste Teil (Kapitel 2, 3 und 4) die theoretischen Grundlagen für meine Überlegungen. Im zweiten Teil (Kapitel 5 und 6) entwickle ich auf dieser Basis mein eigenes Modell, das einerseits die vorhandenen Erkenntnisse strukturiert und anderseits neue Ansätze aufzeigt.

Im Einzelnen beleuchte ich in Kapitel 2 Bewegtbildformate aus der Perspektive der Innovationsforschung. Hier werden die wichtigsten Grundlagen für die weiteren Betrachtungen gelegt, das Untersuchungsobjekt eingegrenzt und definiert, die Perspektive der Betrachtung festgelegt und die wichtigsten Parameter für meine Modellbildung hergeleitet: die Prozessphasen und die graduellen Abstufungen von Innovationen.

Als vertiefende Betrachtung zu Innovationen fokussiere ich in Kapitel 3 das Thema Kreativität. Als weiterer wichtiger Grundlagenkomplex werden hier die für meinen Untersuchungsgegenstand relevanten Aspekte aus der Forschung zu den kreativen Industrien und aus der allgemeinen Kreativitätsforschung beleuchtet. Im 4. Kapitel schließlich setze ich mich mit der Organisation von Innovationen auseinander und erläutere Ansätze, die für Formatinnovationen anwendbar sind.

Nach Abschluss dieser grundlegenden Ausführungen entwickle ich in Kapitel 5 mit der detaillierten Darstellung der einzelnen Prozessphasen für Formatinnovationen den ersten Pfeiler meines Grad-Phasen-Modells. Das Modell wird in Kapitel 6 komplettiert. Hier diskutiere ich die Gestaltung der einzelnen Phasenabschnitte in Abhängigkeit zum Innovationsgrad der entstehenden Formate. Schließlich fasst das Fazit (Kapitel 7) die wichtigsten Ergebnisse zusammen und liefert eine Ausblick für weitere Forschungsansätze.

2 Formate als Innovationen

Neues Fernsehen ist Innovation und braucht Innovation. Doch warum sind Innovationen so wichtig?

Unter ökonomischen Gesichtspunkten wird die Bedeutung von Innovationen weder in der Wissenschaft noch in der Praxis in Frage gestellt. Sie ist unumstritten, sowohl für Unternehmen als auch für ganze Märkte. Innovationen sichern das langfristige Überleben eines jeden Unternehmens, sie gelten als „Triebkraft der Wirtschaft" (Fröhlich 2008, S. 151). Bei der Betrachtung von Branchen wie z. B. Elektronik, Maschinenbau, Konsumgüter und Software zeigt sich, dass „innovative Unternehmen nicht nur schneller wachsen, sondern vor allem auch deutlich rentabler" (Mueller-Oerlinghausen/Sauder 2003, S. 18) sind. Für die meisten lässt sich nachweisen, dass „ein erheblicher Prozentsatz ihres Umsatzes und Gewinns von Produkten generiert wird, die noch neu bzw. noch sehr jung sind" (Gläser 2008, S. 423).

Innovationen ersetzen veraltete Produkte, erzeugen zusätzliche Nachfrage und helfen, Marktanteile auszubauen. Sie können eine Alleinstellung auf dem Markt schaffen, was höhere Preise für Produkte erzielen lässt. Innovationen gelten als Möglichkeit, das Image nach außen zu verbessern und die Motivation innerbetrieblich zu steigern (Witt 1996, S. 4). Innovationsfähigkeit gilt als strategischer Erfolgsfaktor eines jeden Unternehmens, also auch für Medienunternehmen wie Sender und Produktionsfirmen. Doch lässt sich diese ökonomische Sichtweise auf Kultur- und Kreativbranchen wie das Fernsehen anwenden? Und was genau meint der Begriff „Innovation"?

Im Folgenden betrachte ich „Innovation" zunächst in Abgrenzung zu „Kreativität" und fokussiere den Begriff aus Sicht der in der Ökonomie beheimateten Innovationsforschung. Sie untersucht den Gegenstand aus unterschiedlichen Perspektiven (vgl. Kapitel 2.2). Diese Dimensionen verwende ich als Leitfaden für mein Verständnis von Innovationen für neues Fernsehen und schaffe damit die Basis für die Entwicklung meines Grad-Phasen-Modells für Formatinnovationen.

2.1 Innovation und Kreativität: Abgrenzung und Zusammenhang

Der Begriff „Innovationen" wird oft in einem Atemzug mit „Kreativität" genannt. In beiden Begriffen schwingt viel mit an Bedeutung durch die Wortherkunft, den Alltagsgebrauch und die Anwendung in unterschiedlichen wissenschaftlichen Kontexten. Meist fehlt ein präzises und einheitliches Verständnis sowie eine klare Abgrenzung. Kreativität und Innovation stehen zwar in enger Verbindung zueinander, meinen aber nicht dasselbe. Es sind „zwei verschiedene Phänomene" (Fröhlich 2010, S. 29), die in unterschiedlichen wissenschaftlichen Kontexten beheimatet sind.

„Kreativität" ist ein viel beanspruchtes Wort. Es wird definiert als die „Fähigkeit, etwas Neues zu schaffen, sei es eine Problemlösung, eine Entdeckung oder ein neues Produkt" (Holm-Hadulla 2010, S. 11). Kreativität lässt sich ableiten von „creare" (lat.) – „schaffen, erzeugen, gestalten" – , was wiederum mit „crescere" (lat.) – „werden, gedeihen, wachsen" – eng verwandt ist. Kreativität vereint also bewusstes und aktives Schaffen von Neuem („creare") ebenso wie eher unbewusstes und passives Wachsen („crecere") (ebd., S. 22).

Im allgemeinen Sprachgebrauch wird Kreativität gerne als besondere Eigenschaft künstlerisch tätiger Menschen verstanden, Menschen, die in einem kreativen Akt oder in einer Art Geniestreich aus dem tiefsten Inneren oder scheinbaren Nichts Außergewöhnliches erschaffen und gestalten. Wird man von der Muse geküsst oder hat einen Geistesblitz, muss gar eine höhere Instanz, etwas Göttliches mit im Spiel sein (Vogt 2010, S. 20; Sternberg/Lubart 2010, S. 4 f.) Bis heute hält sich diese „mystische" (ebd., S. 4 f.) Vorstellung, dass Kreativität mit einer rational nicht fassbaren Eingebung zu tun haben könnte. Sie beleuchtet einen wichtigen Aspekt von Kreativität, den faszinierenden, scheinbar unerklärlichen Moment des Schaffens. Doch eine Reduktion von Kreativität auf eine göttliche Laune oder eine zufällige menschliche Befindlichkeit hat sich als nicht haltbar erwiesen.

Die in der Psychologie beheimatete Kreativitätsforschung setzt sich mit der Vielschichtigkeit des Phänomens auseinander und behandelt Fragen wie: Sind nur Personen kreativ oder auch Produkte oder Prozesse? Kann jeder Mensch kreativ sein? Sind bestimmte kognitive Fähigkeiten oder Persönlichkeitsmerkmale für Kreativität erforderlich? Welche Rolle spielt das Umfeld für Kreativität? Und schließlich die Frage, die Kreativität für diese Arbeit so spannend macht: Lässt sich Kreativität beeinflussen und gestalten? Und wenn ja: wie?

Mit Neuem befasst sich auch die Innovationsforschung, allerdings im ökonomischen Kontext. Wörtlich bedeutet Innovation „(Er-)Neuerung", abgeleitet von „innovare" (lat.) – „erneuern". Aus einer Vielzahl von Auffassungen zur Definition (Hauschildt/Salomo 2011, S. 6 f.) lässt sich zunächst Folgendes destillieren: Innovation bezeichnet „etwas neu Geschaffenes" und fokussiert das Ergebnis eines Schaffensprozesses.

Um die Abgrenzung und zugleich die Verbindung von Kreativität und Innovation zu verdeutlichen, ergibt es Sinn, hier den Begriff „Invention" einzuführen.

Abgeleitet von „inventio" (lat.) – „Einfall" – bezeichnet Invention in wirtschaftlichen Kontexten eine Erfindung als „das Aufdecken bisher unentdeckter Zusammenhänge" (Habann 2010, S. 15).

Eine Invention – oder Idee – ist das Ergebnis dessen, was im besten Fall aus einem schöpferischen Prozess hervorgeht, etwas, das Kreativität als die Fähigkeit, etwas Neues zu schaffen, ermöglicht. Aber eine Invention ist noch keine Innovation.

Seit Schumpeter (1939, S. 87), der den Innovationsbegriff in den Wirtschaftswissenschaften einführte, wird Innovation an die Bedingung der Durchsetzung von etwas Neuem geknüpft (Habann 2010, S. 15). „Das reine Hervorbringung der Idee genügt nicht, Verkauf und Nutzung unterscheidet Innovation von Invention – jedenfalls in der Rückschau" (Hauschildt/Salomo 2011, S. 5). Das Neue muss sich als nützlich erweisen, um als Innovation zu gelten.

Kreativität als die Fähigkeit, etwas Neues zu schaffen, ermöglicht also die Idee (Invention) und wird erst in der Anreicherung durch ökonomische Aktivitäten zur Innovation. Kreativität ermöglicht Neues und ist damit Voraussetzung, ja der Kern von Innovation.[1]

2.2 Innovationen in Fernsehunternehmen

Innovation und Kreativität sind eng miteinander verknüpft. Sie stehen aber auch für das Spannungsfeld zwischen dem ökonomischen und dem künstlerischen bzw. publizistischen Ansatz, in dem sich Medienschaffende sehen.

Dabei ist es nicht nur so, dass auf der einen Seite „die Kreativen" stehen, die Autoren, Producer und Regisseure, die sich oft eher als Künstler definieren, oder die Journalisten, die vor allem ihre gesellschaftliche Aufgabe sehen, und auf der anderen Seite „die Manager", die nur den wirtschaftlichen Erfolg im Blick haben. In der Praxis werden oft künstlerisch-kreative und betriebswirtschaftliche Herangehensweisen von ein und derselben Person gefordert. Vor allem auf den oberen Führungsebenen wohnen oft zwei Seelen in einer Brust: Viele Senderchefs kommen selbst aus dem inhaltlichen Geschäft. Jeder gute Produzent steht auch für die Inhalte seiner Produktionen, viele waren oder sind selbst Schauspieler oder Regisseure. In Fernsehunternehmen ist Kreativität systemimmanent.

---

[1] Innovation soll hier allerdings nicht wie von Schumpeter (1939) impliziert zugleich als „Vorgang der Durchsetzung" wie auch als „Ergebnis der Durchsetzung" verstanden werden (Habann 2010, S. 15). Für ein klares Verständnis bezeichnet Innovation in dieser Betrachtung das Ergebnis. Der Vorgang ist der Innovationsprozess.

Dennoch – und vielleicht genau deshalb – befasst man sich hier weniger als in anderen Industrien mit der bewussten Gestaltung von Kreativität, um daraus Innovationen zu machen.

> „Kreativität wird weiterhin als rein personengebundene, quasi gottgegebene Eigenschaft gesehen, für die jede Art von Struktur und Prozess nicht nur unwichtig, sondern darüber hinaus eher schädlich ist" (Mueller-Oerlinghausen/Sauder 2003, S. 22 f.).

Kann und sollte man in diesem Umfeld mit Instrumenten der Wirtschaftswissenschaft operieren? Für eine Annäherung mit den sozialwissenschaftlichen Methoden der Ökonomie spricht, dass Medien überwiegend privatwirtschaftlich organisiert sind, als Sektor moderner Volkswirtschaften eine erhebliche ökonomische Bedeutung haben und ökonomische Rationalität publizistische Ziele zunehmend überlagert (Kiefer 2001, S. 33). Auch wenn künstlerische und kulturelle Aspekte eine herausragende Rolle spielen, stehen Medienunternehmen wie alle Branche der kreativen Industrien unter einem „ökonomischen Imperativ" (Fröhlich 2010, S. 53).

Für die öffentlich-rechtlichen Rundfunkanstalten mit ihrem dualen Finanzierungssystem gilt dies mit Einschränkungen. Sie haben einen im Staatsvertrag verankerten Auftrag und finanzieren sich zum Teil durch Gebühren. Den anderen Teil erwirtschaften ARD und ZDF durch verkaufte Werbung. Zudem arbeiten sie mit Wirtschaftsunternehmen als Dienstleister und Zulieferern – und sind selbst aufgefordert, ökonomisch zu handeln:

> „Die gesetzlich festgelegten und verfassungsrechtlich überprüften Rahmenbedingungen des deutschen öffentlich-rechtlichen Rundfunks erlauben ausdrücklich auch eine aufgabenorientierte bzw. der Aufgabenerfüllung dienende wirtschaftliche Betätigung der Sender. In einem dualen System muss der öffentlich-rechtliche Rundfunk funktionstüchtig und wettbewerbsfähig sein" (WDR 2001, S. 1).

Lässt man die gesellschaftliche und kulturelle Bedeutung des Fernsehens sowie die besondere Rolle von Kreativität in dieser Branche nicht außer Acht (vgl. Kapitel 3.1), ist es legitim, ja sogar sinnvoll, neben medienökonomischen auch allgemein ökonomische Theorien, Ansätze und Modelle aus der Innovationsforschung für Fernsehunternehmen anzuwenden. Sie helfen, den Untersuchungsgegenstand analytisch zu erfassen, für die weiteren Betrachtungen zu definieren, zu durchdringen und neue Erkenntnisse für die Medienwissenschaft zu gewinnen.

Als Leitfaden für die vorliegende Studie dienen dazu die fünf Fragen, die Hauschildt (1993) als einer der Pioniere der Innovationsforschung formulierte. Diese Fragen zeigen die unterschiedlichen Dimensionen von Innovationen. Mit ihnen kann diskutiert werden, was genau gemeint ist, wenn von „neu" im Kontext von Innovationen die Rede ist (Hauschildt/Salomo 2011, S. 5):

- Was ist neu?
- Wie neu?
- Neu für wen?
- Wo beginnt, wo endet die Neuerung?
- Ist neu gleich erfolgreich?

Das *Was?* fragt nach dem Inhalt, das *Wie?* nach dem Ausmaß, dem Grad der Innovation, das *Für wen?* nach dem Subjekt, das *Wo?* nach dem Prozess, und schließlich die Frage: Muss eine Innovation wirklich erfolgreich sein, um als solche zu gelten?

2.3 Was ist neu im Fernsehen? Formate als Innovationsobjekte

Die Frage „Was ist neu?" bezieht sich auf den Inhalt einer Innovation (Hauschildt/ Salomo 2011, S. 5). Da der Begriff „Inhalt" im Kontext von Medien missverständlich sein könnte, soll hier vom (Innovations-)Objekt gesprochen werden. Was ist der Gegenstand, der neu ist im Vergleich zum bisherigen? Was sind mögliche Innovationsobjekte für Fernsehunternehmen?

Ein kommunikationswissenschaftliches Verständnis von Medieninnovationen legt dabei eine systemische Perspektive nahe, die vier Untersuchungsobjekte mit einbezieht: *Neu* kann sich auf Medientechniken und Zeichensysteme, aber auch auf die Organisation bzw. Organisiertheit von Medien und mediale Institutionen beziehen (Dogruel 2013, S. 300). Bei einer medienökonomisch motivierten Betrachtung aber liegt der Fokus auf innovativen Produkten und Prozessen. Zunächst gilt es dabei zu klären, was grundsätzlich als innovativ bezeichnet werden kann in einer Branche, die sich dadurch definiert, dass sie täglich Neues schafft. Anschließend widme ich mich den Fragen, was innovative Medienprodukte und -prozesse sind und wie Formate als zu innovierende Bewegtbildprodukte definiert werden können.

2.3.1 Kreative Routine und Innovation

Kreativität gehört in der Medienbranche zum täglichen Geschäft. Sie hat hier wie in allen Branchen der Kultur- und Kreativwirtschaft eine existenzielle Bedeutung (siehe Kapitel 3.1). Ein „permanenter Zwang zur Neuheit" (Kiefer 2001, S. 176) bezeichnet die alltägliche Herausforderung der Medienschaffenden, neue Inhalte zu veröffentlichen (Siegert/Weber/Lobigs/Spacek 2006, S. 43; Sjurts 2004, S.

166). Diese sind „leicht verderblich(e) Produkte" (Kiefer 2001, S. 176) und stehen unter „Aktualitätsdruck" (Fröhlich 2008, S. 151): Zeitungen sind jeden Tag neu, Online-Inhalte sogar minütlich, und jede Fernsehsendung bietet täglich oder wöchentlich neue Themen, Geschichten, Protagonisten.

Ist aber dieses tägliche Schaffen von etwas Neuem schon als Innovation zu bezeichnen? Ist jede neue Folge eines bestehenden Formates innovativ? Sind es die ständig neuen Inhalte eines Magazins, die dramaturgischen Wendungen einer Soap, jeder Plot einer Serienfolge oder die neuen Fragen und Spiele einer Show?

Werfen wir zunächst einen Blick auf die Entstehung dieser Neuerungen innerhalb von Medienformaten. Sie sind trotz aller kreativen Leistungen, die dazu unumstritten nötig sind, alltägliche Routine. Erstellt werden sie an einer Art „kreativem Fließband".

Was ich darunter verstehe, kann mit Schlicksupps Differenzierung von Routine-Problemen oder „wohlstrukturierten Problemen" im Gegensatz zu „schlechtstrukturierten Problemen" verdeutlicht werden (Schlicksupp 2004, S. 30 f.): Für wohlstrukturierte Probleme – oder schlichtweg: Aufgaben – gibt es eindeutige Lösungen. Es gibt ausreichend Wissen darüber, der Lösungsweg ist bekannt und transparent. Routinen können mithilfe von Wissen und Intelligenz konsequent und logisch bewältigt werden. Bei schlechtstrukturierten Problemen hingegen gibt es wenig Bekanntes und kaum Gesetzmäßigkeiten. Der Lösungsweg ist nicht klar definiert und wird oft zufällig gefunden. Hier kommt man mit Logik allein nicht weiter: Originalität und Kreativität sind gefragt (ebd., S. 30).

Innovationen zu schaffen zählt zu den schlechtstrukturierten Problemen, die nicht routiniert wie Aufgaben zu lösen sind. Die täglichen Aufgaben in der Produktion von laufenden TV-Formaten hingegen sind trotz aller Kreativität aus meiner Sicht hingegen weitgehend wohlstrukturierte Probleme. Sie sind in Routinen zu bewältigen, auch wenn sich diese Routineabläufe essentiell von reinen Routineaufgaben anderer Industrien unterscheiden. Für diese besonderen Abläufe innerhalb von Kreativbranchen möchte ich hier den Begriff der „kreativen Routine" einführen.

Definition: Kreative Routine
Kreative Routinen bezeichnen die gelernten und systematischen Abläufe, die zu den alltäglichen Neuerungen führen, die das Kerngeschäft von Medien als Teil der Kultur- und Kreativwirtschaft definieren.

Innovationen hingegen sind Neuerungen, die über die täglichen Aktualisierungen hinausgehen. Gänzlich Neues entsteht jenseits der kreativen Routine.

2.3.2 Innovative Produkte und Prozesse

Innovationen sind aus ökonomischer Perspektive zum einen neue Produkte für den Markt oder zum anderen neue Prozesse für das Unternehmen (Hauschildt/Salomo 2011, S. 5). Bleiben wir zunächst bei den Produkten. Medieninnovationen können ganz allgemein als neue Wirtschaftsgüter verstanden werden. Güter sind markt- und tauschfähig, befriedigen bestimmte Bedürfnisse und sind definiert durch ihre Knappheit. Es muss mit ihnen gewirtschaftet werden. Güter können sowohl Sachgüter sein als auch Dienstleistungen. Beides sind Produkte, die nutzenstiftende Eigenschaften für die Kunden bündeln (Köhler 2005, S. 7; Habann 2010, S. 18 f.). Neben den physischen umfassen diese Produkte auch immaterielle Bestandteile, die als Einheit vermarktet werden. Produkte sind essentiell für alle Industriebereiche: Unternehmerischer Erfolg orientiert sich zu einem großen Teil an dem, *was* angeboten wird (Köhler 2005, S. 6).

Medienunternehmen bieten Inhalte an. Sie schaffen Inhalte oder suchen sie aus, bündeln sie und distribuieren sie mithilfe von Medien als Träger. Ihre Produkte setzten sich zusammen aus Inhalten oder Content (vgl. Kapitel 2.3.3) und den jeweiligen Medien, auf die sie gebunden sind (ebd., S. 7). Diese können Print, Internet, Radio oder TV sein. Mittlerweile ist es eher die Regel als die Ausnahme, dass der gleiche Inhalt auf verschiedenen Medien verbreitet wird. Neben den Content-Kombinationen umfasst das Bündel von Eigenschaften auch weitere immaterielle Bestandteile wie z. B. das Image (ebd., S. 7). Medienprodukte erfüllen die charakteristischen Kriterien von Wirtschaftsgütern:

> „[Sie] dienen der Bedürfnisbefriedigung, sie treffen auf eine Nachfrage und sie sind – auch im Zeitalter von Massenpresse und Vielkanalfernsehen – ‚knapp', stellen ein Wirtschaftsmittel von Wert dar, denn sie erzielen, soweit auf Märkten angeboten, einen Preis" (Kiefer 2001, S. 142).

Medienprodukte sind dabei weder reine Sachgüter noch reine Dienstleistungen, sondern dazwischen anzusiedeln (Armbruster/Mikos 2009, S. 43). Medien*träger* sind als Sachgüter zu verstehen. Medien*inhalte* hingegen sind „immaterielle, zudem komplexe Erfahrungs- und Vertrauensgüter, deren Nutzen vom Zuschauer nicht ex ante beurteilt werden kann. Sie haben damit Dienstleistungscharakter" (ebd., S. 43).

Mit Medieninnovationen sind in der Regel Produkte als Wirtschaftsgüter gemeint. Das können zum einen innovative oder neu kombinierte Inhalte sein, wie z. B. ein neuer Zeitschriftentitel, eine neue Serie oder eine neue journalistische Website. Zum anderen kann sich das *neu* auf das Trägermedium (z. B. einen Sender oder Online-Dienst), auf die Kombination verschiedener Medien oder auf die Endgeräte beziehen (z. B. Smartphones oder Tablets).

Es handelt sich dabei zwar um völlig unterschiedliche Ebenen, dennoch bedingen sie einander. So verändern die digitale Verbreitung, mobile Endgeräte und Interaktivität den gesamten Bewegtbildmarkt und beeinflussen damit die Content-Erstellung. Das klassische Sendermodell mit einem linearen Programmschema ist nur noch eine Variante von vielen: Inhalte können von jedermann via Internet zur Verfügung gestellt werden. Alles ist jederzeit und überall abrufbar.

Der Erfolg von anspruchsvollen, horizontal erzählten Serien ist beispielsweise durch diese technischen Entwicklungen unterstützt worden. Zuschauer sind nicht mehr an feste Ausstrahlungstermine gebunden und können so mühelos und ohne Lücken Spannungsbögen verfolgen, die nicht bei einer einzelnen Folge enden, sondern die sich über eine gesamte Staffel oder gar mehrere hinwegziehen.

Auch technische Innovationen wie Endgeräte haben Einfluss auf die Entwicklung neuer Sendekonzepte. Das „Quizduell" (ARD, seit 2014) ist rein inhaltlich gesehen ein wenig innovatives Format. Neu ist die Interaktivität via Second Screen. Jeder Zuschauer kann mit der Smartphone-App live gegen ein Panel an prominenten Quizkandidaten spielen.

Innovationen können nicht nur in Form von Produkten von Nutzen sein, sondern auch aus innerbetrieblicher Sicht. Sie müssen nicht auf dem Markt gehandelt werden, sie können auch ausschließlich im Unternehmen Einsatz finden (Hauschildt/Salomo 2011, S. 5 ff.; Köhler 2005, S. 12). Neue Technik und innovative Prozesse verbessern z. B. die bestehenden Produktionsabläufe und machen sie effizienter. Oft sind es neue Prozesse, die neue Produkte erst ermöglichen, oder umgekehrt: Innovative Produkte erzwingen neue Prozesse. So wurden Talk- und Gameshows sowie Daily Soaps erst durch industrialisierte Produktionsprozesse bezahlbar und damit eine Innovation, die eine Chance auf dem TV-Markt hatte (Zabel 2009, S. 178).

Diese Arbeit befasst sich mit den betrieblichen Abläufen bei Innovationen mit dem Ziel, neue Wege zur Gestaltung von Prozessen zu entwickeln. Es geht um „innovative Innovationsprozesse". Dafür konzentriere ich mich auf Produkte als Innovationsobjekte. Schwerpunkt dabei sind die Inhalte, wie im folgenden Kapitel dargestellt wird. Veränderte Produktionsprozesse, neue Träger und Verbreitungswege sowie innovative technische Endgeräte werden nur dann berücksichtigt, wenn sie Auswirkungen auf die Inhalte haben.

2.3.3 Inhalt, Content und Bewegtbildformat

Auch wenn Innovationen im Fernsehen überwiegend mit Konvergenz, Cross-, Tri- und Transmedialität, mit Interaktivität, Streaming und Apps, mit Tablets und Smartphones in Verbindung gebracht werden, widme ich mich hier primär den

Inhalten. „Content is king" scheint als Parole zwar schon etwas abgenutzt, aber Fakt ist: Ohne Inhalte bleiben Verbreitungswege und Empfangstechnologien „inhaltslos" im eigentlichen Wortsinn, also leer.

„Content" ist das neue Zauberwort des digitalen Medienzeitalters, und es scheint den deutschen Begriff „Inhalt" abzulösen. Im Gegensatz zu Inhalt umfasst Content neben der kreativen, individuellen Seite der Erstellung auch juristische und wirtschaftliche Aspekte. Content ist „eine durch maßgeblich aus menschlicher Intelligenz resultierende, durch redaktionelle Mittel angereicherte, individuell schützbare und zweckorientierte Abbildung impliziter Informationen" (Anding/Hess 2003, S. 14). Der Begriff „Format" geht eine Stufe weiter.

> „Formate sind publizistische Konzepte für Fernsehsendungen (oder andere Medienprodukte) und umfassen aufeinander abgestimmte inhaltliche und formale Gestaltungsmerkmale und -prinzipien, die in serieller Produktion oder internationaler Adaption invariant bleiben und so den Rahmen für einzelne, inhaltlich abweichende Ausgaben bilden" (Fröhlich 2008, S. 152).

Ein Format kann als „Schablone verstanden werden, die als Vorlage für die Erstellung der einzelnen Ausgaben dient" (Köhler 2005, S. 11). Koch-Gombert (2005, S. 29) beschreibt die Verbindung von unveränderlichen Bestandteilen und den veränderlichen Elementen der einzelner Episoden als „doppelte Formatstruktur" (ebd., S. 29).

Ein Format bildet also einen konzeptionellen Rahmen für unterschiedlichen Content. Es ist folglich mehr als ein Film oder eine Einzelsendung, sondern eine übergreifende Idee, die auch multimediale Ansätze beinhalten kann. Für die Zuschauer oder Nutzer bedeutet dieser Rahmen Vertrautheit, die sie brauchen, um von neuen Inhalten nicht überfordert zu sein: „Consumers need familiarity to understand what they are offered, but they need novelty to enjoy it" (Lampel/Lant/Shampsie 2000, S. 164). Der formatierende Rahmen ermöglicht darüber hinaus die serielle Produktion von Inhalten und ist als vermarktbares Gesamtpaket zu sehen. Innovative Formate schaffen neue Strukturen, in denen Content in kreativen Routinen industriell erstellt wird.

Formate sind ein Bestandteil von „Formatfernsehen als [...] strukturierte Gestaltung des Programmschemas mit seriellen Produktionen" (Koch-Gombert 2005, S. 31). Die Entwicklung neuer Formate zählt zu den wichtigsten Programmstrategien der Sender (Riffi/Michel 2013, S. 37). Die herausragende Stellung von Formaten geht dabei über das klassische Fernsehen in seinen linearen Programmstrukturen hinaus. Formate sind auch für das neue Fernsehen existentiell.

Auf dem „Markt der bewegten Bilder" (ebd., S. 5), zu dem sich der TV-Markt entwickelt, werden Fernsehen und Internet als zunehmend ebenbürtige Distributionskanäle verstanden. Der mehr und mehr genutzte Begriff „Bewegtbild" folgt diesem erweiterten Verständnis von „Fern-sehen". „Bewegtbildformate" fokussiert den audiovisuellen Charakter dieses Contents, unabhängig von einem bestimmten Medium, und wird damit eher dem neuen Fernsehen gerecht, das zunehmend „entlinearisiert und individualisiert" (Riffi/Michel 2013, S. 11) ist.

Trotzdem muss der Begriff „Bewegtbild" für meine Betrachtung präzisiert werden. Hochwertig produzierte Shows und Serien verdienen eine andere Betrachtung als mit dem Handy gedrehte Videoschnipsel. Hier soll es um Formate gehen, die darauf spezialisierte Unternehmen qualitativ hochwertig sowie professionell produzieren und verbreiten.[2] Das umfasst in dieser Arbeit in erster Linie Formate, die primär für das lineare Fernsehen produziert sind, denn noch sind es in Deutschland die großen Sender, die sich konstanter Nutzung erfreuen können und die meisten finanziellen Mittel für hochwertige Formate bereitstellen. In der Regel sind dabei Nutzungen über Online-Kanäle und Mediatheken sowie ein weiterer Rechteverkauf noch zweitrangig.

Definition: Bewegtbildformat
Ein Bewegtbildformat bezeichnet ein immaterielles, inhaltliches, gestalterisches und mediales Rahmenkonzept für professionell erstellten, audiovisuellen Content. Das Format bildet die Grundlage für eine serielle Produktion und ist als Produkt auf dem Bewegtbildmarkt zu handeln.

Formate können als Produkte weltweit vertrieben werden. Auf internationalen Messen wie *MIPCOM, MIP-TV, NATPE* oder *Rose d'Or* werden sie zwischen Produzenten, Rechtehändlern, Sendern und anderen Distributoren gehandelt. Nach einer *FRAPA*-Studie wurden von 2006 bis 2008 445 Formate in 57 Ländern gehandelt. Das Produktionsvolumen betrug 9,3 Milliarden Euro (FRAPA 2011, S. 5).

Neue Formate müssen dabei nicht physisch als fertige Sendungen vorliegen. Sie sind als Produkt (noch) nicht an ein Trägermedium gebunden. Für die Bewertung sind Pilotfolgen oder schon erfolgreich in anderen Ländern produzierte und gesendete Staffeln von Vorteil. Dennoch bleibt „Format" definiert als Konzept, also ein immaterielles Gut.[3] Es ist nicht an Landesgrenzen gebunden, sondern kann für unterschiedliche lokale Märkte angepasst und produziert werden. Formate gelten „als globale Markenartikel, die nationale Besonderheiten und Zuschauereigenschaften in der Umsetzung einbeziehen können" (Koch-Gombert 2005, S. 29; Hallenberger 2002, S. 131 f.).

---

[2] Games als eigenes Feld sind hier gänzlich ausgeklammert.
[3] Formate sind damit ein sehr fragiles Produkt, vor allem in Deutschland. Formatideen sind hier nicht urheberrechtlich geschützt, das heißt, sie können ohne rechtliche Folgen adaptiert, nachgemacht, „gestohlen" werden (vgl. Kapitel 2.4).

Erfolgsformate sind in der Lage, sich über Ländergrenzen hinweg durchzusetzen. „Big Brother" wurde zum Beispiel in knapp 70 Länder verkauft. „Who Wants to Be a Millionaire" (beide *Endemol*) wurde über 100 Mal lizenziert, unter anderem in Deutschland als „Wer wird Millionär?" (RTL, seit 1999). Hits wie diese zeigen, welches wirtschaftliche Potential in einer innovativen Formatidee stecken kann – nicht nur für den Sender, sondern auch für den Produzenten.

2.3.4 Formate als Rahmenkonzepte für informierende, unterhaltende und fiktionale Inhalte

Formate sind im vorherigen Kapitel als Rahmenkonzepte zur seriellen Produktion von Content definiert worden. In der Medien- und Kommunikationswissenschaft wird allerdings differenziert zwischen informierenden und unterhaltenden Inhalten, wobei die Unterhaltungsforschung erst in den vergangenen Jahren zunehmend Bedeutung erlangte (vgl. Kapitel 1.2). Diese Entwicklung in der Wissenschaft folgt der Realität auf den Bildschirmen und auf dem Markt: Unterhaltung hat den Journalismus an Sendezeit und Marktrelevanz längst überholt (Lantzsch/Altmeppen/Will 2010, S. 12).

Braucht es für eine Betrachtung der Entwicklung von Bewegtbildformaten die Unterscheidung zwischen Information und Unterhaltung? Und muss eine weitere Differenzierung von Unterhaltung und Fiktion stattfinden – so wie es in der Organisation vieler Fernsehunternehmen mit den Fachbereichen „Information", „Unterhaltung" und „Fiction" üblich ist?

In der Rezeption scheinen die Zuschauer keine Unterscheidung zu treffen (Mikos 2010, S. 85). Für sie ist Fernsehen gleich Unterhaltung, „das Publikum vollzieht die kommunikationsorientierte Trennung von Unterhaltung und Information nicht nach" (Dehm/Storll 2005, S. 42).

In Produktion und Beschaffung, also in den Routine-Prozessen der Entstehung von unterhaltendem und journalistischem Content, gibt es aber elementare Unterschiede. Journalistische Inhalte sind an Aktualität gebunden und „ereignisorientiert" (Altmeppen/Lantzsch/Will 2010, S. 23; Lantzsch 2010, S. 272). Die Produktion ist damit schwer planbar. Eigene journalistische Organisationsformen und -prozesse ermöglichen es vor allem, zu reagieren und Aktuelles umzusetzen. Aktualität spielt bei unterhaltenden Inhalten hingegen kaum eine Rolle, auch wenn z. B. Shows an bestimmte Ereignisse gebunden sind. Unterhaltung ist „ergebnisorientiert" und auf Markterfolg, auf Reichweiten und Marktanteile ausgerichtet. Die Produktionsprozesse sind mittel- und langfristig planbar (Altmeppen/Lantzsch/Will 2010, S. 23; Lantzsch 2010, S. 272).

Diese Trennung in der Erstellung von Inhalten verliert aus meiner Sicht in der Praxis zunehmend an Bedeutung. Damit meine ich nicht nur die Vermischung von Information und Unterhaltung mit dem Ziel, höhere Marktanteile durch leicht verdauliche Angebote zu gewinnen. Infotainment zum Beispiel trägt schon im Namen die Mischform, die sich auch in der Erstellung wiederfindet: Ergebnisorientierte Planung schafft den unterhaltsamen Rahmen, um aktuelle Ereignisse zu präsentieren.

Auf der Ebene der Programmplanung und des Managements ist die Planbarkeit für beide Bereiche essentiell. Formate gewähren diese Planbarkeit. Als Konzeptrahmen für Inhalte haben sie ihre Wurzeln in der Unterhaltung. Hier ist es in den Produktionsprozessen verankert, sich auf das Ergebnis zu konzentrieren und mittel- und langfristig zu planen. Aber auch im Bereich Information wird mittlerweile fast ausschließlich in Formaten gedacht, geplant und gearbeitet – selbst wenn die Routinen in der Content-Erstellung andere sind. Magazinsendungen und Reportagen sind Formate. Es gibt keine Nachrichtensendung, die nicht formatiert ist, kaum eine aktuelle Berichterstattung, die nicht einen konzeptionellen Rahmen und einen entsprechenden Titel hat, wie z. B. der „Brennpunkt" (ARD, seit 1971).

Sowohl Unterhaltungs- als auch Informationsformate werden als Produkte zwischen produzierenden und ausstrahlenden Unternehmen gehandelt. Unterhaltungsformate haben dabei eine weit größere Bedeutung, vor allem auf dem internationalen Formatmarkt. Die Produktion von Nachrichten und anderen Informationssendungen gelten zwar noch immer als Hoheitsgebiet der Sender. Doch auch sie werden zunehmend extern bei Produzenten gekauft. RTL beauftragt damit NTV, eine Tochter der Gruppe. ProSiebenSat.1 bezieht die Nachrichten für alle Sender von N24. Die ehemalige Tochter ist seit 2010 eine eigene GmbH und gehört mittlerweile zum Axel-Springer-Konzern.

Formate verstanden als Rahmenkonzept für Content setzen sich über die Grenze zwischen Information und Unterhaltung hinweg. Damit ist auch die Frage beantwortet, ob Fiktion gesondert betrachtet werden muss – auch wenn aktuell der Eindruck entsteht, als verlange die Serie durch ihre besondere Bedeutung als treibende Kraft für das neue Fernsehen eine andere Behandlung als andere Formate. Es muss allerdings beachtet werden, dass nicht jede fiktionale Sendung ein Format ist. Neben Serien, Soaps, Telenovelas und Reihen gibt es Filme als Events und Einzelsendungen, die höchstens den Vorgaben bestimmter Sendeplätze genügen müssen (was auch einer Art Formatierung entspricht).

Insgesamt ergibt eine getrennte Betrachtung von informativen und unterhaltenden sowie fiktionalen Inhalten vor allem für die Organisation von Sendern und Produktionsfirmen Sinn, um den unterschiedlichen Produktionsweisen gerecht zu werden. Dabei geht es überwiegend um Routine-Prozesse, also die alltägliche

Content-Erstellung. Im Hinblick auf ein übergreifendes Innovationsmanagement allerdings muss es aus meiner Sicht zunächst keine Differenzierung geben. Die unterschiedlichen Fragestellungen, die sich bei der Formatentwicklung stellen, werden in dieser Arbeit demnach nur exemplarisch aufgeführt und im Zusammenhang mit dem Genre auf einer anderen Strukturierungsebene diskutiert (vgl. Kapitel 5.1.2.2).

2.4 Die Bedeutung von Innovationen für Sender, Produzenten, Zuschauer und Werbetreibende

Als neu gilt ein Produkt, wenn es erstmalig ist. Doch ist es dann schon innovativ? Wer stellt bei Formaten das Neu-Sein fest? „Neu für wen" (Hauschildt/Salomo 2011, S. 5) muss ein Format sein, um als innovativ zu gelten?

Es ist schwer, eine klare Aussage darüber zu treffen, wann ein Format als neu im Sinne von innovativ bezeichnet werden kann. Zieht man den Vergleich zu Innovationen anderer Industrien, wird das Fehlen einer objektivierenden Instanz deutlich: Bei technischen Innovationen entscheiden die Prüfer des Patentamtes anhand von Richtlinien für das Prüfungsverfahren klar über neu oder nicht neu (ebd., S. 12). Bei Medieninnovationen gibt es keine vergleichbaren Verfahren, die damit auch einen wirksamen Formatschutz bieten würden – zumindest nicht in Deutschland. Das Immaterialgüterrecht greift hier nicht so wirksam wie z. B. in Großbritannien und den Niederlanden. Die Rechtssprechung des Bundesgerichtshofes lehnt einen urheberrechtlichen Schutz von Fernsehformaten im Allgemeinen ab.[4] Internationale Verbände wie die *FRAPA (Format Recognition and Protection Association)* versuchen, durch das Registrieren von neuen Formatkonzepten die Erstmaligkeit einer Formatidee festzustellen (FRAPA 2014). Einen rechtsverbindlichen Schutz für Kreative und Produzenten gegen Formatpiraterie und Ideenklau bietet diese Registrierung allerdings nicht: Mit seinem Urteil vom 14.01.2010 (AZ: 7 O 13628/09) hat das Landesgericht München I die Klage eines Formatentwicklers auf Plagiatschutz abgewiesen, obwohl er sein Format bei der *FRAPA* registriert hatte.

Mit dem Fehlen einer objektivierenden Instanz für Formatinnovationen bleibt die Einschätzung über das Neue subjektiv und ist „danach das, was für innovativ gehalten wird" (Hauschildt/Salomo 2011, S. 18). Die Frage, *von wem* Formate für innovativ gehalten werden müssen, ist damit nicht beantwortet. Sind es die Zuschauer? Die Sender? Die Werbetreibenden? Die Produzenten? Ist es der nationale oder internationale Bewegtbildmarkt? Oder sind es gar die Kritiker?

---

[4] Vgl. BGH Urteil vom 26.06.2003 (AZ I ZR 176/01)

Individuen, Experten, Führungskräfte, die Branche, die Nation oder die gesamte Menschheit – theoretisch hat jeder seine eigene Sichtweise und seine eigenen Erwartungen an das Neue (Hauschildt/Salomo 2011, S. 18 ff.).

Die vielen möglichen Perspektiven lassen sich in zwei Hauptgruppen clustern (Meffert 2000, S. 362): zum einen diejenigen, die Innovationen nachfragen, zum anderen diejenigen, die sie anbieten. Den Kunden geht es dabei primär um den Nutzen der neuen Produkte, die Anbieter und Hersteller interessieren zudem die betrieblichen Veränderungen, die damit verbunden sind (Köhler 2005, S. 13).

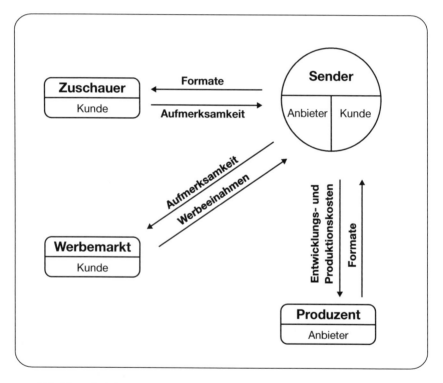

Abbildung 2.1: Kunden und Anbieter von Formaten (eigene Darstellung)

Geht es um die Entwicklung und Produktion neuer Formate, sind beide Gruppen interessant. Als Medienprodukte werden sie von Zuschauern und Werbekunden nachgefragt. Entwickelt und produziert werden Formate von Produzenten. Ihre Abnehmer sind Sender im weitesten Sinne, also klassische TV-Sender, aber auch zunehmend andere Distributoren wie IPTV und Web-TV-Kanäle.[5] Sender als Verbreiter spielen dabei eine doppelte Rolle: Sie sind Kunden von Produzenten und Anbieter für Zuschauer und Werbekunden (vgl. Abbildung 2.1).

2.4.1 Zuschauer und Werbetreibende als Kunden von Formatinnovationen

Innovationen richten sich an Kunden. Ihnen wird ein Interesse an neuen Produkten unterstellt. Sie erwarten einen Nutzen im Vergleich zu älteren Angeboten (Köhler 2005, S. 13). „Wo bleiben die Innovationen? Wo sind die großen Trends? In was wird investiert?" fragt z. B. Christoph Baron, Europa- und Nahostchef von *Mindshare*, einer der größten internationalen Mediaagenturen (Zarges 2013).

Formate haben gleich mehrere Abnehmer, aus Sicht der Sender muss ein „doppelter Absatzmarkt" (Köhler 2005, S. 8) berücksichtigt werden. Die Sender, ob linear oder digital, ob free oder pay, bedienen mit dem formatierten Content Zuschauer bzw. Nutzer und Werbetreibende, also zwei ganz unterschiedliche Kundengruppen.

Im Kundenverhältnis zwischen Sender und Publikum geht es um den Tausch von Aufmerksamkeit mit attraktivem Content. Von Medieninhalten gleich auf welchem Medienträger erwarten Zuschauer Information, Bildung, Unterhaltung, Zerstreuung. Im Tausch bieten sie ihre Aufmerksamkeit an. Geht man davon aus, dass „jeder Mensch über ein begrenztes, nicht vermehrbares Maß an Aufmerksamkeit" (Armbruster/Mikos 2009, S. 8) verfügt, so ist die Aufmerksamkeit des Zuschauers ein knappes Gut.

Innovationen sind – im Falle eines Erfolges – dabei eine Möglichkeit, dieses knappe Gut „Aufmerksamkeit" zu bekommen (ebd., S. 8). Dabei geht es aus Zuschauerperspektive nicht um die tatsächliche Neuheit eines Formates, also ob eine Sendung erstmalig auf dem Weltmarkt und in der Fernsehgeschichte ist. Folgt man dem verhaltenstheoretischen Modell der perzipierten Innovationshöhe (Kotzbauer 1992), kommt es nur auf die vom Zuschauer wahrgenommene Neuigkeit an (Zabel 2009, S. 170).

Neue Formate werden also aus Zuschauerperspektive rein subjektiv als innovativ eingeschätzt. Medieninhalte als Erfahrungsgüter können allerdings nicht vor der Erfahrung, also vor der Rezeption, beurteilt werden (vgl. Kapitel 2.3.2). Um zu entscheiden, ob er eine neue Sendung als innovativ einschätzt, muss der

---

[5] IPTV (Internet Protocol Television) steht für die Übertragung von digitalen Bewegtbildinhalten über ein geschlossenes Netzwerk. Gegen eine meist monatliche Gebühr werden vor allem Videos-on-Demand angeboten, also Sendungen und Filme, die nach Bedarf auf dem heimischen Fernseher abgerufen werden können. Die in Deutschland größten Anbieter sind Telekom und Vodafon. Internetfernsehen dagegen stellt Inhalte im Netz via Web-TV-Kanäle für jeden zur Verfügung (Riffi/Michel 2013, S. 7 f.).

Zuschauer sie erst einmal gesehen haben. Marktforschung kann Prognosen für das Zuschauerverhalten liefern. Diese Vorhersagen sind bei neuen Formaten im besten Fall eine Annäherung, sie können aber auch daneben liegen. Das finale Urteil der Rezipienten nach der Ausstrahlung ist wenig hilfreich, wenn es um das Schaffen von Neuem geht. Die Entscheidung darüber, ob etwas innovativ ist, muss mit dem Start des Innovationsprozesses, mit dem Beginn der Formatentwicklung getroffen werden – von jemandem, der einschätzen kann, was der Zuschauer vermutlich als neu wahrnehmen wird (Zabel 2009, S. 171). Diese Entscheidung treffen die Sender für ihre Kunden, sie schätzen ein, was sie als neu anbieten wollen.

Eine Entscheidung, die auch für die zweite Kundengruppe gilt, für die Werbetreibenden. Ihnen wird die durch den Content erzielte Aufmerksamkeit zur Verfügung gestellt, um diese für ihre Botschaften zu nutzen (Köhler 2005, S. 8). Je mehr Zuschauer erreicht werden, desto mehr Kontakte gibt es für die Werbeinhalte, desto höher sind die Einnahmen für die Sender aus der verkauften Werbezeit. Das bedeutet in der Praxis, dass Werbetreibende nicht mehr passiv das annehmen müssen, was ihnen die Sender an Aufmerksamkeitsflächen zur Verfügung stellen. Zumindest die privatwirtschaftlich organisierten Fernsehunternehmen sind noch immer in einem so hohen Maß abhängig von den Einnahmen aus der Werbeindustrie, dass sie Kundenwünsche berücksichtigen, z. B. direkte Platzierung von Produkten oder passende Formate für bestimmte Botschaften.

Den Werbetreibenden nutzen Formatinnovationen, sie fordern sie ein von den Sendern. Innovationen erzeugen Aufmerksamkeit, liefern im besten Fall große Reichweiten und ein positives Images, also attraktive Umfelder für Werbebotschaften. Ob das Neue beim Zuschauer oder Nutzer als Endkunden ankommt und ob das Neue ein Erfolg ist, wissen auch sie nicht im Vorfeld. Sie müssen darauf vertrauen, was ihnen die Sender als neu verkaufen.

2.4.2 Sender als Gatekeeper für Formatinnovationen

Noch sind klassische Fernsehsender die reichweitenstärksten Anbieter von professionell erstelltem Bewegtbild-Content. Da sie neben der linearen Ausstrahlung ihre Programme auch digital auf ihren Internetplattformen und mithilfe von Apps anbieten und diese Möglichkeiten auch zunehmend genutzt werden, kann man davon ausgehen, dass sie auch im Zeitalter des neuen Fernsehens bedeutsam bleiben. Experten des alten sowie des neuen TV sind sich einig darüber, „dass das herkömmliche, lineare Fernsehen trotz der Vielfalt an neuen Angeboten und des breiten Spektrums ihrer Rezeptionsmöglichkeiten weiter eine wichtige Rolle spielen wird" (Riffi/Michel 2013, S. 35).

2.4 Die Bedeutung von Innovationen für Sender, Produzenten, Zuschauer und Werbetreibende

Es wird darüber hinaus aus meiner Sicht immer einen Bedarf an Anbietern geben, die formatierten Content aussuchen und kuratieren, kompilieren und konfektionieren. Dem TV wird trotz des größeren Wettbewerbs zugetraut, „seine zentrale Rolle als Lead Medium" (WDR 2014, S. 82) weiter zu halten, wenn es das Bedürfnis „nach Orientierung, Selektion und Bewertung" (ebd., S. 71) angesichts des immer weniger überschaubaren Angebots an Inhalten erfüllt.

Sender stellen ihren Kunden, den Zuschauern und Werbetreibenden, ausgesuchten Content zur Verfügung und verbreiten ihn (vgl. Abbildung 2.1). Die meisten Bewegtbildinhalte stellen sie aber nicht selbst her. Sender sind wiederum die Hauptkunden von Produktionsunternehmen. Diese bieten die Entwicklung und Erstellung von Formaten als Produkte an, meist zunächst als immaterielle Güter, die (noch) nicht an ein Medium gebunden sind. Produzenten „tragen als Generalunternehmer die kreative Gesamtverantwortung für Konzeption und Herstellung der Sendungen" (Zabel 2009, S. 382).

Wie den Sendern fällt auch den Produktionsunternehmen die Aufgabe zu, einzuschätzen, was vor allem die Zuschauer als End-Abnehmer vermutlich als innovativ wahrnehmen werden. Ein Publikum muss erreicht werden, die Zuschauer werden am Ende entscheiden, was ein Erfolg ist und was nicht. Doch die Produzenten müssen mehr als nur die Zuschauererwartungen im Blick haben. Sie vertreiben ihre Produkte in der Regel nicht direkt an Zuschauer oder Nutzer.

Die Schwelle, Inhalte zu produzieren und einer breiten Öffentlichkeit zur Verfügung zu stellen, wird durch die technische Entwicklung zwar immer niedriger. Theoretisch braucht es keine großen Sender mehr, um Inhalte zu distribuieren. Jeder Produzent – und natürlich auch jeder (kreative) Laie – kann sich über Web-TV-Plattformen direkt ein Publikum verschaffen. Jeder kann seinen eigenen YouTube-Kanal starten und damit Geld verdienen. Hier aber soll es um Bewegtbildformate als professionell produzierte Inhalte auf einem hohen qualitativen Niveau gehen. Um diese zu finanzieren, sind die linearen Sender und Online-Distributoren die zahlungskräftigsten Ansprechpartner.

Sie sind relevant für die Entwickler und Hersteller von Formaten. Produzenten können eine Idee für noch so innovativ halten – wenn ihr möglicher Abnehmer, der Sender, der das Format beauftragt, bezahlt und auf Sendung bringt, dies nicht auch so sieht, bleibt das Neue in der Schublade. Ohne Markteintritt wird es keine Innovation.

Dabei kaufen Sender nicht nur fertige Sendungen oder Ideen, nicht selten bestimmen sie den gesamten Entwicklungs- und Produktionsprozess, der durch „mehrstufige Kunden-Integration" (Windeler 2008, S. 127) gekennzeichnet ist. Produktionsunternehmen sind von den Senderwünschen in einem so starken Maß abhängig, dass sie als „nur begrenzt handlungsautonom" (Riffi/Michel 2013, S.

25) bezeichnet werden können. Das könnte sich zwar ändern, denn die Sender sind einem zunehmenden Wettbewerb ausgesetzt und müssen sich darin verstärkt um den bestmöglichen Content bemühen, was die Position der Produzenten als Hersteller erheblich verbessern wird. Doch noch gilt: Die Sender haben als Anbieter von Formaten und als Kunden von Formatproduzenten eine Schlüsselposition. Sie entscheiden, was das Publikum zu sehen bekommt. Sie sind die „Gatekeeper" für Formatinnovationen (vgl. Kapitel 3.1.4).

2.4.3 Innovationen aus Perspektive der Anbieter

Neben den Kunden müssen Anbieter von neuen Formaten ihr eigenes Unternehmen im Blick haben. Ist das Neue neu für die eigene Organisation? Haben Organisation und Mitarbeiter Erfahrung mit ähnlichen Formaten oder Genres oder begeben sie sich auf ein neues Feld? Selbst wenn ein Produkt auf dem Markt nicht neu ist, kann es für das Unternehmen eine (relative) Innovation sein, wenn es dieses Produkt selbst noch nicht hergestellt hat (Köhler 2005, S. 14; Pebels 2001, S. 3 f).

Innovationen bedeuten für den Anbieter in der Regel innerbetriebliche Veränderungen (Köhler 2005, S. 13.). Hat ein Fernsehunternehmen noch keine Erfahrung mit bestimmten Formaten oder Genres, wird es anders damit umgehen, als wenn es schon ähnliche Sendungen hergestellt hat. Das fehlende Know-how ist ins Unternehmen zu bringen, z. B. müssen neue Mitarbeiter eingestellt oder passenden Netzwerkpartner gesucht, Prozesse überprüft und gegebenenfalls in neue Technik investiert werden. Die Entscheidung darüber, ob etwas neu für die Organisation ist, fällen die innerbetrieblichen Experten, meist die Führungskräfte der Produktionsfirmen oder Sender, die für die Planung und Steuerung des Innovationsprozesses verantwortlich sind (Hauschildt/Salomo 2011, S. 18).

Die Frage, ob ein neues Format neu für das Unternehmen ist, hat vor allem für den Produzenten existenzielle Bedeutung. Er hat neben der kreativen Leistung der Entwicklungsarbeit die Aufgabe, die Herstellung des Neuen zu organisieren. Ein Produktionsunternehmen, das bisher nur fiktionale Programme erstellt hat, wird sich mit komplett neuen Anforderungen konfrontiert sehen, wenn es erstmals ein Reality-Format herstellen will. Hier gibt es keine fertigen Texte, keine Drehbücher, keine Schauspieler, keine Proben. Die Erfahrungen des einen Genres lassen sich kaum auf das andere übertragen.

Doch vor allem die Sender müssen sich bei Innovationen auf Neues in der Organisation einstellen – auch wenn sie jene nicht selbst entwickeln. Sie nehmen eine Schlüsselposition für Formatinnovationen ein. Zum einen entscheiden Sender, was sie beauftragen und einkaufen und welchen Formatinnovationen sie einen Eintritt auf dem Publikumsmarkt verschaffen. Die Produzenten entwickeln zwar die Formate und stellen sie her, aber sie haben bisher wenige lukrative Möglichkeiten, mit ihren Produkten direkt an Endkunden wie Zuschauer und Werbekunden heranzutreten. Zum anderen findet die Entwicklung von Formaten in Deutschland in sehr enger Zusammenarbeit zwischen Sender und Produzent in interorganisationalen Netzwerken statt. Hier ist es noch immer die Regel, dass die Sender vorgeben, was von wem entwickelt und dann produziert wird (vgl. vorheriges Kapitel und Kapitel 4.3.3).

Vor allem Sender müssen sich deshalb in ihrer Doppelfunktion an der Schnittstelle zwischen Zuschauer, Werbekunden und Produzenten auf das Management von Innovationen ausrichten und stehen damit im Fokus dieser Untersuchung.

2.5 Innovationsgrad von Formaten

Ob ein Format neu ist oder nicht, bleibt, wie eben dargelegt, eine subjektive Entscheidung, welche die beteiligten Akteure zu treffen haben. Mit dieser Entscheidung tun sich Subjekte aus meiner Sicht so schwer, weil nicht klar ist, „wie neu" (Hauschildt/Salomo 2011, S. 5) etwas sein muss, um als Innovation zu gelten.

Einerseits – bleibt man nah an Schumpeters Definition von der „Durchsetzung neuer Kombinationen" (Schumpeter 1964, S. 100) – kann jede einzelne Sendung als innovativ gelten (Zabel 2009, S. 169). Diese Sichtweise wurde für diese Arbeit schon mit der Abgrenzung von Innovationen zu kreativen Routinen ausgeschlossen. Bewegt man sich auf Formatebene, könnten aber minimale Änderungen in Dramaturgie, Spielmechanismus und Protagonisten als „Durchsetzung neuer Kombinationen" durchaus ausreichen, um ein Format als Innovation einzustufen.

Andererseits kann man der Auffassung sein, „die Grundformen des Fernsehens seien entdeckt und neue Genres unmöglich" (ebd., S. 169). Wenn es bei inhaltlichen Neuerungen nichts mehr zu entdecken gibt, dann muss darüber hinaus gesucht werden:

> „Damit wäre eine Innovation im betriebswirtschaftlichen Sinne, die also über einen gewissen Neuigkeitsgrad verfügt, nur noch in Verbindung mit Entwicklungen möglich, die außerhalb der eigentlichen Kernaktivitäten des Fernsehunternehmens liegen, etwa durch Einbeziehung von Interaktivität und Konvergenz" (ebd., S. 169).

Neu ist also nicht gleich neu. Innovation nicht gleich Innovation. Innovationen unterscheiden sich in ihrer Intensität, dem Ausmaß an Neu-Sein. Der Innovationsgrad ist dabei nicht nur ein Mittel, um die verschiedenen Ausprägungen von neuen Formaten zu beschreiben. Er hat auch, so meine These, entscheidende Auswirkungen auf den gesamten Entwicklungsprozess für Formate:

Je höher der Innovationsgrad, desto größer ist das Ausmaß an Neu-Sein. Je mehr Neu-Sein erforderlich ist, desto größer ist der Bedarf an Kreativität als der Fähigkeit, etwas Neues zu schaffen. Je höher die Innovationsintensität, desto mehr Kreativität ist im Entwicklungsprozess erforderlich. Diese Prämisse ist der erste Baustein meines Modells zum Innovationsmanagement für Formatinnovationen. Die Darstellung der Abhängigkeit vom Innovationsgrad zur Kreativität in Abbildung 2.2 basiert auf dieser theoretischen Annahme. Sie dient der Veranschaulichung und ist stark vereinfacht.

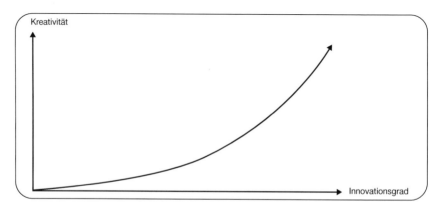

Abbildung 2.2: Der Innovationsgrad in Abhängigkeit zur Kreativität (eigene Darstellung)

Um das Ausmaß an Neu-Sein für Formate zu konkretisieren, entwickle ich im Folgenden eine Differenzierung von Bewegtbildformaten nach ihrer Innovationsintensität.

2.5.1 Einteilung des Innovationsgrades in Dichotomien

Der erste Schritt zu einer graduellen Abstufung von Innovation führt zur Einteilung in Dichotomien. In der Innovationsforschung sind dafür verschiedene Begriffspaare zu finden (Hauschildt/Salomo 2011, S. 12). Das wohl am häufigsten verwendete ist „radikal" und „inkrementell". Für die Beschreibung der Entwicklungen und Weiterentwicklung neuer Formate passen auch die Adjektive „revolutionär" und „evolutionär".

Bei diesen Gegensatzpaaren geht es nicht um „neu oder alt", „Innovation: ja oder nein". Es wird immer ein gewissen Ausmaß an Innovation vorausgesetzt, wenn es auch minimal ist. Die Begrifflichkeiten verweisen auch auf den Prozess der Entstehung einer Innovation: Neues kann durch Zerstörung und Ersetzen des Bestehenden (radikal, revolutionär) oder durch eine schrittweise Entwicklung daraus (inkrementell, evolutionär) entstehen.

Übertragen auf Formate trägt die Einteilung in radikal vs. inkrementell zunächst der Tatsache Rechnung, dass Innovation nicht gleich Innovation ist. Die Adaption eines neuen Formates mit kleinen Änderungen ist etwas Neues, aber nicht so neu wie eine Show mit nie da gewesenen Spielmechanismen, die mehrere mediale Plattformen neuartig dramaturgisch nutzt. Ersteres ist eher inkrementell, letzteres radikal innovativ. Zwischen diesen Extremen lassen sich unzählig viele Abstufungen definieren. Formate sind aufgrund der Zusammensetzung ihrer Elemente wie Dramaturgie, Protagonisten und Gestaltung sehr vielschichtig. Eine Einteilung in nur zwei Innovationsgrade wird dieser Bandbreite nicht gerecht.

2.5.2 Konzepte zur graduellen Abstufungen von Innovationen

Die Innovationsforschung hat verschiedene Konzepte entwickelt, um eine differenziertere Darstellung der Intensität von Innovationen zu ermöglichen. Sie reichen von einfachen Ordinalskalen bis hin zu sehr komplexen multidimensionalen Ansätzen, welche die unterschiedlichsten Aspekte mit einbeziehen (Hauschildt/ Salomo 2011, S. 12 ff.).

Bleiben wir bei der Standardskala: Eine gängige und einfache Variante teilt Innovationen in vier Stufen ein (Kleinknecht/Reinjnen/W. Smith 1993, S. 44). Auf der Stufe des höchsten Innovationsgrades steht ein „deutlich neues oder entscheidend geändertes Produkt". Auf den Stufen zwei und drei befinden sich ein „deutlich verbessertes Produkt", und eine „neue oder verbesserte Zusatzeinrichtung oder -dienstleistung". Eine „Produkt- oder Dienstleistungsdifferenzierung" hat den geringsten Innovationsgrad (ebd., S. 44).

Aus meiner Sicht bringen die mittleren Stufen der „Verbesserungen" keine klare Differenzierung. Zudem möchte ich hier nicht die Frage „Ist ein Format besser als das vorherige?" diskutieren, sondern: „Wie neu ist ein Format?" Als zielführend erachte ich Varianten, die grundsätzlich von drei Abstufungen von Innovationen ausgehen (Gläser 2008, S. 425; Koch-Gombert 2005, S. 498 ff.; Becker 2002, S. 157; Witt 1996, S. 4).

Die erste ist dabei definiert als „echte Innovation", „Erstinnovation" oder als „originäre Innovation" und bezeichnet „völlig neue Produkte, die es so vorher noch nicht gab" (Becker 2002, S. 157). Sie entspricht der – denkt man in Dichotomien – radikalen Innovation und bringt unumstritten etwas wirklich Neues.

Bei der zweiten Innovationsart werden die Bezeichnungen diffuser. Sie ist diejenige, die zwischen radikal und inkrementell liegt, der Versuch, den vielen möglichen Neu-Abstufungen einen Namen zu geben. Sie wird als „unechte", „abgeleitete Innovation" oder „Produktmodifikation" bezeichnet. Dem entsprechen „quasi-neu Produkte", „neuartige Produkte, die an bereits bestehenden Produkten anknüpfen" (ebd., S. 157).

Die dritte Stufe von Innovation ist der Versuch abzugrenzen, wann man anfangen kann, von Innovationen zu sprechen. Entsprechend unscharf sind die dafür verwendeten Begriffe. Häufig wird hier von Imitation gesprochen oder von „Me-too-Innovationen". Es handelt sich dabei um Produkte, die bestehenden innovativen Produkten nachempfunden sind, „völlig identisch (,sklavische Nachahmung')" oder „mit mehr oder weniger geringfügigen Änderungen" (Gläser 2008, S. 427). Die Innovation kann damit rein innerbetrieblich stattfinden: Die Konkurrenz ahmt die Innovation nach, Imitation ist damit Teil der Diffusion von Innovation im Markt (Brockhoff 1999, S. 38).

Bei all diesen Definitionen geht es darum, die vielen verschiedenen Arten von Innovationen und ihre graduellen Abstufungen in Gruppen zusammenzufassen, um die Betrachtung zu vereinfachen. Für Formatinnovationen wähle ich drei Cluster, wohl wissend, dass es sich um eine subjektive Vereinfachung handeln muss (vgl. Abbildung 2.3).

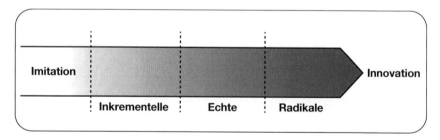

Abbildung 2.3: Graduelle Abstufungen von Formatinnovationen (eigene Darstellung)

Radikale Formatinnovationen bezeichnen diejenigen mit dem höchsten Ausmaß an Neuheit, inkrementelle dagegen diejenigen mit dem niedrigsten Innovationsgrad. Echte Formatinnovationen sind hier diejenigen mit einer mittleren Innovationsintensität.

2.5.3 Geringer Innovationsgrad: inkrementelle Formatinnovationen

Betrachtet man zunächst den linken Rand der Innovationsintensität, den geringsten Innovationsgrad, bewegt man sich auf einem schmalen Grat zwischen neu und nicht neu. Der Begriff der Imitation bewegt die TV-Branche, wenn sie von Innovationen spricht. Dem Fernsehen wird immer wieder eine „Kopiermentalität" attestiert (Foag 2010, S. 134). „So existiert das Dilemma, dass zwar einerseits eine ganze Branche von Imitation und Plagiaten spricht, andererseits allerdings keine Möglichkeit besteht, Imitation klar zu bestimmen und von Innovation abzugrenzen" (ebd., S. 136).

Aus meiner Sicht ist Innovation von Imitation zumindest theoretisch deutlich zu trennen. Bei Innovation muss es etwas Neues geben, sonst widerspricht es der Auffassung von Innovation als Schaffen von etwas Neuem. Imitation hingegen ist Nicht-Neuheit. Innovation beginnt, wo Imitation aufhört, was allerdings in der Praxis subjektiv entschieden werden muss (vgl. Kapitel 2.4). Dabei schließt Innovation Imitation nicht aus. Bei einem geringen Innovationsgrad kann nicht alles neu sein, sondern Altes wird imitiert. Innovation kann auch eine Neukombination bekannter Elemente sein. Kleine Abweichungen bedeuten schon Neues. In jeder Formatinnovation ist auch Imitation, nur: Je höher der Innovationsgrad ist, desto geringer ist der „Imitationscharakter" (ebd., S. 137).

Der Begriff „inkrementelle Innovation" bezeichnet diese schrittweise Abweichung von Bekanntem. Damit sind hier nicht die Neuerungen gemeint, die am kreative Fließband routiniert entstehen, sondern Neuerungen, die auf Formatebene stattfinden.[6] Inkrementelle Innovationen orientieren sich an bereits bestehenden Produkten, haben deutlich erkennbare Vorbilder, aber weisen dennoch entscheidende Veränderungen auf.

In der Praxis der Fernsehlandschaft ist diese Innovationsart von großer Bedeutung. Sie umfasst eine breite Masse an Formaten, die nicht ganz originell sind, aber doch etwas Neues an sich haben. Auf diesem Innovationsniveau gibt es eine riesige Bandbreite von Sub-Innovationsstufen. Eine weitere Differenzierung soll hier allerdings nicht erfolgen, sondern eine Orientierung an der Gemeinsamkeit: Es gibt ein Formatvorbild, das mehr oder weniger stark adaptiert, aber nicht eins zu eins kopiert wird. Die Änderungen im Vergleich zum Bestehenden sind ausreichend, um als neues Format zu gelten und nicht als formatimmanente Variation. Bei einem sehr geringen Grad an Neuem ist die Gefahr, als Plagiat zu gelten – und Formatrechte zu verletzen –, besonders hoch.

---

[6] Publizistische Einzelstücke wie TV-Movies sind dabei nicht mit eingeschlossen. Zabel definiert sie als inkrementelle Innovationen (Zabel 2009, S. 172 ff.). Da diese nicht den Kriterien des Formates entsprechen, werden sie in dieser Betrachtung nicht berücksichtigt.

Definition: Inkrementelle Formatinnovationen
Formate mit dem geringsten Innovationsgrad orientieren sich an Vorbildern und adaptieren diese mehr oder weniger stark. Bei inkrementellen Formatinnovationen bleiben eine oder mehrere Vorlagen deutlich erkennbar. Das formatierende Hauptmerkmal bleibt gleich, es gibt aber mindestens eine Abweichung vom Original.

Für inkrementelle Innovationen kann es reichen, ein schon bestehendes Format weitgehend zu übernehmen, aber den Hauptprotagonisten auszutauschen, der durch seine Persönlichkeit und seine besondere Art zu handeln das Neue des Formates bestimmt. „Rosins Restaurants – Ein Sternekoch räumt auf" (Kabel eins, seit 2009) zum Beispiel ist klar an der Idee von „Rach, der Restaurant-Tester" (RTL, 2005-2013) orientiert und an der Grenze zum Imitat. Dennoch wird das Nachfolge-Format durch den neuen Koch als eigenes neues Format und nicht als Lizenz des Originals produziert. Dies ist wiederum eine Adaption des britischen Formats „Ramsey's Kitchen Nighmares" (Channel 4, seit 2004).

Es können aber auch Grundthemen gepaart mit dem dramaturgischen Aufbau übernommen werden: Das Prinzip des (erfolgreichen) Formats „Bauer sucht Frau" (RTL, seit 2005) wurde auf eine andere gesellschaftliche Schicht übertragen. Das Ergebnis ist das weniger erfolgreiche „Gräfin gesucht – Adel auf Brautschau" (Sat.1, 2008/2009). Der weltweite und langanhaltende Erfolg von „Das perfekte Dinner" (Vox, seit 2005) war und ist die Vorlage für eine ganze Reihe von deutschen Me-too-Formaten, wie z. B. „Mein Lokal, Dein Lokal – Wo schmeckt's am besten?" (Kabel eins, seit 2013), „Mein Zuhause, Dein Zuhause – Wer wohnt am schönsten?" (Kabel eins, seit 2013).

2.5.4 Mittlerer Innovationsgrad: echte Formatinnovationen

Begeben wir uns auf die nächste, die mittlere Innovationsstufe: Als „echte Formatinnovation" möchte ich neue Formatkonzepte bezeichnen und orientiere mich an Zabels Auffassung von den Konzept-Innovationen (Zabel 2009, S. 172). Sie beruhen auf neuen publizistischen Konzepten innerhalb eines Genres, die eine neue Kombination von erfolgsrelevanten und kopierfähigen Merkmalen aufweisen.

Auf dieser Stufe von Innovation befinden sich Formate, die im internationalen Formathandel klar als neu gehandelt werden und in Ländern wie Großbritannien und den Niederlanden Formatschutz genießen. Sind sie erfolgreich, werden sie häufig imitiert und ziehen „Programmwellen" nach sich (ebd., S. 172 f.). Echte Formatinnovationen dienen häufig als Vorlage für Folgeprodukte, die sich an ihnen orientieren. Die erfolgreichen Elemente werden übernommen und in inkrementellen Formatinnovationen neu interpretiert.

Definition: Echte Formatinnovationen
Echte Formatinnovationen weisen eine deutliche inhaltliche Neuerung auf. Auch wenn sie Elemente von anderen Formaten enthalten, gibt es mindestens eine neue formatierende Grundidee als Alleinstellungsmerkmal. Diese dient häufig als Vorlage für nachfolgende inkrementelle Innovationen.

Echte Formatinnovationen sind seltener als inkrementelle. Bei den vielen Formatvariationen und Me-too-Fomaten ist die originäre, echte Formatinnovation, an denen sich die inkrementellen orientieren, oft schwer herauszukristallisieren. Und auch echte Formatinnovationen haben Elemente des Bekannten.

„The Voice of Germany" (ProSieben / Sat.1, seit 2011) ist nach meiner Definition eine echte Formatinnovation, wenn auch am unteren Ende der Neuigkeitsskala. Die Show ist im Kontext von Gesangs-Casting-Formaten wie „Popstars" (RTL2 / ProSieben, seit 2000), „Deutschland sucht den Superstar" (RTL, seit 2002) und „X-Factor" (Vox, 2010-2012) zu sehen, hat jedoch zwei wesentliche Neuerungen: Die Entscheidung wird über die Stimme getroffen, die Jury sieht die Kandidaten nicht. Und: Die Kandidaten können sich ihre Coaches aussuchen, die ihrerseits um die Talente kämpfen. Als „Spin-off", also Ableger, ist auch „The Voice Kids" (Sat.1, seit 2013) erfolgreich.

Ein klar echt-neues Konzept ist die deutsche Entwicklung „Schlag den Raab" (ProSieben, seit 2006), die auch auf dem internationalen Formatmarkt erfolgreich ist. Neu ist, dass ein völlig unbekannter Zuschauer in einer mehrstündigen Samstag-Abend-Live-Show gegen einen Star antreten kann. Geht der Herausforderer als Gewinner aus den 15 Spielen hervor, gewinnt er 500 000 Euro. Verliert er, wandert das Geld in den Jackpot. „Schlag den Raab" wurde unter „Beat your Host" international mehrmals verkauft, in Deutschland gibt es das Spin-off „Schlag den Star" (ProSieben, seit 2009). Aber auch Formate wie „5 gegen Jauch" (RTL, seit 2009) und „Die 2 – Gottschalk und Jauch gegen alle" (RTL, seit 2013) orientieren sich an der Grundidee: Der „normale" Zuschauer darf gegen den Star auf Augenhöhe spielen.

Schließlich ist „Sing meinen Song – Das Tauschkonzert" (Vox, seit 2014) ein Beispiel einer erfolgreichen echten Formatinnovation. Bekannte Musiker verbringen eine Woche zusammen an einem schönen Ort. An jedem Abend steht einer von ihnen im Mittelpunkt – die anderen interpretieren seine Songs. Am Ende entscheidet der im Mittelpunkt stehende Künstler, welche Cover-Version seiner Werke ihm am besten gefallen hat. Neu an dieser Musik-Show ist nicht nur die Idee des Tauschkonzertes. Die Sendung kommt ohne Publikum, ohne Wettbewerb und ohne effektvoll inszenierten Spannungsbogen aus. Sie lebt allein von der Persönlichkeit der Musiker, dem Miteinander und natürlich von der Musik – und das ist neu.

2.5.5 Hoher Innovationsgrad: radikale Formatinnovationen

Für die dritte Stufe von Innovationen muss über rein inhaltliche Neuerungen hinaus gedacht werden. Bei der radikalen Formatinnovation begeben wir uns an den oberen Rand von Innovationen. Gerade hier gilt zu berücksichtigen: Über die Innovationsintensität eines Formates kann nur in Bezug auf den Zeitpunkt des Markteintrittes geurteilt werden. Was heute als radikal-neu gilt, kann morgen schon als wenig innovativ empfunden werden.

Zabel beschreibt eine radikale Innovation als „Konzept-Innovation, bei der zugleich eine soziale bzw. Prozessneuerung in der Herstellung zum Tragen kommt. Radikale Innovationen können den bisherigen Genrekatalog erweitern" (Zabel 2009, S. 173). Sie gehen weiter als die rein inhaltlich-formale Formaterneuerung und können über das „hermetisch geschlossene Werk hinausweisen" (ebd., S. 173). Dies könne ein neues Vermarktungskonzept sein, neue Produktionsformen oder neue Dramaturgien durch Interaktionen mit Zuschauern, so Zabel.

Besondere Beachtung verdient dabei die Tatsache, dass Medienprodukten auf Träger gebundene Inhalte sind. Legt man den Fokus auf die Medienträger, ergeben sich jenseits der Inhalte weitere Innovationsmöglichkeiten, die wiederum die Inhalte und deren Gestaltung radikal beeinflussen können (siehe Kapitel 6.4). Technische Neuerungen werden als Innovationstreiber gesehen, die Ermöglicher von hochgradigen Innovationen (Gläser 2008, S. 425).

Definition: Radikale Formatinnovationen
Radikale Formatinnovationen gehen über eine rein inhaltliche Neuerung hinaus. Sie gehen mit neuen Produktionsweisen einher oder beziehen mehrere mediale Plattformen so mit ein, dass durch die Kombination etwas deutlich Neues ermöglicht wird.

Als transmedial angelegtes und damit radikal-neues Format gilt „About: Kate" (Arte, 2013). Die fiktionale Serie um eine junge Frau, die sich selbst in die Nervenklinik einweist, bezieht dabei die Zuschauer über soziale Netzwerke mit ein. Sie können mit der Protagonistin interagieren und damit Einfluss auf das Geschehen nehmen. Crossmedialität bezieht sich hier nicht nur auf einen zusätzlichen Abspielkanal oder die Möglichkeit für den Zuschauer, an weiteren Content zu kommen. „About:Kate" ist ein gelungener Versuch von crossmedialem Storytelling.

Radikal-neu ist es auch, sehr viele Zuschauer per App bei Shows live interagieren zu lassen. Drei Formate bezogen 2014 diese neue Technologie mit ein und schafften damit Innovationen innerhalb bekannter Genres. Neben der TV-Variante der App „Quizduell" (ARD) versuchten sich auch die großen privaten Sender an Formaten mit durch Apps ermöglichter Zuschauereinbindung. Das „Quizduell" scheiterte, weil die Technik bis zum Ende der Versuchsstaffel gar nicht oder nicht einwandfrei funktionierte. Bei den beiden Gesangswettbewerben „Keep Your Light Shining" (ProSieben) und „Rising Star" (RTL) gab es keine sichtbaren technischen Probleme. Trotzdem waren sie Quotenflops.

„Berlin Tag & Nacht" (RTL2, seit 2011) hingegen ist eine erfolgreiche und – aus meiner Sicht aus zweierlei Gründen – radikale Formatinnovation. Zum einen gilt die Serie als Paradebeispiel dafür, wie Social Media für ein Format genutzt werden kann. Die überwiegend jungen Zuschauer nutzten schon vor Start der Sendung den Second Screen, um ein Teil des „Berlin Tag & Nacht"- Ensembles zu werden. Von crossmedialem Storytelling kann hier zwar nicht die Rede sein, doch der Erfolg des Formates wird zu einem großen Teil der Verlängerung des Formates ins Social Web und der Einbeziehung der Facebook-Community zugeschrieben (Wesseler 2013, S. 197ff.).

„Berlin Tag & Nacht" ist aber aus einem weiteren Grund als radikal-innovativ zu bezeichnen. Zunächst gilt es als eine Weiterentwicklung des aus Gerichtsshows und Dokusoaps entstandenen Genres „Scripted Reality". Dabei wird mit Laiendarstellern inszeniert, improvisiert und „echtes Leben" nachgespielt, die Illusion des Dokumentarischen aber bewusst beibehalten. „Berlin Tag & Nacht" geht den entscheidenden Schritt weiter. Mit den Produktionsmitteln der Scripted Reality und dem Ensemble aus Laien-Schauspielern ist eine neue Form der Daily Soap entstanden, die das Wagnis eingeht, die heilige Kuh der herkömmlichen fiktionalen Produktion zu schlachten.

Diese Genrekonventionen übergreifende Produktions- und Erzählweise ist radikal-neu. „Berlin Tag & Nacht" ist nicht klassisch Fiktion und nicht Dokutainment. Es ist „ein Hybrid zwischen klassischer Erzählweise einer Daily Soap und dem Ansatz, mit Laiendarstellern und sehr direkter Kameraarbeit eine für herkömmliche fiktionale Formate ungeheure Dichte zu erzeugen" (ebd., S. 198). Ein neues Genre ist entstanden und ermöglicht durch die kostengünstige Produktion, auch mit wenig Budget seriell fiktional zu erzählen. Damit sind auch kleine Sender und Web-Kanäle in der Lage, Fiktionales selbst zu produzieren – was bisher kaum möglich war.

2.6 Innovationen aus der Prozessperspektive

Kommen wir von den unterschiedlichen Ausprägungen von Innovationen zu deren Entstehung. Wo beginnt und wo endet eine Neuerung (Hauschildt/Salomo 2011,

S. 20), wenn man den Prozess fokussiert? Was passiert zwischen dem Anfang und dem Ende?

Eine sinnvolle Gestaltung von Prozessen als Managementaufgabe setzt zunächst ein umfassendes Verständnis über die Abläufe voraus. Die Analyse und die daraus resultierenden spezifischen Darstellungsweisen von Formatinnovationsprozessen schaffen die Grundlage dafür. Auf dieser Basis soll die Entwicklung von inkrementellen, echten und radikalen Formatinnovationen diskutiert werden.

Zunächst aber gilt es zu klären, was der Begriff Prozess meint, welchen Nutzen die Betrachtung von Prozessen bringt und welche Arten von Prozessen es gibt. Kreativitätsintensive Prozesse und Innovationsprozesse nehmen dabei eine Sonderstellung ein. Ihre Besonderheiten und wie ihnen in Prozessdarstellungen begegnet wird, soll im Weiteren erläutert werden. Angeregt durch Modelle aus Ökonomie, Medienökomomie und Medienwissenschaft entwerfe ich ein Phasenmodell. Es bildet die Basis für mein Grad-Phasen-Modell für Formatinnovationen.

2.6.1 Prozess: Begriff und Spektrum

Ein Prozess beschreibt eine dynamische Bewegung, ein Schritt-für-Schritt-Weitergehen. Der Begriff ist dem lateinischen „processus" – „Fortschreiten; Fortgang, Verlauf" – entlehnt, das auf lat. „pro-cedere" – „vorwärtschreiten, fortschreiten; verlaufen; sich entwickeln" – zurückgeht.

Im ökonomische Kontext werden (Geschäfts-)Prozesse beschrieben als die „inhaltlich abgeschlossene, zeitliche und sachlogische Abfolge von Aktivitäten, die zur Bearbeitung eines betriebswirtschaftlich relevanten Objektes notwendig sind" (Becker/Kahn 2005, S. 3). Ein Prozess soll einen Wert für den Kunden schaffen und hat ein „definiertes Startereignis (Input) und Ergebnis (Output)" (Fischermanns 2010, S. 12). Als spezifische Verbindung von „Verrichtungen an Objekten" (Hauschildt/Salomo 2011, S. 309) bilden Prozesse eine „Struktur, deren Elemente Aufgaben, Aufgabenträger, Sachmittel und Informationen sind" (Fischermanns 2010, S. 12). Prozesse stellen die organisatorischen Abläufe in Unternehmen dar, im Gegensatz zur aufbauorganisatorischen Perspektive der betriebswirtschaftliche Organisationslehre, die Stellen, Abteilungen und Instanzen fokussiert (vgl. Kapitel 4).

Zur Analyse, Gestaltung und Steuerung von Prozessen gilt es, Anfang und Ende zu definieren, Abläufe zu gliedern, die einzelnen Elemente genauer zu betrachten und zu untersuchen, wie diese miteinander verknüpft sind. Dazu wird der Gesamtablauf in einzelne Phasen unterteilt. Innerhalb dieser Phasen werden Ablaufvorgaben für Aktivitäten definiert, die – auf unterschiedlichen Ebenen betrachtet – immer tiefer ins Detail gehen können.

Es gibt verschiedene Arten von Prozessen. Abläufe im kreativen Bereich folgen ihren ganz eigenen Regeln. Die Herstellung von Schrauben kann beispielsweise nicht gleichgesetzt werden mit der Erstellung eines Formates. Während bei einfachen Verrichtungen wie der Produktion eines vergleichsweise simplen Produktes wie Schrauben von vornherein Ergebnisse, Aufgaben und Abläufe einfach und klar sind, sieht das für die Content- und Formatproduktion anders aus: Aufgaben und Abläufe sind vielschichtig, oft unklar und das Ergebnis ist nicht immer vorhersehbar. Nimmt man eine Differenzierung vor und berücksichtigt wie Harmon (2007, S. 592) den Grad von Strukturiertheit, Interaktion und Komplexität, ergibt sich ein Spektrum, das von einfachen linearen Prozessen bis zu künstlerischen Prozessen reicht (Seidel 2012, S. 6; Seidel 2009, S. 195; Harmon 2007, S. 592):

Die einfachste Form ist ein sequentieller Schritt-für-Schritt-Prozess („Simple Procedural Processes") mit wenigen Entscheidungsabzweigungen und Regeln. Dieser Prozess führt zu einem klar definierten Ergebnis und wird von „Ordinary Workers" durchgeführt. Weitaus komplexer sind wissensbasierte Prozesse („More Complex Processes") eines „Knowledge Workers". Sie verlaufen in vielen Verzweigungen, sind geprägt von unzähligen Regeln, und das Ergebnis ist weniger klar vorhersehbar. „Experts" sind in extrem komplexen Prozessen („Very Complex Processes") gefragt: Der Ablauf dieser Prozesse und das Ergebnis sind kaum vorhersehbar und entwickeln sich erst in deren Verlauf, der von Heuristiken und Vermutungen geprägt ist.

Den höchsten Grad an Komplexität bieten kreativitätsintensive Prozesse (vgl. Kapitel 6.1.1). Seidel (2009, S. 195) sieht sie mit Bezug auf Davenport (2005) als Unterklasse von wissensbasierten Prozessen. Sie sind wissensintensiv, immer einzigartig und geprägt von divergentem Denken und Forschen. Ihr Zustandekommen hängt im Wesentlichen ab von der „Expertise, den kreativen Denkfähigkeiten und der Motivation" der „Creative Workers" (Seidel 2012, S. 6 f.).

Folgt man dieser Klassifizierung, befinden sich Formatentwicklung und Formatproduktion auf der höchsten Stufe an Komplexität: Kreativität spielt hier eine entscheidende Rolle – auch wenn nicht jeder Prozess kreativitätsintensiv ist und es viele nicht-kreative Standard- und Routine-Prozesse gibt (ebd., S. 7).

2.6.2 Merkmale von Innovationen

Betrachtet man Innovation aus der Ablaufperspektive, muss von einer Prozessvariante höchster Komplexität ausgegangen werden. Komplexität ist charakteristisch für Innovationen. Was aber ist mit Komplexität hier genau gemeint?

Nicht zu verwechseln ist „komplex" mit „kompliziert". Die Begriffe hängen zwar etymologisch zusammen (lat.: „complectere" – „umschlingen, umfassen, zusammenfassen"), sie sind aber nicht synonym zu verwenden. Ein komplizierter Sachverhalt ist zwar vielschichtig und schwierig, aber er lässt sich erklären und lösen – wenn auch mit großem Aufwand. Komplex ist ein System, wenn es viele verschiedene Elemente und Beziehungen aufweist, die in ihrer Gesamtheit nur schwer vollständig durchdrungen werden können. „Komplexe Systeme entziehen sich einfachen Untersuchungsmethoden und einer einfachen Logik der Schlussfolgerungen" (S. Mitchell 2008, S. 133).

> „Wichtigstes Merkmal komplexer Situationen ist die Intransparenz für den Entscheider: Er hat keine Möglichkeit, das Netzwerk zirkulärer Kausalität intuitiv zu erfassen, keine Möglichkeit exakter Modellierung und exakter Prognosen, er muss mit Überraschungen und Nebenwirkungen rechnen" (Feess 2015).

Innovationsprozesse sind komplex und damit nie ganz in den Griff zu bekommen. Angesichts dessen könnte man kapitulieren, Innovationen dem Zufall überlassen und sich der Sichtweise hingeben, dass Kreativität und Innovation das Chaos brauchen und Ordnung sie sogar verhindert (Hauschildt/Salomo 2011, S. 325). Innovationsmanagement wird manchmal gar als Widerspruch in sich gesehen, wenn „Management als perfekte Erledigung der Tagesarbeit" gesehen wird und Innovationen als „die totale Abkehr von den Zwängen des laufenden Geschäfts" (ebd., S.VII). Tatsächlich wird man schnell an seine Grenzen stoßen, wenn man den Innovationsabläufen mit traditionellem Management begegnet.

Das wird noch deutlicher angesichts weiterer Merkmale von Innovationen wie Unsicherheit, Risiko und Konfliktgehalt (Thom 1980, S. 23 ff.). Innovationen behandeln etwas Neues, die bekannten Wege werden verlassen, Informationen fehlen, exaktes Planen und fehlerfreies Handeln wird unmöglich (Zabel 2009, S. 128; Schumpeter 1964, S. 118).

Innovationen erzeugen Konflikte, deren Überwindung schon Schumpeter als zentrales Element von innovativen Unternehmen, und zwar als „Prozess der schöpferischen Zerstörung" (Schumpeter 1993, S. 134) bezeichnete. Hauschildt/Salomo (2011, S. 99) sehen innerbetrieblichen Widerstand und Auseinandersetzungen als ein Wesensmerkmal von Innovationen. „Denn Innovationen bedeuten eine erhebliche Veränderung der bisherigen Arbeitsweise, die von vielen Störungen, ja als Ärgernis, wenn nicht gar als Umbruch und sinnlose Turbulenz empfunden wird" (ebd., S. 99).

All diese Faktoren machen Innovationen riskant und ihren Erfolg schwer zu prognostizieren. Es ist unsicher, dass eine Invention zur Innovation wird, also überhaupt fertig auf den Markt kommt (Perlitzer/Löbler 1989, S. 4). Damit ist aber noch nicht gesagt, dass die Innovation ein Erfolg ist im Sinne von Durchsetzung auf dem Markt (vgl. Kapitel 2.6.5).

Will man Innovationen managen, muss man sich darüber im Klaren sein, dass ein strukturiertes, lineares Abarbeiten von Aufgaben nur mit Einschränkungen Sinn ergibt. Analyse, Darstellung und Gestaltung von Innovationsprozessen bleiben Annäherungen, denen Grenzen gesetzt sind. Trotzdem gibt es an diesen Grenzen durchaus Gestaltungsmöglichkeiten. Immerhin geben zahlreiche Forschungsarbeiten deutliche Hinweise darauf, dass bei Innovationen „formelle Prozess-Steuerung und Erfolg positiv korreliert sind" (Hauschildt/Salomo 2011, S. 317).

2.6.3 Modelle von Innovationsprozessen

Um den Weg zu Produktinnovationen zu beschreiben, gibt es eine kaum überschaubare Menge an Prozessmodellen, welche die Entstehung von Innovativem visualisieren – von generisch bis sehr detailliert, mit unterschiedlichen Anfangs- und Endpunkten und verschiedenen Phasen. Die Modelle stellen die Abfolge einzelner Aktivitäten dar: Was muss Schritt für Schritt erledigt werden, um zu einem bestimmten Output zu kommen?

So sehr sich die allgemein ökonomischen und für Medien spezifisch entwickelten Modelle für Innnovationsprozesse auch unterscheiden – sie alle folgen in der Grobstruktur einer ähnlichen Logik: Eine Idee wird zum (Medien-)Produkt entwickelt und auf dem Markt eingeführt.

Ein typisches Beispiel für die Darstellung eines Innovationsprozesses ist die von Vahs/Burmester (1999, S. 90) (vgl. Abbildung 2.4): In der Analysephase wird die Innovation angestoßen. Zu den erkannten Problemstellungen werden in der nächsten Phase Ideen generiert, gesammelt, bewertet und ausgewählt. Es folgt die Realisierung der Ideen und schließlich die Phase der Markteinführung, die den Prozess abschließt.

Der Prozess der Fernsehproduktion lässt sich stark vereinfacht in einem Vier-Phasen-Modell darstellen (vgl. Abbildung 2.5). Hier steht an erster Stelle die Ideengenerierung, gefolgt von der Konzeptentwicklung und der Realisierung des Formates. Am Ende des Prozesses werden die Ergebnisse verwertet.

Ein weiteres Phasenmodell für die Medienindustrie liefern Mueller-Oerlinghausen/Sauder (2003, S. 34) (vgl. Abbildung 2.6). Sie fokussieren dabei Erfolgsfaktoren innovativer Produktentwicklung und betonen, dass es bei diesem Vorschlag zur Prozessgestaltung „nicht um die mechanistische Anwendung, sondern um die zugrundeliegende Logik" (ebd., S. 33) geht. Am Anfang steht die Strategiedefinition. Darauf folgt der eigentliche, dreistufige Produktinnovations-

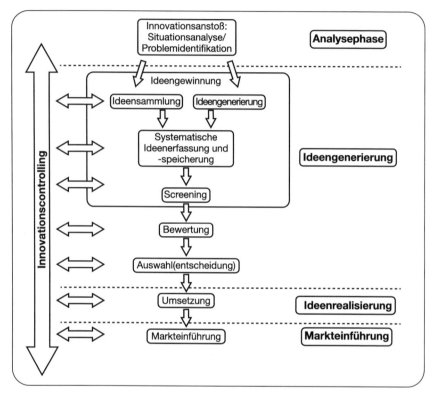

Abbildung 2.4: Innovationsprozess nach Vahs/Burmester (1999, S. 90)

prozess mit den Phasen Ideengenerierung, Ideenfokussierung und Ideenumsetzung mit Markteinführung. Die letzte Phase wird als Lebenszyklusmanagement bezeichnet und ist wie die Strategiedefinition vom eigentlichen Produktinnovationsprozess abgegrenzt.

Modelle wie diese implizieren ein striktes Nacheinander von Aktivitäten, eine Sichtweise früher Prozessschemata, die oft als starr und unflexibel kritisiert und die den besonderen Charakteristika von Innovationen kaum gerecht werden. Die neuere Generation von dynamischen Konzepten gilt als die geeignetere, um hoch komplexe Abläufe verstehbar, abbildbar und bis zu einem gewissen Grad steuerbar zu machen – und damit als besser passend für die Darstellung von Innovationsprozessen (Fröhlich 2010, S. 125; Gassmann 2003, S. 55; Thom 1980, S. 45; Kline/Rosenberg 1986, S. 285 ff.).

2.6 Innovationen aus der Prozessperspektive

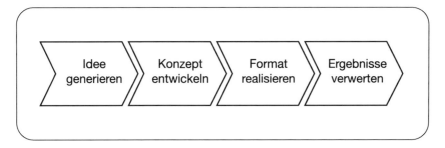

Abbildung 2.5: Generische Phasen der Fernsehproduktion nach Schwehm/Voigt (2012, S. 23)

Diese Modelle sind geprägt vom Verständnis, dass es neben linear-sequentiellen Ablaufgestaltungen auch andere gibt: Iterative Rücksprünge und Wiederholungsschleifen z. B. sind notwendig, wenn aufgrund von Zwischenergebnissen eine Phase wiederholt werden muss. Aufgaben können zudem parallel und dezentral oder gemeinsam integriert bearbeitet werden (Köhler 2005, S. 57).

Die unterschiedlichen Arten der Ablaufgestaltung sind in jüngeren Modellen durch Bildung von Aufgabenmodulen als weitgehend unabhängige Einheiten berücksichtigt. Diese Komponentenkonzepte beschreiben, wie diese Module für einen funktionierenden Gesamtablauf wieder sinnvoll zusammengefügt werden können (ebd., S. 58; Aßmann/Neumann 2003, S. 19 ff.; Schneider/Wagner/Behrens 2003, S. 133 ff.; Cornet 2002, S. 85 f.; Göpfert 1998, S. 129 ff.; Corsten 1998, S. 123 ff.).

Um diese höchst strukturierten Modelle dennoch übersichtlich zu gestalten, hat sich die Darstellung mit verschiedenen Abstraktionsebenen entwickelt. Von Ebene zu Ebene werden mehr Details zur Aufgabenerfüllung hinzugefügt. Aufbauend auf diesen Ansätzen hat Köhler (2005, S. 85 ff.) ein Prozessmodell für Medieninnovationen aus ökonomischer Perspektive entwickelt (vgl. Abbildung 2.7).

Er wählt dabei drei Gestaltungsebenen: Auf einer ersten Ebene steht die Prozesseinteilung in sechs linear-sequentiellen Phasen als Grundlage für die Strukturierung. Der Analyse folgen die Ideengenerierung, die Gesamtkonzeption, die Feinkonzeption und die Realisierung. Die Markteinführung schließt den Prozess ab.

Auf der zweiten Ebene befinden sich den Phasen zugeordnet verschiedene Ablaufgestaltungen von Aufgaben. Hier ist für die Phase der Analyse ein sequentieller Aufgabenablauf vorgesehen, für die Ideengenerierung ein iterativer Pro-

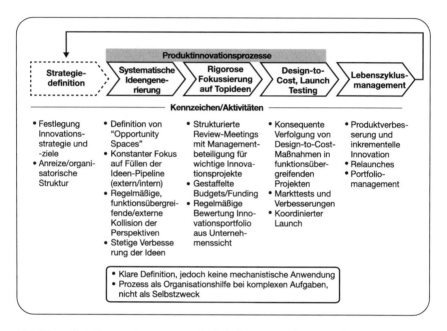

Abbildung 2.6: Innovationsprozess für Medienunternehmen nach Mueller-Oerlinghausen/Sauder (2003, S. 34)

blemlösungs-Zyklus. Die Gesamtkonzeption ist in einer parallelen Entwicklung von Teilkonzepten zu lösen, für die Phasen Feinkonzeptionierung, Realisierung und Markteinführung wird eine parallele oder gemeinsame Entwicklung einzelner Medienprodukte, teilweise mit Prototyping, vorgeschlagen. Auf der dritten Ebene von Köhlers Gestaltungskonzept sind die sehr detaillierten, konkreten Prozessabläufe und -bausteine angesiedelt.

Köhlers Modell sieht in einem weiteren Schritt nicht nur die Entwicklung eines Medienproduktes, sondern ganzer crossmedialer Produktfamilien vor. Parallel zu den drei genannten Ebenen sind weitere Schichten an phasenübergreifenden Aufgaben angelegt, wie z. B. die Kundenintegration, das Controlling und die Berücksichtigung der Produktplattformen.

Damit erlaubt Köhler mit seinem Konzept einen weitaus differenzierteren Blick auf die Medienproduktion als viele andere. Es gewährleistet durch die verschiedenen Abstraktionsebenen Übersichtlichkeit und eine trotzdem detaillierte Betrachtung der Aufgaben sowie ihrer Bewältigung. Zudem bezieht er die Pla-

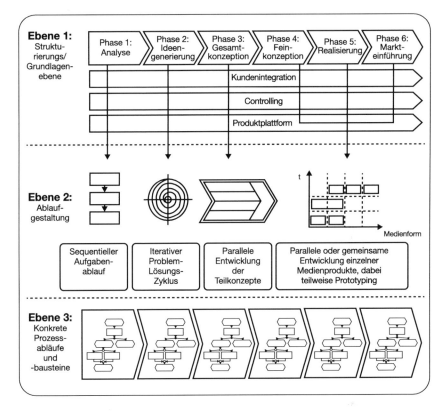

Abbildung 2.7: Rahmenkonzept mit drei Ebenen nach Köhler (2005, S. 87)

nung für eine crossmediale Auswertung mit ein. Allerdings bleibt Köhlers Modell als Rahmenkonzept für den gesamten Medienbereich bewusst unspezifisch. Der für die hier gewählte Betrachtungsweise notwendige Fokus auf Bewegtbildformaten ist nicht gegeben.

Eine kommunikationswissenschaftliche Perspektive auf den Medieninnovationsprozess stellt Dogruel (2013, S. 348) in ihrem Modell dar. Sie berücksichtigt dabei neben Entstehung und Entwicklung von Medieninnovationen die Implementierung und Auswirkungen der Innovationen (vgl. Abbildung 2.8). Einbezogen sind nicht nur am Produktionsprozess beteiligte Personen und Organisationen, sondern auch die Nutzer sowie politische Akteure und Regulierungsakteure. Dies entspricht einem Verständnis von Medieninnovationen, die Dogruel (ebd.,

S. 302) nicht nur durch ihre Neuheit und Verwertbarkeit charakterisiert, sondern auch durch ihre kommunikativen Folgen.

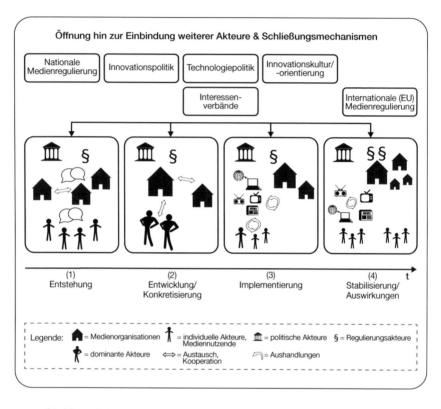

Abbildung 2.8: Medieninnovationsprozess nach Dogruel (2013, S. 348)

Einen medienwissenschaftlichen Ansatz mit klarem Schwerpunkt auf die TV-Produktion verfolgt Fröhlich (2010, S. 358 ff.) in ihren Prozessmodellen für die Entwicklung von Unterhaltungsformaten. Sie betrachtet dabei vor allem die interorganisationale Zusammenarbeit von Sender und Produzent. Zunächst aber unterscheidet sie verschiedene Prozesse (ebd., S. 83 f.). Erstens sind das die produktionsfirmen-internen Prozesse, der kreative Ideengenerierungsprozess und der „Prozess der Marktbarmachung einer Idee." Zweitens gibt es den Kooperationsprozess zwischen Produzent und TV-Sender, den „Comissioning-Process", der zum Teil kreativ ist (Ideendiskussion, -selektion und -anpassung), zum Teil unternehmerisch (Vertragsverhandlung und Produktionsvergabe). An dritter Stelle steht die Produktion der Sendung. Dem folgt die Ausstrahlung, der „zumeist Marketingmaßnahmen und der Verkauf von der Werbung vorgeschaltet" sind (Fröhlich 2010, S. 83). Und schließlich gibt es die Auswertung der weiteren Rechte.

Für die Formatentwicklung sind die ersten beiden (Teil-)Prozesse entscheidend. Hier kann zwischen drei generischen Modellen differenziert werden, die auf die unterschiedlichen Initiativen zum möglichen Prozessstart zurückzuführen sind (ebd., S. 358 ff.): die „senderinduzierte Entwicklung" (vgl. Abbildung 2.9), die „produzenteninduzierte Entwicklung" (vgl. Abbildung 2.10) und die „formatbasierte Entwicklung" (vgl. Abbildung 2.11). Die senderinduzierte Entwicklung geht von einer Bedarfsanalyse aus, die produzenteninduzierte von der Ideengenerierung, die formatinduzierte von der Marktbeobachtung.

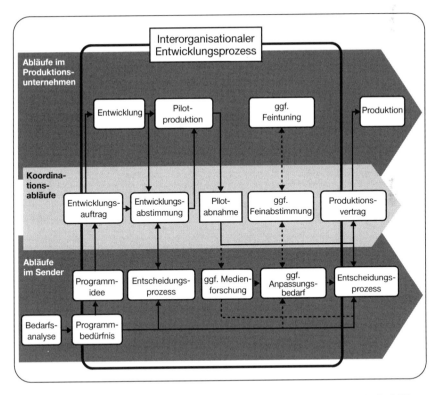

Abbildung 2.9: Senderinduzierte Entwicklung nach Fröhlich (2010, S. 259)

Fröhlich legt die Prozessphasen auf zwei parallelen Ebenen an, welche die unterschiedlichen Abläufe in Produktionsunternehmen und Sender darstellen. Die Koordinationsabläufe liegen wie eine Bandscheibe zwischen den Abläufen von Sender und Produktionsfirma. Damit sind neben den intraorganisationalen Abläufen der Netzwerkpartner auch die Verknüpfungen beider als interorganisationale Phase dargestellt, welche „einen interdependenten Einfluss auf das Ergebnis des Prozesses haben" (Fröhlich 2010, S. 134).

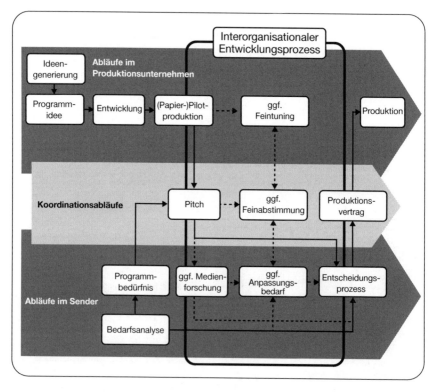

Abbildung 2.10: Produzenteninduzierte Entwicklung nach Fröhlich (2010, S. 360)

In allen drei Modellen Fröhlichs gibt es jeweils den eigentlichen Entwicklungsprozess, der von vor- und nachgelagerten Aktivitäten umrahmt wird. Jedes der Modelle hat unterschiedliche Anfänge, Phasen und Abläufe, lediglich die Prozessenden sind gleich. So endet die eigentliche Entwicklung mit dem Produkti-

2.6 Innovationen aus der Prozessperspektive

onsvertrag, dem sich die Produktion anschließt. Fröhlich vertritt den Standpunkt, dass mit dem Ende dieses „Commissioning Process", der gemeinsamen Entwicklung und Auftragsvergabe zwischen Sender und Produktionsfirma, auch der Innovationsprozess endet. Sieht man den Sender als Kunden des Produzenten, ist mit der Auftragsvergabe der Markteintritt des neuen Formates vollzogen (Fröhlich 2010, S. 125f.).

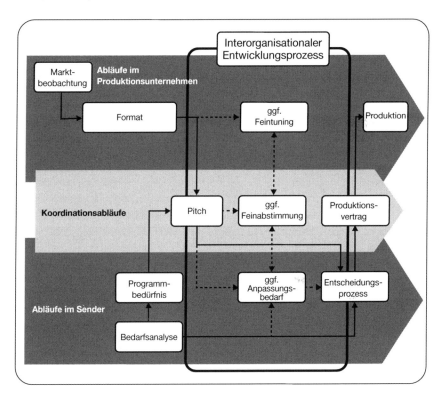

Abbildung 2.11: Formatbasierte Entwicklung nach Fröhlich (2010, S. 361)

Aus Sendersicht bleibt diese Betrachtung allerdings unbefriedigend und stellt meiner Meinung nach nur den ersten Teil und damit einen Ausschnitt des Innovationsprozesses für neue Formate dar. Mit der Beauftragung ist der Prozess weder von Produzenten- noch von Senderseite beendet.

Weit über diese Phasenmodelle hinaus geht das Vier-Ebenen-Modell kreativitätsintensiver Prozesse von Schwehm/Voigt (2012, S. 22 ff.) (vgl. Abbildung

2.12). Basierend auf einer Studie in der deutschen Fernsehindustrie stellt es die Bedeutung von Kreativität in den Entwicklungabläufen im TV-Markt in den Mittelpunkt. Ziel ist es, die Rahmenbedingungen dieser besonderen Prozesse aufzuzeigen, um die Herausforderung zu managen, zwischen Struktur und Freiheit auszugleichen (Schwehm/Voigt 2012, S. 34).

Auf der ersten Ebene wird das Umfeld des Prozesses beleuchtet, das Marktgefüge, die Organisation und die Branche. Angestoßen wird der kreativitätsintensive Prozess durch den ständigen Austausch zwischen der kreativen Einzelperson und der kreativen Organisation (Produzent) auf der Angebotsseite und dem auftraggebenden Kunden (Sender) und dem konsumierenden Kunden (Zuschauer) auf Seite der Nachfrage. Der Prozess entsteht demnach nicht aus dem Nichts, sondern aus dem Markt für Kreativität und dem Einfluss der Branche. Gemeint sind hier ganz allgemein die äußeren Einflüsse im Kontext der TV-Profis wie Konkurrenz unter Produktionsfirmen und Sendern sowie von den Kreativen erkannte und gesetzte Trends. Ein weiterer Einflussfaktor aus dem Umfeld sind die Zuschauer als Endkunden – durch Marktforschungen wird der Input von ganz außen geholt.

Die zweite Ebene beschreibt die Interaktion der Marktakteure. Hier wird der kreativitätsintensive Prozess in Beziehung gesetzt zu den Rollen der Beteiligten, der kreativen Organisation sowie dem Zwischen- oder Endprodukt. Welchen Einfluss haben Manager, Kreative und kreative Organisation auf Prozess- und Produktkreativität? Wie beeinflusst der Kunde die Rahmenbedingungen? Wie können Ressourcen, Strukturen, Anforderungen und Rahmenbedingungen konkret gemanagt werden?

Auf der Ebene drei geht es um „interne Abläufe kreativiätsintensiver Prozesse" (ebd., S. 28), den Austausch zwischen Impulsgeber und Kreierendem. Auf dieser Ebene agiert der Kreative/Künstler mit dem Manager. Als „Creative Supervisor" ist er in „der Rolle des Intermediär zwischen dem Künstler und dem Kunden" (ebd., S. 21). Dies ist ein iterativer Prozess von verstehen, verhandeln, vermitteln, anregen, umsetzen, ausführen, spezifizieren und bewerten – bis das Endprodukt vorliegt.

Ebene vier schließlich fokussiert den eigentlichen kreativen Akt, den kognitiven Prozess im Individuum. Er wird hier beschreiben als iterativer Prozess aus dem Zusammenspiel zwischen dem Verständnis der Anforderungen und Rahmenbedingungen zum einen und dem Wissen und den handwerklichen Fähigkeiten des Kreativen zum anderen. Ein weiteres Element ist die „im Prozess erzeugte Inspiration, Reflexion und emotionale Aufladung" (ebd., S. 29).

Schwehm und Voigt leisten mit ihrem Vier-Ebenen-Modell einen wichtigen Beitrag zum Verständnis der komplexen Abläufe der Formatentwicklung und der Rollen der unterschiedlichen Akteure, der über die gezeigten linearen Model-

2.6 Innovationen aus der Prozessperspektive

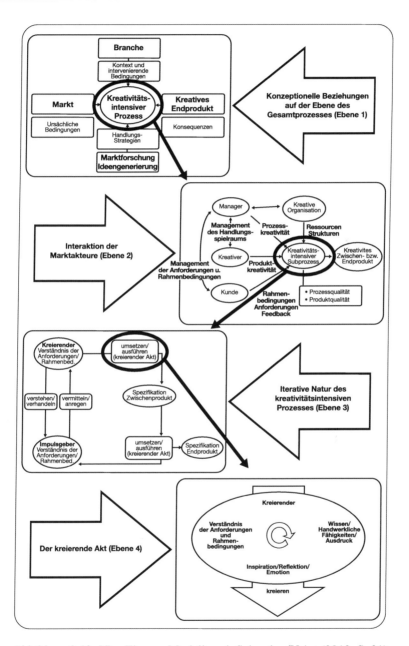

Abbildung 2.12: Vier-Ebenen-Modell nach Schwehm/Voigt (2012, S. 31)

le hinausgeht. Es hebt die herausragende Bedeutung von Kreativität hervor und schafft eine wichtige Grundlage für die Entwicklung von weiteren Gestaltungskonzepten.[7]

Dieses wie alle vorgestellten Modelle helfen mit ihren verschiedenen Schwerpunkten, die Entstehung von Formatinnovationen zu analysieren und zu gestalten. Für meine Betrachtungen ist es vor allem wichtig, den gesamten Ablauf des Prozesses aus Senderperspektive so verständlich darzustellen, dass mit klaren Zielpunkten ein ergebnisorientiertes Steuern von Entwicklungsprozessen für Formate möglich ist. Hierfür eignet sich ein lineares Phasenmodell – wohl wissend, dass es nur eine grundlegende Orientierung bieten kann. Die komplexen Abläufe sollten dabei nicht als einfache Industrieprozesse verstanden werden. Kreativität spielt im Kontext von Formatentwicklung eine besondere Rolle. Ihre Bedeutung steigt, je innovativer ein neues Format ist. Je größer die Innovationsintensität ist, desto größer ist auch das Ausmaß der benötigten Kreativität. Der Einfluss des Innovationsgrades auf den Prozessablauf wurde aber in den medienökonomischen Modellen bislang nicht berücksichtigt. Dies möchte ich mit der Entwicklung des Grad-Phasen-Modells in Kapitel 6 leisten.

2.6.4 Unklarer Start des Innovationsprozesses

Doch zunächst zurück zur Eingangsfrage der prozessualen Dimension: „Wo fängt der Prozess an und wo endet er?" Ein Prozess muss einen klaren Anfang (Input) und ein definiertes Ende (Output) haben, um ihn gestalten zu können (Fischermanns 2010, S. 12). Auffällig bei der Betrachtung der im vorherigen Kapitel gezeigten Modelle von Innovationsprozessen sind die unterschiedlichen Anfangspunkte.

Vahs/Burmester (1999, S. 90) sowie Köhler (2005, S. 87) definieren den Start mit der Phase der Analyse. Mueller-Oerlinghausen/Sauder (2003, S. 34) fangen mit der Strategiedefinition an. Dem folgt jeweils die Ideengenerierung. Andere wie Hauschildt/Salomo (2011, S. 20) starten mit der Idee bzw. der Initiative, der dann eine Phase der Entdeckung und Beobachtung folgt.

Ist es also die Idee, die den Anfang markiert? Oder startet der eigentliche Innovationsprozess, wenn eine Entscheidung darüber getroffen wird?

Mit der Beantwortung der Frage nach dem Start des Innovationsprozesses tut sich die Forschung schwer. Sein Anfang gilt als unstrukturiert, dynamisch, durch unterschiedlichste und oft zufällige Impulse angestoßen. Wann diese schwer zu systematisierenden Aktivitäten losgehen, was der erste Impuls ist und wann die ersten Prozessschritte als segmentierbare Phase zu werten sind, ist kaum greifbar.

---

[7] Das Modell bildet die Basis meines eigenen Innovationsmanagementansatzes in Kapitel 6.3.2.3

2.6 Innovationen aus der Prozessperspektive

Um diesen unklaren Start zu definieren, gibt es in der deutschen und angelsächsischen Literatur die unterschiedlichsten Begriffe. So ist zum Beispiel von „Vorphase", „Frühphase", „Vorentwicklungs-" oder „Produktplanungsprozess" die Rede, oder von „fuzzy front end", „phase zero", „initiation stage", „early stages", „early phases", „pre-project phase", „up-front homework", „predevelopement" oder „up-front activities" (Verworn/Herstatt 2007a, S. 8).

Diese Begriffsvielfalt zeigt zweierlei: Erstens spiegelt sie die Unsicherheit, ob der Anfang überhaupt zum Innovationsprozess gehört und nicht nur eine Vorstufe dazu ist. Eine Innovation entsteht aus der Invention – heißt das aber im Umkehrschluss, dass die Phase, wie es zur Entstehung der Idee kommt, nicht zum Innovationsprozess gehört? Und zweitens zeigt die Begriffsvielfalt die Schwierigkeit, dieses vordere Ende überhaupt zu (be-)greifen, was der Begriff „Fuzzy Front End" (Khurana/Rosenthal 1998, S. 58) – zu deutsch: „unscharfer, verschwommener, fusseliger Anfang" – sehr treffend wiedergibt.

Mit dem Begriff der „frühen Phase" lässt sich dem Absolutheitsanspruch eines klar definierten Anfangs entkommen. Er bezeichnet etwas, das zu einem frühen Zeitpunkt stattfindet, ohne darauf zu bestehen, dass es der Beginn ist, das allererste Ereignis. Diese frühe Phase galt sowohl in der Theorie als auch in der Praxis als wenig durchdrungen. Erst in den letzen Jahren hat sich ein neues Forschungsfeld um sie etabliert. Die wachsende Aufmerksamkeit, die dem Fuzzy Front End entgegengebracht wird, steigt mit den Belegen für seine Bedeutung.

Verschiedene empirische Untersuchungen zeigen, dass der Grundstein für den Innovationserfolg häufig in der frühen Phase gelegt wird. Ein weiterer Grund für ihre zunehmende Beachtung ist die Überlegung, dass zu diesem Zeitpunkt die Entscheidung fällt, was überhaupt im Unternehmen entwickelt und durchgeführt wird. Darüber hinaus wird der frühen Phase eine „Hebelwirkung" zugesprochen (Verworn/Herstatt 2007a, S. 5 ff.; Gebhardt 2000, S. 9; Vahs/Burmester 1999, S. 67; Cooper/Kleinschmidt 1994, S. 26; Geschka 1993, S. 28 f.; Dwyer/Mellor 1991, S. 47; Booz/Allen/Hamilton 1983, S. 12) und empirisch belegt (Verworn 2005; Verworn/Herstatt/Nagahira 2006). „Die Einflussmöglichkeiten auf den weiteren Prozess und das Projektergebnis sind während der frühen Phasen am größten und nehmen im weiteren Verlauf des Prozesses stark ab" (Verworn/Herstatt 2007a, S. 6).

Die Argumente sprechen dafür, dass die frühe Phase mehr ist als nur eine Vorphase, die zur Not ausgeklammert werden kann. Hier werden die Weichen gestellt für den späteren Verlauf und den Erfolg des Innovationsprozesses. Für meine Betrachtung soll die frühe Phase im Fokus stehen, auch wenn sie „fuzzy" ist. Wo aber fängt sie an, die frühe Phase?

Einen klaren Startschuss mit einer Entscheidungssituation gibt es nicht zwangsläufig, was Planung und Gestaltung erschwert. Der Beginn passiert oft zufällig, völlig ungeplant, „durch einen Impuls bzw. eine Gelegenheit ausgelöst" (Verworn/Herstatt 2007a, S. 8). Dieser Impuls kann von Mitarbeitern aus unterschiedlichen Abteilungen im eigenen Unternehmen kommen. Weitere mögliche Quellen sind Kunden, Wettbewerber oder Lieferanten (ebd., S. 10).

Die aus Impulsen entstehenden Ideen speisen sich meist aus zwei unterschiedlichen Arten von Informationen (Baker/Siegmann/Rubenstein 1967, S. 156): zum einen aus dem Wissen über einen für das Unternehmen relevanten Bedarf, ein wichtiges Problem oder eine Chance, zum anderen aus dem Wissen, wie und mit welchen Mitteln dieser Bedarf zu befriedigen, das Problem zu lösen oder die Chance zu nutzen ist.

Diese beiden Herangehensweisen spiegeln die unterschiedlichen Anfänge der zahlreichen Prozessmodelle wieder. So gehen, wie oben gezeigt, einige Konzepte von Innovationsprozessen im ersten Schritt von einer strategischen Herangehensweise aus und beginnen mit der Analyse. Andere starten mit dem kreativen Prozess der Ideenfindung.

In der Praxis der Formatentwicklung gibt es beide Möglichkeiten, Innovationen zu starten: Neue Formate entwickeln sich zum einen aus spontanen Ideen der Beteiligten, meist Autoren, Redakteure oder Producer bei den Produktionsfirmen oder Sendern (vgl. Kapitel 5.1.1.2). Neues wird aber auch gezielt strategisch und basierend auf Analysen vom Management eingefordert und auf den Weg gebracht (vgl. Kapitel 5.1.1.2). Oft ist es eine Kombination aus beidem.

Die Idee als den Anfang des Prozesses zu definieren, reicht aus meiner Sicht nicht weit genug, weil so die verschiedenen Arten von „Initiativen" (Hauschildt/ Salomo 2011, S. 195 f.) nicht berücksichtigt werden. Zudem kommt keine Idee aus dem Nichts, sie ist wiederum das Ergebnis eines Prozesses mit unterschiedlichen Einflussfaktoren (vgl. Kapitel 3).

Der Begriff „Impuls", aus dem eine Idee entsteht, beschreibt für mich am besten, dass es zunächst um einen Anstoß geht, ohne ihn im ersten Schritt definieren zu müssen. Wie genau dieser Impuls aussehen kann und welche Bedeutung er für den weiteren Verlauf des Prozesses hat, wird bei der Betrachtung des Innovationsgrades noch eine entscheidende Rolle spielen (vgl. Kapitel 5.1.1 und 6).

2.6.5 Erfolgsbewertung als Prozessabschluss

Kommen wir zum Abschluss eines Innovationsprozesses. Eindeutig scheint, dass die Einführung eines neuen Produktes zum Innovationsprozess gehört. In den Modellen von Köhler (2005, S. 15), Vahs/Burmester (1999, S. 90) und Fröhlich

2.6 Innovationen aus der Prozessperspektive

(2010, S. 358 ff.) endet der Prozess mit dem Markteintritt. Im Falle von Fernsehformaten ist das der Moment der Veröffentlichung on air oder online. Hier bekommt der Zuschauer oder Nutzer als Endkunde das Ergebnis zum ersten Mal zu sehen. Die Fertigstellung des Produktes und der Markteintritt erfolgen gleichzeitig bei Live-Produktionen oder zeitlich nachgelagert bei vorproduzierten Sendungen.

Aus kommunikationswissenschaftlicher Sicht reicht der Medieninnovationsprozess über die Implementierung hinaus und die kommunikativen Folgen werden miteinbezogen (Dogruel 2013, S. 348). Doch auch aus betriebswirtschaftlicher Perspektive stellt sich die Frage, ob die Veröffentlichung als Markteintritt wirklich das Ende des Innovationsprozesses ist. Sind die laufende Verwertung und die Review-Phasen noch zum Innovationsprozess zu rechnen?

Grundsätzlich gilt: Innovationen müssen sich „auf dem Markt oder im innerbetrieblichen Einsatz" (Hauschildt/Salomo 2011, S. 5) bewähren. Sie müssen einen Nutzen haben. Das unterscheidet sie von der reinen Idee oder Invention, die allein durch ihr Neu-Sein definiert ist (vgl. Kapitel 2.1). Das würde bedeuten, dass eine Innovation erfolgreich sein muss, um überhaupt als Innovation zu gelten. Es stellt sich an dieser Stelle die Frage aus Kapitel 2.2: „Ist neu gleich erfolgreich?" (ebd., S. 5)

Zunächst muss klar sein, dass Erfolg erst im Nachhinein, also am Ende des Innovationsprozesses erkannt werden kann. Ist Erfolg als normativ für Innovationen definiert, dann könnten Innovationen immer erst als solche bezeichnet werden, wenn der Prozess abgeschlossen ist und als Erfolg bewertet werden kann. Auf die Gestaltung des Prozesses kann der spätere Erfolg keinen Einfluss haben – er ist zu diesem Zeitpunkt nicht bekannt. Das Innovationsmanagement arbeitet mit „einem erwarteten Innovationserfolg, nicht mit einem realisierten" (ebd., S. 22). Aus dieser Perspektive ist „auch eine völlig erfolglose Innovation eine Innovation" (Habann 2010, S. 18). Jedes neue Format, das zum Abschluss gekommen ist, ist zunächst Innovation – und zwar unabhängig vom Erfolg.

Trotzdem ist Erfolg Sinn und Zweck von Innovationen. Sie sollen eine Verbesserung zum Bisherigen darstellen. Hier bleibt aber fraglich, was eine „Verbesserung" (Hauschildt/Salomo 2011, 21 f.) ist. Sie muss klar definiert werden, um einen Erfolg auch feststellen zu können. Bleibt man nah am Begriff „Erfolg", so umschreibt er das Erreichen von Zielen: Ist ein Ziel erreicht, kann ein Erfolg gefeiert werden.

Das heißt im Umkehrschluss, dass nur durch das Setzen von Zielen Erfolg festgestellt werden kann. Will man erfolgreiche Formate, muss man mit Zielen definieren (vgl. Kapitel 5.1.3.2), was ihren Erfolg ausmacht – und am Ende nachprüfen, ob die gesteckten Ziele erreicht sind (vgl. Kapitel 5.3.2).

Damit ist der Innovationsprozess erst mit der Überprüfung, ob die gesteckten Ziele erreicht sind, abgeschlossen. Bei meiner Betrachtung beendet folglich eine Evaluierung den Entwicklungsprozess innovativer Formate. Das Format und der dahin führende Prozess sollen bewertet werden im Hinblick auf die Frage, ob mit dem Format das Ziel erreicht und damit der erwartete Nutzen gebracht wurde. An die Evaluierung ist die Entscheidung geknüpft, ob die Formatinnovation in die alltäglichen Abläufe überführt werden kann oder ob sie wieder vom Markt genommen wird. Erst wenn das Neue zur Routine wird, ist der Innovationsprozess abgeschlossen.

2.6.6 Sieben-Phasen-Modell der Formatentwicklung

Anfang und Ende des Formatinnovationsprozesses sind in den vorhergehenden Kapiteln geklärt worden. Nun gilt es den gesamten Ablauf darzustellen. Dabei möchte ich an dieser Stelle zunächst auf einer ersten Abstraktionsebene ein übersichtliches, lineares Modell in drei Haupt- und sieben Teilphasen skizzieren.

Bei Innovationsprozessen allgemein orientiert man sich in der Regel an aufeinanderfolgenden, gleichartigen Tätigkeiten, die technisch, mechanisch oder kognitiv sein können. Diese „verrichtungsdefinierten" Abläufe ergeben sich aus der Reihenfolge des Tuns (Hauschildt/Salomo 2011, S. 309), wie entwickeln, überprüfen, schreiben etc. Für mein Modell schlage ich allerdings einen objektorientierten Ablauf vor.

> „[Dabei] wird der Prozess in Abschnitte zerlegt, in denen jeweils ein bestimmtes Objekt (oder Teilobjekt) durch unterschiedliche Verrichtungen von seinem Ausgangszustand in den gewünschten Endzustand überführt wird. Die einzelnen Prozessschritte können durch diese spezifischen Objekte isoliert und benannt werden. Ein Objekt wird nach dem anderen ‚abgearbeitet', die Verrichtungen wechseln" (ebd., S. 309).

Werden Bewegtbildprodukte entwickelt, müssen in jeder Phase eine Vielzahl verschiedener Tätigkeiten von ganz unterschiedlichen Gewerken parallel und in unterschiedlicher Art und Weise erledigt werden – vor allem, wenn es sich um Formate handelt, die auf verschiedenen Plattformen gezeigt werden sollen.

Die Kreativen der Produktionsfirmen feilen z. B. noch an Dramaturgien, während die Herstellungsabteilung des Senders das Budget verhandelt, die Programmplanung Marktforschungen in Auftrag gibt und Sendeplätze evaluiert und die Online-Tochtergesellschaft Formaterweiterungen für mobile Plattformen entwirft. Diese gleichzeitig ablaufende Teilprozesse in Phasen zu clustern, die an Verrichtungen orientiert sind, ist schwierig. Sie werden auf den unterschiedlichsten Arten und in Organisationen durchgeführt, die jeweils ihre eigenen Ziele verfolgen.

2.6 Innovationen aus der Prozessperspektive

Und doch müssen die Abläufe synchronisiert werden, denn sie bedingen einander und können nicht losgelöst voneinander betrachtet werden. Eine Korrektur am Inhalt in der finalen Phase hat Auswirkungen auf die Produktion und eventuell auf das Budget – genauso wie Veränderungen des Budgets die Möglichkeiten der Produktion beeinflussen. Neue Erkenntnisse aus der Marktforschung können zu einer Feinjustierung der Charaktere und der Besetzung einer Serie führen. Das Einbeziehen ergänzender Angebote für mobile Plattformen gibt Input für neue Spielmechanismen bei Shows.

Teilt man den Gesamtprozess in Phasen, die nach der Erstellung von einzelnen (Teil-)Objekten definiert sind, entsteht ein nachvollziehbarer Rahmen, der Orientierung für alle Beteiligten bietet. Sind diese Objekte verständlich beschrieben, schafft es für Kreative und Manager, für Abteilungen und die gesamte Organisationen Klarheit, an was in welchem Stadium gemeinschaftlich gearbeitet wird, und ermöglicht so den Blick auf das Ganze und die eigene Aufgabe darin.

Das Ende einer Phase ist mit der Fertigstellung eines bestimmtes (Teil-)Produktes definiert. Diese Objekte haben die Funktion von Meilensteinen, die überprüft und für gut oder schlecht befunden werden und damit eine Steuerung des Prozesses erlauben. Meilensteine „richten das Handeln der Beteiligten klar und robust aus. Hingegen scheint eine strenge Ablaufvorgabe für das Handeln nicht möglich oder nicht erfolgversprechend zu sein" (Hauschildt/Salomo 2011, S. 325). Ist das für diese Phase definierte Objekt oder Produkt abgenommen, kann die nächste Phase freigeschaltet werden, wenn nicht, geht es in Wiederholungsschleifen, bis eine Freigabe erfolgt. Was sind nun die Objekte im Innovationsprozess für Formate, welche die Phasen und zugleich die Meilensteine als Phasenabschluss definieren?

In der Praxis der TV-Unternehmen haben sich je nach Genres, Bereichen, Sendern und Produzenten unterschiedliche Sprachregelungen für Teilprodukte im Entwicklungsprozess etabliert, die teilweise nicht trennscharf verwendet werden. Für meine Betrachtung wähle ich folgende gängige und weitgehend selbsterklärende Begriffe, die zugleich die Phasen meines Prozessmodelles definieren: Idee(npapier), Konzept, Papierpilot, Pilot, Serien-Produktion. Diese fünf Phasen werden an den Rändern ergänzt durch den Impuls als Anfang und die Evaluierung als Ende. Zudem werden alle Meilensteine auf dem Weg zum innovativen Format in einer Drei-Phasen-Struktur geclustert (vgl. Abbildung 2.13).

Die frühe Phase, die schwerpunktmäßig betrachtet werden soll, umfasst die Abschnitte Impuls, Idee und Konzept. In dieser Sinneinheit findet die Entwicklung statt, bis ein festes Commitment besteht, in der Regel durch eine Beauftragung oder ein Entwicklungsbudget. In der Pilot-Phase, die den Papierpilot und den Bewegtbild-Pilot umfasst, wird ein Prototyp des neuen Formates entwickelt

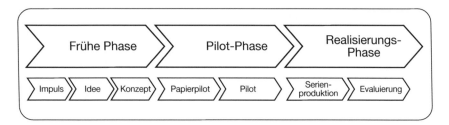

Abbildung 2.13: Sieben-Phasen-Modell der Formatentwicklung (eigene Darstellung)

und erstellt. Die Realisierungs-Phase beschreibt die Produktion der zur Ausstrahlung vorgesehenen Sendungen, die seriell produziert werden. Darin schließt die Evaluierung den Innovationsprozess ab.

2.7 Zusammenfassung: Innovationen

Der Begriff „Innovation" erschließt sich in all seiner Komplexität erst, wenn die verschiedenen Perspektiven beleuchtet werden. „Erst in der Zusammenfassung dieser Dimensionen lässt sich bestimmen, was innovativ ist oder sein soll" (Hauschildt/Salomo 2011, S. 5). Die Diskussion der Fragen: Was ist neu? Wie neu? Neu für wen? Wo beginnt, wo endet die Neuerung? Ist neu gleich erfolgreich? hat noch mehr gezeigt. Sie liefert die relevanten Perspektiven zum Innovationsmanagement für neues Fernsehen und die ersten Grundlagen des zu entwickelnden Grad-Phasen-Modells.

Gegenstand meiner Untersuchung ist auf mediale Träger gebundener audiovisueller Content, der nicht in Routine-Prozessen entsteht. Bewegtbildformate als Innovationsobjekte sind Produkte, die als inhaltliche und gestalterische, vermarktbare Gesamtpakete für serielle Produktionen aller Genres dienen. Diese können als fertige Sendungen und als Konzepte nicht nur für das Fernsehen, sondern für den gesamten Bewegtbildmarkt gehandelt werden.

Die entscheidenden Akteure bei Formatinnovationen sind für meine Betrachtung die Sender. Sie agieren an der Schnittstelle zwischen Zuschauern und Werbetreibenden als Kunden auf der einen Seite und den Produktionsunternehmen als Herstellern auf der anderen. Die Sender als Gatekeeper entscheiden, was dem Fernsehpublikum gezeigt werden soll, und haben damit eine Schlüsselfunktion beim Management von Formatinnovationen.

2.7 Zusammenfassung: Innovationen

Sowohl für ein differenziertes Verständnis als auch für die Gestaltung von Formatinnovationen spielt die Innovationsintensität eine entscheidenden Rolle. Sie lässt Aussagen darüber zu, welches Ausmaß an Neu-Sein eine Innovation ausmacht. Dafür habe ich für die unterschiedlichen Formatneuheiten drei graduelle Abstufungen definiert: die inkrementelle, die echte und die radikale Formatinnovation.

Eine weitere essentielle Perspektive auf Innovationen liefert die prozessuale Dimension. Grundsätzlich schafft eine Betrachtung von Abläufen Klarheit über Anfang und Ende, Verlauf, Aufgaben und Ergebnisse eines Vorgangs und ist eine wichtige Grundlage für das Management. Innovationen als komplexe, schlechtstrukturierte Probleme sind geprägt von Unsicherheiten und Risiken. Sie verlangen Kreativität und Originalität, von einem streng strukturierten, linearen Entstehungsprozess ist dabei nicht auszugehen. Meine Darstellung eines Innovationsprozesses für Formate mit den Phasenabschnitten Impuls, Idee, Konzept, Papierpilot, Pilot sowie Serien-Produktion und Evaluierung als Erfolgsüberprüfung bildet damit nur die erste Ebene meines Modells. Um beim Management den besonderen Herausforderungen bei Innovationsprozessen für Formate gerecht zu werden, braucht es eine weitere Ebene: Kreativität. Wo sie wirkt, wie sie wirkt und wie sie gestaltet werden kann, soll im nächsten Schritt genauer betrachtet werden.

3 Kreativität und ihre Bedeutung für Formatinnovationen

Innovationen sind ohne Kreativität nicht denkbar. Kreativität liefert nicht nur Impulse für Ideen, sie begleitet den gesamten Prozess. Innovationen sind komplexe Vorhaben, die Probleme mit sich bringen, die rein mit Intelligenz, Wissen und Logik nicht zu lösen sind (vgl. Kapitel 2.6.2). Für diese Herausforderungen braucht es die Fähigkeit der Kreativität (Schlicksupp 2004, S. 30).

Zusätzlich zu dieser allgemeinen Bedeutung von Kreativität für Innovationen spielt sie für unseren Untersuchungsgegenstand eine besondere Rolle. Kreativität ist charakteristisch für den Industriebereich, in dem Bewegtbildformate entstehen. Die Fernsehbranche gehört zur Kultur- und Kreativwirtschaft, die sich durch kreatives Schaffen definiert und damit von anderen Wirtschaftsfeldern unterscheidet (vgl. Kapitel 2.3.1).

Kreativität ist damit zweifach relevant für Formatinnovationen und verdient eine besondere Betrachtung. Dafür soll im Folgenden der Kontext der „kreativen Industrien" und ihre charakteristischen Merkmale genauer beleuchtet werden. Den Fokus aber möchte ich auf Kreativität als Phänomen legen: Was weiß die Forschung über sie? Wie entsteht Kreativität und kann sie beeinflusst werden? Welche konkreten Methoden gibt es dafür und wie werden sie sinnvoll eingesetzt? Was bedeuten die Erkenntnisse für das Management der Formatentwicklung?

3.1 Besonderheiten kreativer Industrien als eigenes Wirtschaftsfeld

Bewegtbildformate sind industrielle Produkte und somit Wirtschaftsgüter (vgl. Kapitel 2.3.2) – und das Ergebnis kreativer Leistungen. Dies empfinden sowohl Manager als auch Kreative oft als Widerspruch, der zu alltäglichen Konflikten führt, die sich im Kern um die Frage drehen: Kann man kreative Prozesse überhaupt managen? Wie lassen sich die Anforderungen von „Künstlern" und „Kaufleuten" unter einen Hut bringen?

Tatsächlich stoßen rein ökonomische Konzepte bei Industrien, die durch kreatives Schaffen charakterisiert sind, an ihre Grenzen: „Economists, proud of their theoretical apparatus and facility with statistic tools, are put off from industries such as these that yield few congenial data sets" (Caves 2000, S.vii).

Diese Widersprüchlichkeiten als Fehler im System zu sehen und zu versuchen, auf Kreativität basierende Unternehmen in die üblichen Modelle der Wirtschaftswissenschaft zu pressen, kann nur begrenzt befriedigende Lösungen bringen. Kreative Branchen sind nicht „abnorm", sondern als eigenständig zu betrachten. Durch ihre zunehmende wirtschaftliche Bedeutung ist die Notwendigkeit einer ernsthaften Auseinandersetzung mit ihnen spätestens seit den 90er-Jahren des letzten Jahrtausends erkannt. In Deutschland ist die Kultur- und Kreativwirtschaft als eigenes Wirtschaftsfeld definiert, um ihr als Wachstumsbranche Rechnung zu tragen (Söndermann/Backes/Arndt/Brünick 2009). Einbezogen sind Unternehmen, die

> „überwiegend erwerbswirtschaftlich orientiert sind und sich mit der Schaffung, Produktion, Verteilung und/oder medialen Verbreitung von kulturellen/kreativen Gütern und Dienstleistungen befassen. Das Wirtschaftsfeld Kultur- und Kreativwirtschaft umfasst folgende elf Kernbranchen oder Teilmärkte: Musikwirtschaft, Buchmarkt, Kunstmarkt, Filmwirtschaft, Rundfunkwirtschaft, Markt für darstellende Künste, Designwirtschaft, Architekturmarkt, Pressemarkt, Werbemarkt sowie Software/Games-Industrie" (Söndermann/Backes/Arndt 2009, S. 3).

Diese Definition zur Abgrenzung von anderen Wirtschaftsfeldern folgt dem älteren britischen Modell der „Creative Industries" (Hesmondhalgh 2007; Towse 2003; Caves 2000; Lampel/Lant/Shampsie 2000; Peterson 1994), das sich mit den besonderen Eigenschaften kreativer und kultureller Produkte und Güter sowie den Organisationsformen und Prozessen zu deren Erstellung befasst. Rahmen und Kontext der Betrachtungen entsprechen nach wie vor der Logik ökonomischer Ansätze. Der Fokus des Konzeptes der kreativen Industrien liegt auf den besonderen Eigenschaften kreativer und kultureller Güter und darauf, was sie von denen anderer Industrien unterscheidet. Im Folgenden fasse ich diese in vier Merkmalsfeldern zusammen, die sich an den „4 P's of Creativity" (Mooney 1963; Rhodes 1961; Urban 1993) orientieren: Die vier P's stehen für die beteiligten kreativen Personen („person"), den kreativen Prozess („process"), das entstehende Produkt („product") und die Umweltbedingungen („place"/ „press") (Mooney 1963; Rhodes 1961; Urban 1993).[1]

- Was ist charakteristisch am *Herstellungsprozess* in kreativen Industrien?
- Was zeichnet die entstehenden *kreativen Produkte* aus?
- Was ist das Besondere an den *schaffenden Individuen*?
- Und schließlich: Welche *umweltbezogenen* Merkmale lassen sich feststellen?

---

[1] Woodman/Sawyer/Griffin (1993, S. 294) beziehen für die Kreativität in Organisationen neben Prozess, Produkt und Person die kreative Situation („creative situation") mit ein.

3.1.1 Kreativität im Produktionsprozess

Das Hauptkriterium, anhand dessen sich kreative Industrien von anderen unterscheiden lassen, ist die herausragende Bedeutung von Kreativität für den Produktionsprozess (Fröhlich 2010, S. 52). Der „sogenannte[.] schöpferische Akt" (Söndermann/Backes/Arndt 2009, S. 3) ist das Abgrenzungsmerkmal zu anderen Wirtschaftszweigen und das Verbindungselement der verschiedenen Kreativbranchen. Zwar gibt es in jedem Unternehmen – egal welcher Industrie – ein gewisses Maß an Kreativität. Doch in keinem anderen Industriezweig ist sie so tief in den Routineprozessen verwurzelt (vgl. Kapitel 2.3.1).

Kreativität als das Wesensmerkmal in den Abläufen der Produkterstellung hat weitere Besonderheiten zur Folge: Kreative Prozesse können unendlich viele Variationen hervorbringen – und damit eine Masse an möglichen Ergebnissen und Produkten. Caves (2000, S. 6) beschreibt dieses Charakteristikum als „infinite variety property". Bei Bewegtbildformaten kann in allen Genres durch jede Änderung eines Bestandteils oder die Neuzusammensetzung der Parameter ein neuartiges Konzept generiert werden. Eine einzige Veränderung in der Protagonistenkonstellation, bei der Dramaturgie oder der Ortswahl kann ein Format neu aussehen lassen.

Anders sieht es mit den Realisierungsmöglichkeiten aus: Nicht jede theoretisch mögliche Formatvariation ist in der Praxis umsetzbar. Geht es um die Umsetzung von Ideen und Konzepten zu einem „physischen" Produkt wie einer Pilotfolge oder einer ganzen Staffel, ist ein viel höherer Einsatz von Ressourcen notwendig. Vor allem in einem wirtschaftlichen Kontext stehen diese nicht in einem unendlichen Ausmaß zur Verfügung. Es gilt genau zu kalkulieren, wofür sie freigesetzt werden. Entscheidungen müssen getroffen werden, was realisiert werden kann.

Doch niemand weiß genau, was bei einem kreativen Prozess am Ende herauskommt – und auch nicht, wie das Ergebnis beim Publikum ankommt. Caves definiert diese Eigenschaft als „nobody knows property" (ebd., S. 3). Neue Formate sind Erfahrungsgüter und müssen erst rezipiert werden, dabei ist die Beurteilung des Ergebnisses subjektiv (vgl. Kapitel 2.3.2). Oft kann nicht einmal im Nachhinein genau ausgemacht werden, warum ein kreatives Produkt angenommen worden oder warum es gefloppt ist.

Um mit dieser Unsicherheit umzugehen, kann auf eine größere Anzahl an neuen Produkten gesetzt werden (Hesmondhalgh 2007, S. 22). Man muss sich dessen bewusst sein, dass nicht jede Idee der große Wurf ist. Hesmondhalgh hat ein Bild geprägt, das mittlerweile in der deutschen Fernsehbranche in den allgemeinen Sprachgebrauch übergegangen ist: Formatentwicklung ist wie „throwing mud' – or similar substances – ‚against the wall' to see what sticks" (Hesmondhalgh 2007, S. 36). Man muss viele Torten werfen, bis eine hängen bleibt. Welche Backmischung den richtigen Teig dafür ergibt, welche Zutat oder Verzierung die entscheidende Haftung ans Publikum erzeugt, kann keiner vorhersagen.

3.1.2 Produkte mit kostenintensiven Originalen

Eine weitere Besonderheit kreativer Industrien ergibt sich aus der eben aufgeführten Bedeutung von Kreativität im Schaffensprozess: Die Erstellung der Produkte gilt als extrem arbeits- und personalintensiv (Fröhlich 2010, S. 57).

Zunächst ist die Entwicklung und Erstellung einer Sendung als kreatives Original ohne individuelle menschliche Arbeit nicht möglich. Der Schaffensprozess erstreckt sich dabei in der Regel über einen größeren Zeitraum. Wie lange dieser dauert, basiert auf Erfahrungswerten. Exakt ist er nicht vorhersehbar, denn Kreativität lässt sich schwer planen. Als eine rein menschliche Fähigkeit ist sie in ihrem Grundsatz bislang nicht durch Industrialisierung und Digitalisierung zu ersetzen. Kreative Arbeit braucht Zeit und kann auch durch technische Hilfsmittel nicht grenzenlos beschleunigt werden. Die kreativen Industrien profitiert damit weniger als andere Industrien vom „technologieinduzierten Produktivitätsanstieg" (ebd., S. 57; Blaug 2001, S. 131; Thorsby 2001, S. 15 f.).

Dabei ist es gerade das Original, hier: das Sendungs-Master, das extrem hohe Kosten verursacht, was als „First-Copy-Cost-Effekt" beschrieben wird (Köhler 2005, S. 9; Hess/Anding 2001, S. 2 ff.). Die Vervielfältigung und wiederholte Verbreitung dagegen ist vergleichsweise günstig. Hier profitieren die kreativen Industrien sehr wohl von der Digitalisierung (Fröhlich 2010, S. 58; Hesmondhalgh 2007, S. 21; Towse 2003, S. 172). Zudem sind die Sendungen nicht nur für einen bestimmten Moment konsumierbar, sondern sie stehen theoretisch für unendlich lange Zeit zur Verfügung (Caves 2000, S. 9).

Werden Sendung und ganze Formate mehrmals wiederholt, als Produkt oder Idee weiterverkauft, kann die Verwertung extrem lohnend sein. Wiederholungen oder Reruns sind mittlerweile in den Produktionskalkulationen der Sender standardmäßig vorgesehen. Das Geschäftsmodell der großen Sendergruppen mit ihren kleinen zielgruppenspezifischen Spartenkanälen wie *Sixx* oder *RTL Nitro* funktionieren beinahe ausschließlich über die weitere Auswertung von schon bestehendem Content. Einige zeitlose Reportagen bei privatem Sendern werden allein in der eigenen Sendergruppe bis zu 100 Mal wiederholt. Wird eine Serie gar für den internationalen Markt entwickelt und produziert, lassen sich First-Copy-Costs leicht refinanzieren.

Das größte wirtschaftliche Risiko liegt damit auf dem Gelingen der Sendung als Urkopie. Formate als Rahmenkonzepte für Einzelsendungen kann man vor diesem Hintergrund als Strategie verstehen, kreative Originale zu industrialisieren, Bewegtbildprodukte effizient und wenig riskant zu gestalten. Dass einzelne Episoden im Rahmen von bestehenden, erfolgreichen Formaten in der Herstellung nicht gelingen und beim Publikum scheitern, ist eher unwahrscheinlich.

3.1.3 „Kreative Arbeiter"

Die wichtigsten Personen im kreativen Prozess und damit die entscheidenden Akteure kreativer Industrien sind diejenigen, die Kreativität schaffen. Ohne Individuum gibt es keine kreativen Prozesse.

Die kreativen Profis der Branche, die „Kreativen", gelten als schwer zu steuern, denn sie haben ihren eigenen Kopf. Um sich diesem Phänomen zu nähern, reicht es nicht aus, romantisches Gedankengut vom Genie zu bemühen und damit zu implizieren, dass Kreative grundsätzlich irrational handeln.

Caves (2000) bezeichnet sie ganz pragmatisch als „creative workers" – und nicht (nur) als Genies und Künstler. Sie handeln „purposive and intendedly rational in their activities – like everyone else" (ebd., S. 2). Eigen sind sie allerdings in ihrer Einstellung zur Arbeit. Sie handeln in der Regel intrinsisch motiviert (vgl. Kapitel 3.2.2) – was sie vom „humdrum worker" unterscheidet, der seine Leistung mehr oder weniger „stumpfsinnig" allein für Geld erbringt. Kreative haben nicht nur ein besonders enges Verhältnis zu ihrem Endprodukt, sie sind auch am gesamten Entstehungsprozess interessiert – und daran, wie das Ergebnis beim Publikum oder Konsumenten ankommt.

Diese „art for art's sake property" (ebd., S. 4) der Kreativen prägt die Zusammenarbeit mit ihnen. Sie sind mit monetären Anreizen allein nicht zu gewinnen. Sie müssen an ihr Produkt glauben. Wer mit besonders kreativen Producern oder Regisseuren zusammenarbeitet, wird erleben: Sie machen in der Regel nur Dinge, die sie für gut und richtig halten, und zwar genau auf die Art und Weise, die sie für gut und richtig halten. Sie sind in ihrer kreativen Leistung nur schwer zu steuern.

Die hohe Bedeutung von intrinsischer Motivation und dem engen Bezug zum Endprodukt hat für die Unternehmen allerdings auch einen positiven Effekt: Kreative Einzelleistungen sind oft für vergleichsweise wenig Geld zu haben. Sind Kreative von ihren Aufgaben überzeugt, ist die Bezahlung im Zweifelsfall zweitrangig. „In the creative activities the good news for the intrepreneur is that creative inputs come cheaply" (ebd., S. 5).

Das heißt im Umkehrschluss nicht, dass jeder Kreative billig zu bekommen ist. Aufgrund nachweisbarer Erfolge gibt es Top-Köpfe – Kreative, die als Erfolgsgaranten gelten und damit in einer bestimmten Liga („A list/B list property") gehandelt werden (Caves 2000, S. 7). Jeder einzelne Kreative hat ein spezielles, professionelles Profil, das sich aus unterschiedlichen Erfahrungen, Fähigkeiten und seiner einzigartigen Persönlichkeit zusammensetzt. Abgesehen von der Tagesform, die zu unterschiedlichen Ergebnissen führen kann, werden kreative Akteure als besser oder schlechter bewertet und dementsprechend bezahlt.

In der Praxis gibt es innerhalb von bestimmten Genres immer eine Gruppe von Producern, Autoren und Regisseuren, die gerade *in* sind und die besonders hoch gehandelt werden. Die Beauftragung von Formaten ist nicht selten an die Verpflichtung bestimmter Köpfe gebunden. Welche kreativen Stars kann man für sich gewinnen – und sich leisten –, um ein Format herzustellen? Diese Fixierung auf bestimmte Personen kann sogar so weit gehen, dass bestehende Verträge mit Produzenten für Formate aufgelöst werden, wenn der Executive Producer das Unternehmen verlässt. Oft nehmen wichtige Kreative Aufträge mit zum neuen Arbeitgeber oder machen sich damit selbständig.

Die Herausforderung, die richtigen Kreativen für eine Produktion zu gewinnen, vervielfältigt sich angesichts der Tatsache, dass bei der Erstellung eines kreativen Produktes in der Regel nicht nur *ein* „kreativer Arbeiter" beteiligt ist. Ein Format entsteht in der Zusammenarbeit von Producern, Autoren, Regisseuren, Kameraleuten, Cuttern, Darstellern, Bühnen-, Kostüm- und Maskenbildnern etc. Es ist ein „bunter Haufen" unterschiedlicher kreativer Spezialisten mit ihren jeweiligen eigenen Persönlichkeiten und Motivationen, die synchronisiert werden müssen. Folge dieser „motley crew property" (ebd., S. 6): Ein einziger beteiligter Akteur kann zwar in der Regel nicht allein den Erfolg herbeiführen – aber sehr wohl das gemeinsame Ergebnis gefährden.

Die heterogene Gruppe an unterschiedlich kategorisierten und spezialisierten Kreativen muss schlussendlich zeitlich in Einklang gebracht werden. Haben die gewünschten Leute Interesse mitzuarbeiten? Sind sie im Team kompatibel, sind sie bezahlbar – und stehen sie im gewünschten Zeitfenster zur Verfügung? Diese besondere komplexe, zeitliche und rechtzeitige Koordination von Kreativen und Spezialisten beschreibt Caves als „time flies property" (ebd., S. 8).

3.1.4 Wettbewerb und Leistungserwartung

Kommen wir zu den umfeldbezogenen Merkmalen kreativer Industrien. Charakteristisch in der Organisation ist eine unternehmerische Trennung von Erstellung und Verbreitung der Produkte. Auch im Fernsehen gibt es produzierenden Unternehmen auf der einen Seite und distribuierende auf der anderen Seite – ohne zu vergessen, dass sich dieses Modell aufgrund der Digitalisierung verändern könnte (vgl. Kapitel 2.4.2). Die Trennung wird als eine Folge des Wettbewerbsumfeldes gesehen (Fröhlich 2010, S. 58). Im Distributionssektor agieren aufgrund der hohen Markteintrittsbarrieren vergleichsweise wenige große Unternehmen, wie die RTL-Gruppe, ProSiebenSat.1, ARD, ZDF und Sky. Im Bereich der Produktion sieht das anders aus. Hier kann theoretisch jeder mit seiner Idee und seinen Fähigkeiten auf dem Markt in Erscheinung treten. Die Folge: Neben einigen wenigen großen Produzenten bewegt sich eine Vielzahl von Klein- und Kleinstunternehmen sowie selbständigen Kreativen auf dem Produktionsmarkt.[2]

Ob groß oder klein – jeder (kreative) Hersteller muss über einen Verbreiter als Gatekeeper gehen, um sein Produkt auf den Publikumsmarkt zu bringen (vgl. Kapitel 2.4). Der Prozess des Gatekeepings wird an den Schnittstellen von „Maklern" organisiert (Fröhlich 2010, S. 59; Towse 2003, S. 173; Caves 2000, S. 54). Sie gelten als ein weiteres Charakteristikum kreativer Industrien. Makler haben in den distribuierenden Organisationen die Funktion, aus dem großen Angebot an Ideen und kreativen Produkten die passenden und erfolgversprechenden herauszusuchen und den Herstellungsprozess zu betreuen. Es sind bei Formaten die Redakteure der Sender, die den Zugang zum großen Publikum „bewachen". Sie agieren als Vermittler und Übersetzer zwischen den Kreativen der entwickelnden und produzierenden Organisationen sowie den Managern aus den distribuierenden (Fröhlich 2010, S. 59; Kiefer 2001, S. 199; DiMaggio 1977, S. 442).

Eine für kreative Industrien charakteristische Herausforderung ist es dabei, mit den Erwartungen umzugehen, die an kreative Produkte gestellt werden. Ihnen wird von Rezipienten und Konsumenten symbolischer Gehalt und ästhetischer Nutzen zugesprochen. Diese Leistungserwartung geht nicht nur vom einzelnen Nutzer aus, sondern gilt als gesellschaftliches Phänomen (Fröhlich 2010, S. 51; Hesmondhalgh 2007, S. 36; Thorsby 2001, S. 5; Lampel/Lant/Shampsie 2000, S. 264 f.).

Die Erwartungen an ein neues Format reichen oft über das hinaus, was es behauptet zu sein und zu leisten vermag. Selbst bei Unterhaltungssendungen privater Sender, die nichts anderes wollen, als mit vorhersehbaren Mechanismen Zuschauer zu gewinnen, werden Anspruch, Niveau und Qualität erwartet (vgl. Kapitel 5.3.2). Was genau damit gemeint ist, bleibt Machern und Zuschauern oft

---

[2] Nach der Produzentenstudie 2012 gab es 2011 rund 4400 Unternehmen in Deutschland, die ihre Umsätze mit der Erstellung von audiovisuellem Content erzielten. Die großen Produzenten mit Umsätzen über 100 Mio. Euro (1 Prozent der Unternehmen) machten die Hälfte des Gesamtumsatzes im Produktionsmarkt aus. Zu den TOP-5 zählen *UFA, Constantin, Studio Hamburg, Bavaria* und *ZDF Enterprise*. Auf die kleinen mit einem Umsatz von bis zum 1 Mio. Euro (83 Prozent aller Unternehmen) entfielen nur 8 Prozent. Nicht mit eingerechnet sind hier die 2700 Kleinstunternehmen, vermutlich freie Mitarbeiter mit weniger als 150 000 Euro im Jahr (Castendyk/Goldhammer 2012, S. 157 f.).

unklar. Ob die formulierte Erwartungshaltung des Publikums erfüllt wird, muss sich nicht im Rezeptionsverhalten widerspiegeln. Ein Format, das (gesellschaftlich) nicht akzeptiert ist, kann durchaus auf lange Zeit gute Quoten haben, wie die langlaufenden Erfolge von „Frauentausch" (RTL2, seit 2003) oder „Deutschland sucht den Superstar" (RTL, seit 2002) belegen.

Die Betrachtung der Merkmale kreativer Industrien geben Hinweise auf die Herausforderungen, mit denen Unternehmen umgehen müssen, wenn Kreativität die Basis ihrer wirtschaftlichen Existenz bildet. Mit welchen organisatorischen Strukturen und aufbauorganisatorischen Modellen dem konkret im Bereich Fernsehen begegnet werden kann, wird in Kapitel 4 ausführlich dargelegt. Zuvor aber möchte ich mich intensiver mit dem Phänomen Kreativität befassen und von der reinen Beobachtung der Auswirkungen von kreativem Schaffen in diesem besonderen Wirtschaftsfeld zu einem tieferen Verständnis der Facetten und Mechanismen von Kreativität gelangen, um daraus Handlungsempfehlungen abzuleiten.

3.2 Ansätze aus der Kreativitätsforschung

Kreativität wurde in Kapitel 2.1 definiert als „die Fähigkeit, etwas Neues zu schaffen". Betrachtet man die Vielzahl an Beschreibungen von Kreativität in der Literatur, stößt man auf einen weiteren, immer wiederkehrenden Aspekt: Die Neuheit, die Originalität muss gepaart sein mit Nützlichkeit (Mayer 2010, S. 450). Sternberg/Lubart (2010, S. 3) beschreiben Kreativität als „the ability to produce work that is both novel [...] and appropriate". Amabile (1998, S. 78) stellt fest: „[I]n business, originality isn't enough. To be creative, an idea must also be appropriate – useful and actionable."

Wie kommt man an die Kreativität, die für Unternehmen Neues und Nützliches bringt? Für meine Betrachtungen sind es die Ansätze aus der Kreativitätsforschung[3] zur individuellen Kreativität als kognitiver Prozess, zur Motivation der kreativen Person und zur Bedeutung des Umfeldes, die entscheidende Erkenntnisse liefern. Sie bilden die Bausteine zum Verständnis, wie Kreativität funktioniert und wie man sie für die Gestaltung eines kreativen Produktes nutzen kann (vgl. „4 P's of Creativity" in Kapitel 3.1). Im Folgenden geht es aber nicht nur darum, die Aspekte zu beleuchten, die für eine allgemeine Kreativitätsförderung nützlich sind. Die vorgestellten Ansätze geben darüber hinaus konkrete Hinweise auf das Management von Formatinnovationen in Abhängigkeit von Prozessverlauf und Innovationsgrad.

---

[3] Einen Überblick über die Kreativitätsforschung bieten z. B. Sternberg (2010), Sternberg/Lubart (2010), Albert/Runco (2010), Vogt (2010) und Mayer (2010).

3.2.1 Individuum und Kognition

Der Kern der Kreativität, der Anfang und das Unverzichtbare, ist das schaffende Individuum, die kreative Person. Wie in Kapitel 3.1.3 dargelegt, sind die Kreativen, die Producer, Regisseure und Autoren, die entscheidenden Akteure im Entstehungsprozess vom Produkt „Bewegtbildformat". Ohne ihre individuelle Leistung kann nichts Neues entstehen. Was aber macht den Kreativen aus? Und wie entsteht in ihm „das Kreative"?

Versteht man Kreativität als einen Aspekt menschlicher Kognition, lassen sich zur Beantwortung dieser Fragen Methoden und Theorien aus der Kognitionsforschung anwenden. Diese befasst sich mit der menschlichen Informationsverarbeitung, den Prozessen des Wahrnehmens und Erkennens wie z. B. Erinnern, Lernen, Planen und Orientieren (Vogt 2010, S. 191). Für Forschungen zu Kreativität und Kognition stehen allen voran Finke, Ward und Smith. Ihre Ansätze zur „Creative Cognition" (Finke/Ward/S. M. Smith 1992) basieren zunächst auf der Annahme, dass jedem Menschen die gleichen kognitiven Fähigkeiten zur Verfügung stehen. „[W]e do have the perspective that the capacity for creative thought is the rule rather than the exception in human cognitive functioning" (Ward/S. M. Smith/Finke 2010, S. 189).

Kreativität ist die Normalität und nicht die Ausnahme, wie es erstmals Guilford (1950) feststellte. Der Unterschied zwischen Kreativen und Nicht-Kreativen besteht lediglich im Umgang mit den für Kreativität notwendigen kognitiven Instrumenten. Dabei geht man davon aus, dass Kreativität kein einzelner mentaler Prozess ist, sondern ein Bündel von unterschiedlichen kognitiven Einzelprozessen. Diese gilt es zu identifizieren und ihre Rolle im Gesamtprozess von Kreativität zu bestimmen (Ward/S. M. Smith/Finke 2010, S. 190 ff.).

Das von Finke/Ward/S. M. Smith (1992) entwickelte „Geneplore-Modell" (Gen-plore = gen-erate + ex-plore) ist der Versuch, die unterschiedlichen kognitiven Prozesse zu beschreiben, die zu einem kreativen Produkt führen. Dabei wird zwischen generativen und explorativen Prozessen unterschieden.

Im generativen Prozess wird im Gedächtnis vorhandenes Wissen abgerufen als Basis für weitere Schritte wie Assoziation, Transformation oder Bildung von Analogien. Diese schon vorhandenen Informationen sind Bilder, Worte, Erfahrungen, tief verankertes Wissen und gerade gemachte Erfahrungen, Wissensstrukturen sowie Konzepte und Kategorisierungen. Daraus bilden sich „präinventive Strukturen" wie z. B. visuelle und mentale Muster und Bilder, dreidimensionale Formen und verbale Kombinationen.

Die Eigenschaften dieser Strukturen sind entscheidend für einen erfolgreichen kreativen Prozess (ebd., S. 23): Präinventive Strukturen sollten zunächst neuartig und vieldeutig sein. Sie sollten die Möglichkeiten zu Emergenzen, also der Zusammenführung von Elementen bieten und Spannung zwischen den einzelnen Elementen aufweisen. Hieraus können kreative Lösungen entstehen. Eine weitere Eigenschaft ist Divergenz als eine Voraussetzung für die Auswertung in unterschiedlichen Zusammenhängen.

Die explorativen Prozesse machen aus präinventiven Strukturen das kreative Produkt, das zwei Kriterien erfüllen soll: Neuheit und Nützlichkeit („novelty and utility" (Ward/S. M. Smith/Finke 2010, S. 190)). Hierbei können beispielsweise Strukturen neu interpretiert und mit anderen Eigenschaften versehen werden, Kontexte werden gewechselt oder Emergenzen neu gefunden. Schließlich lassen sich neue Funktionen und Nutzungsmöglichkeiten identifizieren (Finke/Ward/S. M. Smith 1992, S. 24 ff.).

Am Ende steht das kreative Produkt als Ergebnis des kreativen Prozesses. Dieser ist als ständiger Wechsel zwischen den Phasen Generierung und Exploration zu verstehen, solange bis die kreative Person ihn beendet. Der Gesamtprozess wird von „Product Constraints" (Ward/S. M. Smith/Finke 2010, S. 193) gesteuert, Vorgaben, die sich z. B. auf die Ressourcen oder das zu erwartende Ergebnis beziehen können (vgl. Abbildung 3.1).

Wie wichtig diese „Constraints" für einen erfolgreichen kreativen Prozess sind, wird in der Wissenschaft kontrovers diskutiert wird: Einerseits helfen Vorgaben, die Kreativität zu steigern, wenn es darum geht, sich auf ein bestimmtes Problem zu fokussieren. Geht es aber darum, ein Problem überhaupt zu finden, also um ganz neue Ansätze, steigert eine völlig offene Herangehensweise die Kreativität. Die drei Kognitionsforscher Finke, Ward und Smith beantworten die Frage, indem sie den Einsatz von Vorgaben abhängig von der Aufgabe und dem Prozessverlauf machen.

> "[W]hether or not a person has already generated a preinventive structure, whether the problem is close to being solved or is not yet fully formulated, and whether the knowledge that would be accessed in meeting the goals is abstract or specified" (ebd., S. 207).

Kommen wir vom kognitiven Prozess zu den individuellen Fähigkeiten, die dafür nötig sind. Studien belegen, dass es mit großer Wahrscheinlichkeit allgemeine kognitive Fertigkeiten und Methoden gibt, die in jedem Bereich des kreativen Schaffens angewendet werden können. Expertenwissen ist allerdings ebenso wichtig. Erfahrung und Wissen ermöglichen es erst, präinventive Strukturen zu bilden. Und sie führen den Prozess in der explorativen Phase zu einem nützlichen Ergebnis (ebd., S. 208).

Daraus ergibt sich auch die Beantwortung der Frage, ob eine Idee rein zufällig zustandekommt oder ob ihre Entstehung abhängig ist von existierenden kognitiven Strukturen. Zufall spielt eine entscheidende Rolle, wenn es darum geht,

3.2 Ansätze aus der Kreativitätsforschung

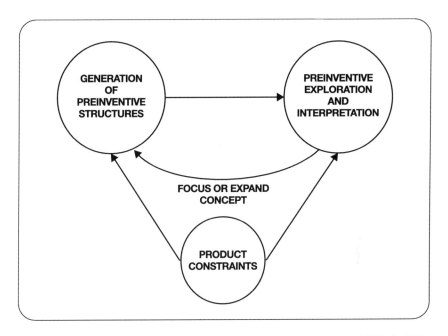

Abbildung 3.1: Geneplore-Modell nach Ward/S. M. Smith/Finke (2010, S. 193)

sich von konventionellen Mustern abzuwenden, etwas Neues zu generieren, um präinventive Strukturen neu zu interpretieren. Aber: Kognitive Prozesse sind immer abhängig von vorhandenen Wissensstrukturen und etabliertem Konzeptwissen. Diese prägen das Denken und haben damit Einfluss auf den kreativen Prozess (Ward 1995, S. 157; Finke/Ward/S. M. Smith 1992, S. 114). Die Folge: Kategorien menschlicher Kognition lassen Prognosen über das Ergebnis von neu Geschaffenem zu (Ward 1995, S. 158). Frisch abgespeichertes Wissen und gerade gemachte Erfahrungen werden dabei vorrangig in den kreativen Prozess integriert (S. M. Smith/Ward/Schumacher 1993).

Diese Erkenntnisse aus der Kognitionsforschung geben wertvolle Hinweise auf die Funktionsweise individueller Kreativität und belegen zunächst: Kreativität ist kein Zufallsprodukt. Das Hervorbringen neuer Ideen basiert auf tief verankertem (Fach-)Wissen, aber auch auf gerade gemachten Erfahrungen und neuen Informationen sowie Strukturen und Kategorisierungen. Kreativität setzt damit allgemeine Intelligenz, Bildung und Fachexpertise voraus. Daraus lässt sich schließen, dass Kreativität durch gezielten Input beeinflusst und methodisch trainiert werden kann.

Vorgaben können dabei helfen, sich auf bestimmte Probleme zu fokussieren. Das heißt aber auch, dass sie die Lösungsfindung einschränken, was in Abhängigkeit von erwarteten Ergebnis und Prozessphasen gezielt gesteuert werden kann. Wichtig bei kreativen Prozessen ist, zwischen den Phasen der Generierung und der Auswertung von Ideen zu unterscheiden, da hier jeweils unterschiedliche kognitive Prozesse zugrunde liegen.

3.2.2 Motivation und weitere Komponenten von Kreativität

Für eine Gestaltung von Kreativität in einem unternehmerischen Kontext drängen sich weitere Fragen auf: Was bringt eine Person dazu, kreativ zu sein? Kann Kreativität vom Umfeld entfacht und gesteuert werden? Gibt es Faktoren, die Kreativität verhindern?

Amabile widmet sich in einem sozialpsychologischen Ansatz (Amabile 1983b; Amabile 1996) den Zusammenhängen zwischen sozialer Umwelt, Motivation und kreativer Leistung und erweitert damit die Perspektive vom *Innen* des Individuums zu dem, was es umgibt. Ihr „Komponentenmodell der Kreativität" (Amabile 1983a; Amabile 1983b; Amabile 1996) ist der Versuch, verschiedene Theorien zu systematisieren.

Die erste Komponente bilden domänenrelevante Fähigkeiten und Talente (ebd., S. 113), also spezifisches Fach- und Erfahrungswissen, das innerhalb eines bestimmten Bereiches vorhanden sein muss. Sie sind die Basis für die Problemerkennung, um daraufhin überhaupt zu neuen Lösungen zu gelangen. Eng damit verbunden ist die Kenntnis über die spezifischen Regeln im sozialen Umfeld, um Neues auch entsprechend um- und durchsetzen zu können (vgl. Kapitel 4.1.2).

Die zweite Komponente beschreibt das „gewisse Etwas", das „,something extra' of creative performance" (ebd., S. 87), das ein Individuum mitbringen muss, um Kreativität zu liefern. Es braucht kognitive Fähigkeiten, die es ermöglichen, „Probleme und Sachverhalte in einem neuen Licht zu sehen, in einem anderen Kontext zu betrachten oder auch Komplexität kognitiv verarbeiten zu können" (Vogt 2010, S. 132). Um neue Wege zu gehen, ist es wichtig, Wertungen zunächst zu vermeiden und festgefügte Ereignisschemata zu hinterfragen. Diese Fähigkeiten, zu neuen Sichtweisen zu gelangen, sind nicht ausschließlich als gegeben im Individuum angelegt, sie können mit Techniken gefördert werden: Mit bestimmten Regeln und den entsprechenden Werkzeugen lassen sich systematisch neue Ergebnisse erzielen (vgl. Kapitel 3.3).

Weiterhin zählen zu den „creativity-relevant skills" (Amabile 1996, S. 135) allgemeine Persönlichkeitsmerkmale des schaffenden Individuums wie Selbstdisziplin, Beharrlichkeit, Ausdauer, Frustrationstoleranz und die Fähigkeit, Doppeldeutigkeiten hinzunehmen. Wichtig ist auch ein hohes Maß an Risikobereitschaft, persönlicher Autonomie und die Unabhängigkeit von konformem Denken, um längerfristig auf Belohnungen oder Bestätigungen verzichten zu können (ebd., S. 87).

Die dritte Komponente in Amabiles Modell der Kreativität ist die Motivation für bestimmte Aufgaben (ebd., S. 113). Motivation ist dabei nach Heckhausen (1989, S. 10) als ein Bündel von Effekten und Prozessen zu verstehen, „deren gemeinsamer Kern darin besteht, dass ein Lebewesen sein Verhalten um der erwarteten Folgen willen auswählt und hinsichtlich Richtung und Energieaufwand steuert" (ebd., S. 10).

Was treibt die Schaffenden im kreativen Prozess an? Ist das *Innen* die treibende Kraft, die intrinsische Motivation, oder das *Außen*, die extrinsische? Ist es ein inneres Drängen, angelegt in Persönlichkeitsmerkmalen und kognitiven Fähigkeiten? Oder sind es äußere Anreize des sozialen Umfeldes wie Anerkennung und Belohnung, Macht, Ruhm und Geld?

Intrinsische Motivation definiert Amabile (1996, S. 115) als „any motivation that arises from the individual's positive reaction to qualities of the task itself; this reaction can be experienced as interest, involvement, curiosity, satisfaction, or positive challenge" (ebd., S. 115). Sie geht davon aus, dass sich intrinsisch motivierte Persönlichkeiten im kreativen Prozess mit voller und ungeteilter Aufmerksamkeit auf eine Aufgabe konzentrieren können (ebd., S. 110).

Anders sieht es aus mit extrinsisch motivierten Menschen. Extrinsische Motivation „arises from sources outside of the task itself; these sources include expected evaluation, contracted-for reward, external directives, or any of several similar sources" (ebd., S. 115). Extrinsisch motivierte Individuen betrachten immer auch das äußere Ziel und widmen so nie ihre gesamte Aufmerksamkeit dem kreativen Prozess (ebd., S. 110). Deshalb identifiziert Amabile die intrinsische Motivation als den entscheidenden Faktor im kreativen Prozess. Er befähigt Menschen dazu, sich ausschließlich auf eine Aufgabe zu konzentrieren. Csikszentmihalyi beschreibt den Zustand der völligen Hingabe an eine Tätigkeit als den viel zitierten „Flow" (M. Csikszentmihalyi 1996; M. Csikszentmihalyi 1990): Eine Person kann in einen kreativen Fluss kommen, wenn die Herausforderungen zu den individuellen Fähigkeiten passen (M. Csikszentmihalyi/I. S. Csikszentmihalyi 1988).

Extrinsische Motivation ist dagegen differenzierter zu betrachten. Sie wird zunächst als kontra-kreativ angesehen, wenn sie die ungeteilte Aufmerksamkeit stört. „Synergistic extrinsic motivators" aber unterstützen die intrinsische Motivation, indem sie nützliche und gewollte Informationen liefern und eine noch tiefere Beschäftigung mit der Aufgabe fördern (Amabile 1996, S. 118). Die Eigenwahrnehmung der kreativen Person soll positiv beeinflusst und dadurch ihre Autonomie gestärkt werden. Als „nonsynergistic, extrinsic motivators" (ebd., S. 119) gelten alle Formen von Kontrolle.[4] Sie stören die Autonomie des Individuums und wirken sich negativ auf die intrinsische Motivation aus, für die das Gefühl der Selbstbestimmung erhalten bleiben muss.

Um den Einfluss der Komponenten „Task Motivation", „Domain Relevant Skills" und „Creativity Relevant Skills" sowie die Auswirkung von intrinsischer und extrinsischer Motivation differenziert darzustellen, hat Amabile (1996, S. 113) Kreativität als Prozess der Informationsverarbeitung in Phasen unterteilt (vgl. Abbildung 3.2). In den einzelnen Phasen sind sowohl die Bedeutung der drei Komponenten für Kreativität als auch die des sozialen Umfeldes unterschiedlich stark ausgeprägt.

Die erste Phase bezeichnet die Problemerkennung (ebd., S. 113). Ein interner oder externer Stimulus stößt den kreativen Prozess an mit dem Ziel, eine Lösung für ein erkanntes Problem zu finden (vgl. Kapitel 5.1.1). In der zweiten Phase werden Vorbereitungen zur Problemlösung getroffen. Relevante Informationen und Algorithmen zu einer möglichen Problemlösung werden im Gedächtnis entweder aus Bestehendem reaktiviert oder neu gesammelt (ebd., S. 113).

Daraus folgt das Generieren von Lösungen. Hier entwickelt das kreative Individuum mögliche Antworten auf die in Phase eins erkannte Fragestellung. Dazu bedient es sich aus den verschiedenen in der Vorbereitung gesammelten Informationen und Algorithmen. In dieser Phase ist das kreative Moment im Sinne von „etwas Neues schaffen" am intensivsten, Originalität als ein Teil der Kreativität ist hier am stärksten ausgeprägt (ebd., S. 113).

In der vierten Phase steht hingegen die Nützlichkeit im Vordergrund. Die Lösungen werden überprüft und kommuniziert. Die Ergebnisse der Validierung („Outcome") bilden die fünfte Phase im kreativen Prozess. Ist das Ziel erreicht, also das Problem gemäß der Aufgabe gelöst, ist der Prozess beendet; ebenso, wenn das Ergebnis keine Lösung für das Problem bietet. Wird zumindest ein Fortschritt oder ein Teilerfolg, „Some Process Toward Goal" (ebd., S. 113), identifiziert, dann kann der kreative Prozess und der Durchlauf der Phasen erneut gestartet werden.

In den einzelnen Phasen haben die drei Komponenten unterschiedlichen Einfluss (ebd., S. 113 ff.). Die kreativitätsrelevanten Fähigkeiten sind vor allem da wichtig, wo Originalität die wichtigste Rolle spielt, in der „kreativsten" Phase im kreativen Prozess, der Phase der Generierung von Lösungen. Die Komponente

---

[4] Amabile stützt sich dabei auf Deci/Ryan (1985) und Deci/Ryan (1993), die Information und Kontrolle als Facetten extrinsischer Motivation definieren.

3.2 Ansätze aus der Kreativitätsforschung

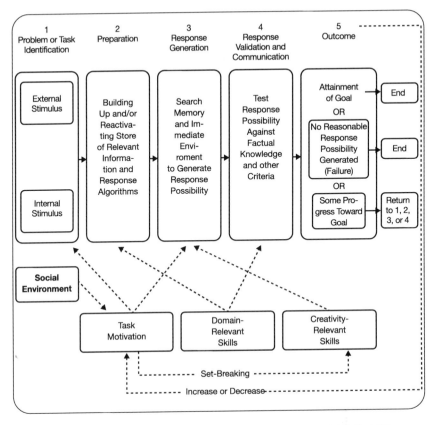

Abbildung 3.2: Komponenten-Modell nach Amabile (1996, S. 113)

der domänenrelevanten Fähigkeiten werden zur Vorbereitung, vor allem aber zur Validation bzw. Kommunikation gebraucht. Die dritte Komponente der Aufgabenmotivation ist in den Phasen „Problem or Task Identification" und „Response Generation" notwendig (Amabile 1996, S. 113), aber auch um den kreativen Prozess komplett zu durchlaufen und nicht abzubrechen.

In einem weiteren Schritt untersucht Amabile (ebd., S. 119), wann und wo intrinsische und extrinsische Motivation wirken. Sie zeigt, dass intrinsische Motivation als die Fähigkeit der uneingeschränkten Konzentration auf eine Aufgabe vor allem in den Phasen notwendig ist, in denen Originalität gefordert ist. So kann der Impuls zur Problemerkennung sowohl von *innen* als auch von *außen* kommen.

Bei großer intrinsischer Motivation können kreative Prozesse, die von den unterschiedlichen Stimuli angestoßen werden, gleichermaßen engagiert bearbeitet werden. Dabei scheinen selbstgesuchte Herausforderungen kreativere Lösungen hervorzubringen als Aufgaben, die jemand von *außen* gestellt hat (Amabile 1996, S. 95).

Von herausragender Bedeutung wird intrinsische Motivation in der Phase der Generierung von Lösungen gesehen, also der „kreativsten" Phase des Prozesses. Intrinsische Motivation unterstützt die Fähigkeit des Individuums, sich voll auf die sich ihm gestellte Aufgabe zu konzentrieren und ohne Ablenkung von außen etwas Neues zu schaffen (ebd., S. 95 f.). Soziale Umweltfaktoren, also äußere Motivatoren, können zum einen die intrinsische Motivation fördern und wirken somit verstärkend da, wo intrinsische Motivation ohnehin wirksam ist. Darüberhinaus spielen sie in den Phasen eine Rolle, in denen es mehr um Nützlichkeit geht als um das Schaffen von Neuem, also in den Phasen der Vorbereitung und der Validierung bzw. der Kommunikation der Lösungen (ebd., S. 118 f.). Kontrollierende Faktoren des sozialen Umfeldes hingegen wirken negativ auf die intrinsische Motivation und damit auf alle kreativen Prozesse ein (ebd., S. 119).

Für das Management von Kreativität bedeuten diese Erkenntnisse, dass individuelle Motivation nur beschränkt beeinflusst werden kann:

> „The best way to help people to maximize their creative potential is to allow them to do someting they love. [...] The freedom to choose what to work on allows individuals to seek out questions that they are highly intrinsically motivated to persue" (M. A. Collins/Amabile 2010, S. 305).

Kontra-kreativ sind extrinsische Motivatoren wie Evaluierung, Kontrolle, Vergütung, Wettbewerb und Einschränkungen bei der Erfüllung der Aufgaben. Extrinsische Motivation hilft nur, wenn sie die intrinsische positiv beeinflusst: durch Belohnung, Anerkennung, sowie informelles, konstruktives Feedback mit nützlichen Informationen, das die Kompetenz stützt.

Amabiles Anätze liefern eine weitere Erkenntnis für eine differenzierte Gestaltung von Innovationsprozessen: Geht es darum, etwas ganz Neues zu generieren, und um die frühen Phasen des kreativen Prozesses, bei denen es um die Identifizierung von Problemen und die Ideenfindung geht, ist vor allem intrinsische Motivation entscheidend. Extrinsische Motivation kann vor allem in den späteren Phasen des kreativen Prozesses sinnvoll sein, wenn es darum geht, etwas im Detail zu entwickeln oder ein Projekt zu Ende zu bringen (ebd., S. 306 f.).

3.2.3 Kreativität in Abhängigkeit vom Kontext

Einen weiteren Aspekt zum Einfluss des Umfeldes auf individuelle kreative Leistungen liefert die von Förster/Friedmann (2003) entwickelte Theorie der kontext-

3.2 Ansätze aus der Kreativitätsforschung

abhängigen Kreativität. Sie legt dar, welche Rolle das Gefühl von Sicherheit bei der kreativen Arbeit spielt.

Förster/Friedmann (2003) gehen dabei von zwei Motivationsmustern aus, dem „Promotionsfokus" und dem „Präventionsfokus".[5] Der Promotionsfokus basiert auf der Grundmotivation von Annäherung, dem Streben, einen positiven Zustand zu erreichen. Die Orientierung des Individuums im Promotionsfokus bezieht sich auf Wachstum und Selbstverwirklichung, die Ziele sind Ideal- und Maximalziele. Die Zielerreichung definiert sich durch Gewinn, ein Ziel nicht zu erreichen, ist dementsprechend Nicht-Gewinn. Die bevorzugte Strategie wird als Eifer beschrieben. Besonders sensibel reagieren Menschen im Promotionsfokus auf positive Ereignisse und die daraus entstehenden Konsequenzen (Werth/Förster 2007, S. 34).

Im Präventionsmodus steht im Gegensatz dazu die Vermeidung im Vordergrund der Motivation: Ein nicht erwünschter Zustand soll nicht erreicht werden. Hier orientiert sich das Individuum an Sicherheit, seine Ziele sind Pflicht- und Minimalziele. Die Erreichung der Ziele wird durch Nicht-Verlust definiert, die präferierte Strategie ist die Vorsicht. Im Präventionsfokus herrscht eine erhöhte Sensitivität für negative Ereignisse und ihre Konsequenzen (ebd., S. 34).

Der regulatorische Fokus wirkt sich auf Verarbeitungsstil, Präferenzen, Motivationsaspekte und affektiertes Erleben aus (ebd., S. 34). Der Verarbeitungsstil im Promotionsfokus ist durch eine bessere Erinnerung für positive Ereignisse geprägt, er wird als riskanter, kreativer, schneller, dafür weniger genau beschrieben. Neue Aufgaben werden präferiert, die tendenziell später bearbeitet werden. Die Motivation steigert sich in Zielnähe und durch Erfolg; positives Feedback wirkt motivierend. Tritt Erfolg ein, wird Freude erlebt, bei Misserfolg Enttäuschung.

Im Präventionsfokus dagegen werden negative Ereignisse besser erinnert. Es wird vorsichtiger, langsamer und genauer, insgesamt konservativer vorgegangen. Bekannte Aufgaben werden häufiger gewählt und früher bearbeitet. Die Motivation steigt bei Misserfolg, negatives Feedback wirkt motivierend, das Vermeidungsverhalten verstärkt sich angesichts der Zielerreichung. Erfolg wird als beruhigend erlebt, Misserfolg hat Angespanntheit zur Folge.

Förster/Friedmann (2003, S. 150 f.) gehen davon aus, dass kreatives und analytisches Denken des Individuums als Funktion des regulatorischen Fokus gesehen werden kann. Daraus entwickeln sie folgende Thesen: Im Präventionsfokus herrscht analytisches Denken, der Promotionsfokus fördert Kreativität.[6] Im Prä-

---

[5] Grundlage des Ansatzes ist das hedonistischen Prinzip und die Theorie des regulatorischen Fokus nach Higgins (1997).
[6] Sie betonen dabei, dass der Promotionsfokus nicht grundsätzlich besser zu bewerten ist. Beide Formen des Denkens können je nach Situation angemessen sein (ebd., S. 152).

ventionsfokus wird Unsicherheit und Gefahr von Außen signalisiert. Als Strategie auf diese Unsicherheit reagiert das Individuum mit der Minimierung von neuen Risiken, es verhält sich eher konservativ und bezieht sich auf Bewährtes, um die eigene Existenz zu sichern (Friedmann/Förster 2000, S. 478). Im Promotionsfokus dagegen herrscht ein Gefühl der Sicherheit, es droht keine akute Gefahr. So können Ziele ungestört verfolgt, Risiken in Kauf genommen und neue Lösungen entwickelt werden.

Setzt man nun Risiko in Zusammenhang mit Kreativität, ergeben sich Rückschlüsse auf den Einfluss der beiden Foki (Förster/Friedmann 2003, S. 150). Klar strukturierte Aufgaben mit eindeutigen Lösungswegen sind wenig riskant. Probleme, bei denen der Lösungsweg unklar ist, sind mit Unsicherheiten verbunden und bergen Risiken.

Für Kreativität ist ein risikofreudiges Verhalten notwendig. Um einer kreativen Person dieses Verhalten zu ermöglichen, muss sie sich sicher fühlen. Im Promotionsmodus herrscht ein Gefühl von Sicherheit, also muss dieser förderlich sein für die Kreativität. Im Präventionsfokus dagegen dominiert aufgrund der Unsicherheit von Außen risikoaverses Verhalten, was das analytische Denken befördert und die Kreativität hemmt. In einer derartigen Situation kann Kreativität nur schwer entstehen (Friedmann/Förster 2000, S. 478).

Beide Foki können sowohl als Persönlichkeitsmerkmal auftreten, also „chronisch" sein („trait"), oder in Kontexten und Situationen („state") aktiviert werden. Ein und die selbe Person kann also situationsabhängig mehr oder weniger kreativ sein (Förster/Friedmann 2003, S. 149; Förster/Denzler 2006, S. 446). Dabei schließen sich die beiden motivationalen Orientierungen nicht aus und können innerhalb eines Individuums gleich stark ausgeprägt sein (Förster/Denzler 2004, S. 86).

Förster/Friedmann zeigen damit einen für mich entscheidenden Aspekt beim Management von Kreativität: Es ist ein Gefühl von Sicherheit gefragt, wenn es um die Bewältigung kreativer Aufgaben geht. Analytische Lösungen werden in einem durch Unsicherheit geprägten Kontext gefördert (Förster/Friedmann 2003, S. 157). Diese Erkenntnisse lassen sich für eine phasengenaue Steuerung von Innovationsprozessen nutzen – wenn man sich im Klaren darüber ist, wann Kreativität in welchem Ausmaß gefordert ist, und wo es besser ist, analytisch zu arbeiten.

3.2.4 Einfluss des sozialen Systems

Fokussieren wir uns im nächsten Schritt noch stärker auf die Umgebung des schaffenden Individuums und stellen uns die Frage, welchen Einfluss das soziale System, also nicht nur die unternehmerischen, sondern auch die gesellschaftlichen

3.2 Ansätze aus der Kreativitätsforschung

und kulturellen Kontexte auf kreative Leistungen haben. Csikszentmihalyi befasst sich in seinen Studien mit dem sozialen Umfeld und dem kulturellen Hintergrund der kreativen Person (M. Csikszentmihalyi 1988; M. Csikszentmihalyi 2010). Er kommt dabei zu dem Ergebnis, dass der Kontext mindestens genauso wichtig ist wie die individuellen Eigenschaften – sogar noch wichtiger:

> „Originality, freshness or perceptions, divergent-thinking ability are all well and good in their own right, as desirable personal traits. But without some form of public recognition they do not constitute creativity. In fact, one might argue that such traits are not even necessary for creative accomplishment" (ebd., S. 314).

Das Domäne-Feld-Individuum-Modell (ebd., S. 315) veranschaulicht das Zusammenspiel zwischen individueller Handlung und gesellschaftlichen sowie kulturellen Kontexten (vgl. Abbildung 3.3). Kreativität ist demnach nicht das Produkt eines Individuums, sondern des sozialen Systems, das die Ergebnisse des Einzelnen bewertet (ebd., S. 314).

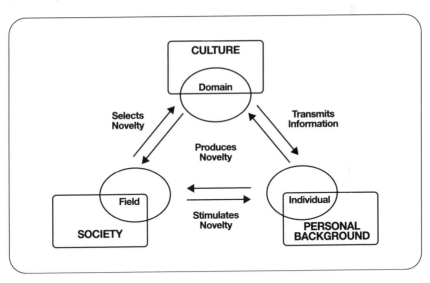

Abbildung 3.3: Domäne-Feld-Individuum-Modell nach M. Csikszentmihalyi (2010, S. 315)

Das Individuum mit seinem persönlichen Hintergrund ist zwar der Kern der kreativen Leistung. Doch Kreativität ist abhängig von der Akzeptanz des Umfeldes. „In gewisser Weise hat das Individuum aber nur ein kreatives Vorschlagsrecht, indem es eine Veränderung über neues Wissen in die Domäne einbringt, die vom Feld bewertet werden muss" (Vogt 2010, S. 106). Das „Feld" sind dabei die sozialen Institutionen, welche die vorgeschlagene individuelle Leistung bewerten und entscheiden, was überhaupt kreativ ist (vgl. Kapitel 4.3.5). Dies passiert vor dem Hintergrund des etablierten kulturellen Wissens und des dazugehörigen Symbolsystems, der „Domäne".

Damit wird postuliert, dass ohne die Bewertung des Feldes individuelle kreative Prozesse und Handlungen und die daraus entstehenden Produkte nicht als solche erkannt werden können. Das heißt, dass der Überzeugung des Feldes eine außerordentliche Bedeutung zukommt. Für das kreative Individuum ist also nicht nur das Schaffen von Neuem als solches wichtig, sondern auch Domänenwissen und die Fähigkeit, seine Umgebung von Neuheit und Nützlichkeit seiner Ideen zu überzeugen (M. Csikszentmihalyi 2010, S. 314).

Der Systemansatz widerspricht damit der romantischen Vorstellung, dass ein Kreativer allein im sprichwörtlichen „stillen Kämmerlein" Ideen generieren kann, die sich dann ihren Weg in jedem Fall bahnen werden. Neben der kreativen Leistung muss er es vielmehr schaffen, die erfolgversprechendste Idee auszuwählen und das Umfeld dazu zu bringen, diese Idee anzuerkennen. Kennt er aber die Regeln des Systems nicht und weiß er nicht um die herrschenden Meinungen, wird es für ihn schwer bis unmöglich, erfolgreich zu sein. Vor allem das unternehmerische, aber auch das gesellschaftliche Umfeld muss seine kreative Leistung erkennen. Je weiter sich eine Idee weg von dem bewegt, was im Umfeld akzeptiert ist, desto schwieriger ist die Durchsetzung. Ein Individuum kann demnach nur so kreativ sein, wie sein Umfeld es zulässt. Das System bietet den Rahmen zu dem, was darin hervorgebracht und ausgewählt wird. Wenn es beispielsweise nicht bereit ist, etwas radikal Neues zu wollen, werden diese Ideen nie ihren Weg finden. Das Domänenwissen sowie die Überzeugungskraft und Akzeptanz der Kreativen oder derjenigen, die eine Idee promoten, spielen dabei eine entscheidende Rolle. Kreativität ohne das Wissen um die Möglichkeiten der Durchsetzung ist zum Scheitern verurteilt.

3.2.5 Anwendung der Erkenntnisse im unternehmerischen Kontext

Diese Auswahl an Ansätzen zu Kognition, Motivation, Kontext und System zeigen grundlegende Aspekte zum Verständnis von Kreativität. Viele davon sind sowohl in konkreten Kreativitätstechniken als auch im Innovationsmanagement wiederzufinden. Versteht man diese Grundmechanismen, kann Kreativität ein Stück weit kalkuliert und gestaltet werden.

3.2 Ansätze aus der Kreativitätsforschung

1. Jeder Mensch ist grundsätzlich kreativ. Kreativität ist ein Bündel kognitiver Prozesse und passiert nicht zufällig. Das Hervorbringen neuer Ideen basiert dabei auf tief verankertem (Fach-)Wissen, aber auch auf gerade gemachten Erfahrungen und neuen Informationen. Kognitive Strukturen sind die Basis neuer Ideen. Sie können durch Kreativitätstrainings beeinflusst werden. Vorgaben helfen in kreativen Prozessen bei der Fokussierung, schränken aber die Lösungsfindung ein.

2. Neben dem Domänenwissen gibt es Fähigkeiten, die besonders kreative Personen auszeichnen. Dazu gehören neben Disziplin und Frustrationstoleranz auch Autonomie und Risikobereitschaft. Der Motivation der kreativen Person kommt dabei eine entscheidende Bedeutung zu. Kreativität setzt intrinsische Motivation im Individuum voraus, die nur begrenzt extrinsisch unterstützt werden kann, z. B. durch eine freie und positiv zugewandte Umgebung. Kontrolle und Wettbewerb sind eher störend für Kreativität.

3. Sowohl kreatives als auch analytisches Denken können durch den Kontext begünstigt werden. Kreative Leistungen entstehen dabei eher in einem sicheren Umfeld. Analytische Lösungen passieren in einem durch Unsicherheit geprägten Kontext.

4. Das Umfeld hat eine entscheidende Bedeutung im kreativen System: Es steckt den Rahmen ab und entscheidet über die Anerkennung von neuen Ideen. Um diese durchsetzen zu können, muss die kreative Person um die Regeln des Systems und die darin herrschenden Meinungen wissen.

Will man sich Kreativität unternehmerisch zunutze machen, geht es zunächst darum, die richtigen Menschen für kreative Aufgaben auszuwählen, ausgestattet mit kreativen Eigenschaften, Durchsetzungskraft und Domänenwissen, das man gegebenenfalls fördern kann. Gibt man Kreativen die ihren Leistungen und Neigungen entsprechend formulierten Aufgaben, ausreichend Freiheit und positives Feedback, werden sie motiviert sein, ihr Potential voll einzubringen. Das Umfeld spielt dabei eine entscheidenden Rolle. Es muss einen sicheren und verlässlichen Rahmen bieten, um Ideen zu fördern, zuzulassen, zu erkennen und anzuerkennen.

Neben diesen allgemeinen Empfehlungen geben die gezeigten Ansätze differenzierte Hinweise auf die Gestaltung von Kreativität in Abhängigkeit vom Verlauf des kreativen Prozesses und darauf, was als Ergebnis davon erwartet wird. Dies unterstützt meinen Ansatz, die Schaffung von etwas Neuem in Zusammenhang mit dem Ausmaß der zu erwartenden Neuheit zu bringen, und liefert Hinweise, wie Formatinnovationen im Rahmen meines Grad-Phasen-Modells gestaltet werden können.

1. Durch Vorgaben und Wissen können kreative Prozesse gesteuert und beeinflusst werden. Je mehr Vorgaben gemacht werden und je mehr über das Wissen der beteiligten Personen bekannt ist, desto vorhersehbarer und weniger neu ist das Ergebnis.
2. Im Verlauf zur Entstehung von neuen Ideen sind unterschiedliche kognitive Prozesse wirksam. In der Phase der Generierung von Ideen geht es um das Schaffen von Neuem, in der Phase der Auswertung um die Überprüfung auf Neuheit und Nützlichkeit. Kreatives Denken wird dann von eher analytischem abgelöst. Beides wird durch unterschiedliche Motivationen begünstigt. Kreative Aufgaben erfordern vor allem intrinsische Motivation und werden durch den Promotionsfokus begünstigt. Bei der Lösung von analytischen Problemen können extrinsische Motivation und die Aktivierung des Präventionsmodus unterstützend wirken.
3. Geht es darum, etwas ganz Neues zu generieren, und um die frühen Phasen des kreativen Prozesses, muss maximale Freiheit und Sicherheit gewährt sein und auf die hohe Motivation der Mitarbeiter gesetzt werden.
4. Bei Problemstellungen, bei denen wenig Neues zu erwarten ist, sowie bei den analytischen und späten Phasen des Prozesses helfen extrinsische Motivatoren wie Vorgaben und Kontrolle eher als unbegrenzte Freiheit.
5. Das unternehmerische Umfeld legt das Ausmaß der zu erwartenden Kreativität fest. Neues kann nur in dem Grade entstehen, in dem es im System anerkannt wird.

Aus diesen Erkenntnissen lässt sich ein weiterer Baustein für die Entwicklung des Grad-Phasen-Modells ableiten: Um ein hohes Ausmaß an Kreativität hervorzurufen, braucht es Freiheit. Eine hohe Steuerungsintensität führt hingegen zu einem verminderten Entfalten von Kreativität. Mit abnehmender Steuerungsintensität kann sich Kreativität verstärkt entfalten, wie in der stark vereinfachten Abbildung 3.4 illustriert. Kreativität ist also in Abhängigkeit zur Steuerungsintensität zu sehen.

3.3 Methoden zur Kreativitätsförderung

Um Kreativität unternehmerisch nutzbar zu machen, müssen kreative Situationen geschaffen werden, in denen „viele Akteure kreative Handlungen ausführen" (Vogt 2010, S. 264). Das klingt einfach, aber diese Situationen ergeben sich nur „aus einem komplexen Zusammenspiel von individuellen Potenzialen und sozialen wie materiellen Umweltbedingungen" (ebd., S. 272). Eine Organisation auf

3.3 Methoden zur Kreativitätsförderung

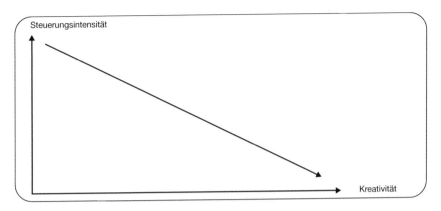

Abbildung 3.4: Kreativität in Abhängigkeit zur Steuerungsintensität (eigene Darstellung)

Kreativität auszurichten, erfordert umfassende Kulturveränderungen. Diese sind in der Praxis nur in langwierigen, oft Jahre andauernden Prozessen durch Organisationsentwicklung und Change Managment umzusetzen (Schreyögg 2008, S. 403 ff.).

Der Wunsch, Kreativität auf Knopfdruck schnell abrufen zu wollen, ist verständlich. Kreativitätstechniken gelten als probates Mittel für diese Abkürzung bei konkreten Problemstellungen in der Praxis. Aus wissenschaftlicher Sicht sind Methoden zur Kreativitätsförderung umstritten. Sternberg/Lubart (2010, S. 5) kritisieren den „pragmatischen Ansatz", weil er sich wenig mit einem theoretischen Verständnis von Kreativität befasst, dafür umso mehr mit der Entwicklung und Steigerung von Kreativität in der praktischen Anwendung. Zudem sei der Erfolg der Methoden nicht ausreichend wissenschaftlich belegt (ebd., S. 5). Studien wie die von Gryskiewicz (1988) liefern lediglich Experteneinschätzungen über die Wirksamkeit, aber keine empirische Datengrundlage.

Die inflationäre Entwicklung von neuen Techniken und Tools, ihre Kommerzialisierung sowie halbherzige und semiprofessionelle Handhabung haben die Begeisterung über Methoden zur Kreativitätsfindung seit den 80er-Jahren abebben lassen. „Tatsächlich werden nur wenige dieser Kreativitätstechniken in der Praxis wahrgenommen, bewusst eingesetzt und als erfolgreich beurteilt" (Hauschildt/Salomo 2011, S. 280). Dennoch stellen sie nach wie vor „überaus leistungsfähige Instrumente dar, um die kreativen Unternehmenspotentiale in hochwertige Innovationen zu transformieren" (Schlicksupp 2004, S. 6). Schlicksupp (ebd.) argumentiert vehement für den Einsatz von jeweils passenden Methoden in den unterschiedlichen Phasen von Innovationsprozessen:

„Dort unmethodisch zu verfahren, wo Methode sinnvoll möglich wäre, ist eine Dummheit, die nicht immer entschuldbar ist. Leider bringt der vielerorts tiefe Graben zwischen ‚Theorie' und ‚Praxis' auch an und für sich leistungsfähige Methoden in Misskredit" (Schlicksupp 2004, S. 29).

Trotz der Kritik an den Methoden möchte ich hier die wichtigsten Techniken exemplarisch vorstellen und ihre Anwendbarkeit für meinen Untersuchungsgegenstand diskutieren – immer mit dem Wissen, dass Kreativität nicht allein durch kurzfristig angewendete Tools forciert werden kann. Kreativitätstechniken sind als Werkzeuge zu verstehen, die gezielt bei bestimmten Problemstellungen in extra dafür anberaumten Sitzungen in Gruppen angewendet werden können. Sie sind Methoden zur Ideenfindung, die aktiv Denkvorgänge anregen – statt das Auftauchen einer Idee dem Zufall oder dem „Kuss der Muse" zu überlassen.

Grundsätzlich wird zwischen zwei Gruppen von Methoden unterschieden: Den intuitiv-kreativen und den analytisch-systematischen (ebd., S. 58) bzw. diskursiven Methoden (Boos 2011, S. 26). Die folgenden Kapitel umreißen zunächst allgemein, auf welcher Basis die Mechanismen dieser Techniken wirken und wie sie angewendet werden. Lässt sich daraus auf eine systematische Anwendung von Kreativmethoden für bestimmte Problemstellungen in der Formatentwicklung in Abhängigkeit der Prozessphasen und des Innovationsgrades schließen?

3.3.1 Intuitiv-kreative Methoden

Intuitiv-kreative Methoden zählen zu den bekanntesten und am häufigsten angewendeten Kreativitätstechniken. Einsatz finden sie, um ganz neue Begriffe, Verbindungen und Ideen zu entwickeln. Ziel ist es „innerhalb kurzer Zeit mündlich oder schriftlich eine möglichst große Anzahl von Ideen und Assoziationen zu generieren, deren Bewertung, Einordnung und Analyse dann in einem zweiten Schritt vorgenommen wird" (ebd., S. 29).

Intuitiv-kreative Methoden funktionieren im Zusammenspiel unterschiedlicher Ebenen (Schlicksupp 2004, S. 99 f.). Sie basieren zunächst auf Erkenntnissen aus der Kreativitätsforschung und auf Heuristiken, die kreative (Denk-)Prozesse nachvollziehen, wie z. B. das Bilden von Analogien, die Konfrontation von Inhalten und deren Neukombination. Durch die Anwendung in Gruppen wird das unterschiedliche Wissen und die Erfahrung mehrerer Personen gebündelt und zur Problemlösung genutzt. Regeln zu den Rahmenbedingungen bei der Durchführung wie das Verbot negativer Kritik und die Schaffung einer entspannten Atmo-

3.3 Methoden zur Kreativitätsförderung

sphäre zielen darauf, ein kreativitätsförderndes Umfeld zu schaffen und Blockaden abzubauen.

Mit diesen Kreativitätstechniken sei nicht nur „verkümmertes kreatives Talent methodisch zu aktivieren", so Schlicksupp (2004, S. 100) – vielmehr ließen sich durch regelmäßige Anwendung die persönlichen kreativen Fähigkeiten steigern.

- Brainstorming:
  Die wohl populärste Kreativitätstechnik ist das in den 30er-Jahren von Osborn entwickelte Brainstorming (Osborn 1953). Die Wirkungsweise des Brainstormings basiert auf der effizienten Nutzung des Wissens Vieler, indem der Austausch untereinander einerseits gesteuert, andererseits in einem (angst-)freien Raum gestaltet wird (Schlicksupp 2004, S. 101).

In Gruppensitzungen wird eine Fragestellung mithilfe von spontanen Einfällen erörtert: Das Thema oder Problem wird erklärt, es folgt eine Ideensammlung, bei der jeder Teilnehmer seine Impulse und Eingebungen in den Raum werfen darf. Diese Ideen werden aufgenommen und weitergesponnen. Der Prozess kann in mehreren Wellen erfolgen, je weiter er schreitet, desto vielfältiger fallen in der Regel die Ergebnisse aus. Am Ende erfolgt die Auswertung: Die Gruppe entscheidet, welche der gefundenen Ideen am besten zur Problemlösung beitragen.

Als Voraussetzung zum Funktionieren dieser Technik haben sich Regeln etabliert (Boos 2011, S. 31): Jede Idee ist zunächst brauchbar, je mehr Ideen es gibt, desto besser. Impulse können und sollen von jedem aufgenommen und weitergedacht werden. Wertungen werden zunächst nicht vorgenommen. Insgesamt sollte ein Brainstorming in einem entspannten, angstfreien Umfeld stattfinden.

An der Verbesserung des Ablaufes einer Brainstorming-Sitzung und an den Regeln wird seit der Entwicklung dieser Technik weiter gearbeitet (Gryskiewicz 1988, S. 207 ff.). Dennoch ist die Frage, ob die Ideenfindung in „realen" Gruppen erfolgreicher ist als in sogenannten „nominalen", also einer Anzahl von Einzelpersonen, die am gleichen Problem arbeiten, nicht wissenschaftlich bewiesen worden. Studien belegen eher das Gegenteil: Einzelpersonen arbeiten für sich effektiver und besser als in der Gruppe (Hauschildt/Salomo 2011, S. 282 f.).

Insgesamt scheint die Begeisterung über das Brainstorming abgeebbt zu sein. Hauschildt/Salomon konstatieren: „Brainstorming hat seine historische Aufgabe erfüllt. Es hat auf eine neue ‚Kultur' der Ideenproduktion aufmerksam gemacht. Die interessierte Fachwelt fragt sich aber, welche Techniken bessere Ergebnisse liefern" (Hauschildt/Salomo 2011, S. 283).

- Methode 6-3-5:

Eine der bekanntesten schriftlichen Kreativitätstechniken ist die Brainwriting Methode 6-3-5 nach Rohrbach (1969). Hier wird bewusst forciert, dass die Ideen anderer aufgegriffen und weiterentwickelt werden (Schlicksupp 2004, S. 116). Die Vorteile der Gruppenarbeit werden kombiniert mit dem konzentrierten Arbeiten, wie es nur ein für sich schaffendes Individuum hervorbringen kann (Hauschildt/Salomo 2011, S. 285).

Das Vorgehen: Sechs Personen kreieren drei Ideen in fünf Minuten. Jeder schreibt seine Ideen auf ein Papier und reicht es an die nächste Person weiter. Und wieder schreibt jeder drei Ideen in fünf Minuten, bis sich der Kreis schließt – und ein Pool von Ideen zur Auswertung vorliegt.

- Brainwriting Pool:

Eine Alternative zur Methode 6-3-5 ist der Brainwriting Pool, der auf einem ähnlichen Prinzip beruht. Auch hier geht es zum einen darum, Ideen zu einer Aufgabe spontan zu generieren und die schriftlich niedergelegten Ideen anderer als Impuls für Neues individuell weiterzuentwickeln – allerdings ohne das oft als Stressmoment empfundene zeitliche Korsett und ohne die Struktur einer vorgegeben Reihenfolge (Schlicksupp 2004, S. 119 f.):

Die Teilnehmer der Gruppe schreiben ihre Ideen zur Problemstellung auf und legen sie dann in die Mitte des Tisches. Aus diesem Pool nimmt sich jeder ein Blatt – beschrieben mit der Idee eines anderen – und entwickelt die fremde Idee weiter. In der Auswertung werden dann die besten gemeinsam ausgewählt oder als Impuls für neue Diskussionen verwendet.

Ob Brainwriting-Techniken als Weiterentwicklung des Brainstormings anderen Methoden überlegen sind, ist umstritten (Hauschildt/Salomo 2011, S. 285 f.). Es wird allerdings davon ausgegangen, dass sie eher inkrementelle als radikal innovative Ideen hervorbringen (Gryskiewicz 1988, S. 205 ff.).

- Reizwort-Analyse:

Die Reizwort-Analyse basiert auf der Beobachtung, dass viele neue Ideen scheinbar spontan und zufällig entstehen – durch Assoziationen und Analogien, die durch eine bewusste Wahrnehmung des Umfeldes entstehen (Schlicksupp 2004, S. 126). Diese Methode befördert eine bewusste Auseinandersetzung mit Eindrücken, „um in diesen möglicherweise etwas zu entdecken – ein Prinzip, einen Ablauf, ein Gestaltungselement, einen Sinn

3.3 Methoden zur Kreativitätsförderung

–, das eine Idee anstößt, wie ein gestelltes Problem gelöst werden kann" (Schlicksupp 2004, S. 127).

Zum Ablauf: Der Problemanalyse und -definition folgt ein Kurzbrainstorming, um erste naheliegende Ideen herauszufiltern. Für die eigentliche Reizwortanalyse werden fünf bis sieben Wörter nach dem Zufallsprinzip gesammelt, z. B. aus einem Lexikon. Jedes Wort wird systematisch analysiert: nach Funktion, Eigenschaften, Abläufen, Form, Emotion etc. Schließlich werden die einzelnen Elemente der Reizworte mit dem eigentlichen Problem in Verbindung gebracht – mit dem Ziel, ganz neue Lösungen zu finden (Boos 2011, S. 68 ff.; Schlicksupp 2004, S. 126 ff.).

- Bisoziation:

Die Bisozoation ist eine weitere Methode, durch Konfrontation von Inhalten, die zunächst nichts mit der eigentlichen Fragestellung zu tun haben, zu neuen Ideen kommen. Der Begriff wurde von Koestler (1966) geprägt und gilt als geeigneter Weg, Routine-Denkprozesse zu durchbrechen und so Neues zu schaffen.[7] In Anlehnung an den Begriff der Assoziation, der die Verknüpfung von Gedanken und Bildern auf einer Ebene beschreibt, meint die Bisoziation das Zusammenfügen über mehrere Ebenen und Dimensionen hinaus, was in einem kreativen Prozess zu ganz neuen Lösungen führen kann (ebd., S. 72 f.).

Bei dieser Technik werden der Gruppe Bilder vorgelegt, die mit dem zuvor definierten Problem möglichst wenig gemeinsam haben. Zu einem dieser Bilder assoziieren die Teilnehmer Gedanken, Gefühle, Ideen, Impulse, die schriftlich festgehalten werden. Diese Einfälle werden im Anschluss mit dem ursprünglichen Problem in Verbindung gebracht: Welche Ideen entstehen nun und können diese Ideen zur Lösung nützlich sein? Entsteht etwas ganz Neues?

- Synektik:

Die synektische Methode geht auf Gordon (1961) zurück und basiert auf einem ähnlichen Ansatz wie die Bisoziation. Als eine Methode der „intuitiven Konfrontation" (Hauschildt/Salomo 2011, S. 286) wird unterschiedliches Wissen so zusammengeführt, dass die Möglichkeit einer neuen, völlig unerwarteten Lösung entsteht. Strukturen, die nichts mit der eigentlichen Fragestellung zu tun haben, werden dabei übertragen und neu kombiniert.

---

[7] Die Bisoziation als Zusammentreffen von Dingen, die eigentlich nicht zusammengehören, wird auch als Grundlage von Witz und Humor gesehen, weshalb Bisoziation als wichtiger Ansatz für die Humorforschung gilt (Boos 2011, S. 73).

Der Schwerpunkt liegt also auf Assoziation und der Aktivierung lateralen Denkens (Hauschildt/Salomo 2011, S. 286). Während allerdings die Bisoziation willkürlich andere Denkrahmen auswählt, erfolgt bei der Synektik eine bewusste Schritt-für-Schritt-Entfremdung vom eigentlichen Problem. Dabei wird die Abfolge eines allgemeinen kreativen Prozesses in seinen vier Phasen (Vorbereitung, Inkubation, Illumination, Verifikation) simuliert (Schlicksupp 2004, S. 130 f.) und detailliert in zehn Schritten vorgegeben (Boos 2011, S. 79; Schlicksupp 2004, S. 130 f.):

Der Prozess startet mit einer intensiven Auseinandersetzung mit der Fragestellung (Vorbereitungsphase): Es findet eine Problemanalyse und -definition statt (Schritt 1), gefolgt von spontaner Ideengenerierung (Schritt 2) und einer Neudefinition des Problems (Schritt 3).

Die Inkubationsphase bezeichnet die Wegbewegung vom eigentlichen Problem: Bei der synektischen Methode werden hier direkte Analogien gebildet (Schritt 4), persönlichen Analogien (Identifikation) gesucht (Schritt 5) und schließlich symbolische Analogien (Kontradiktionen) konstruiert (Schritt 6). Es folgt eine erneute Suche nach direkten Analogien (Schritt 7).

In Phase drei des kreativen Prozesses findet die Illumination statt, die Herstellung von neuen Denkverbindungen: In den Einzelschritten der synektischen Methode werden die direkten Analogien analysiert (Schritt 8) und schließlich das Zusammenbringen der Analogien mit dem ursprünglichen Problem „erzwungen" („Force-Fit": Schritt 9). Dieser Vorgang kann zu ganz neuen Ideen führen. In der letzten Phase der Verifikation werden aus den „Geistesblitzen" konkrete Lösungsansätze entwickelt (Schritt 10), die es zu überprüfen und auszuarbeiten gilt.

Die Synektik gilt in ihrer Anwendung als nicht ganz einfach zu handhabende Methode, aber die Ergebnisse zeigen, dass sich der Aufwand lohnt (Gryskiewicz 1988, S. 221 ff.). „Zwar liefert die Synektik quantitativ weniger Ideen, dafür aber nützlichere" (Hauschildt/Salomo 2011, S. 288). Gryskiewicz (1988, S. 225) empfiehlt, synektische Methoden vor allem bei Problemen anzuwenden, die echte Innovationen erfordern.

3.3.2 Analytisch-systematische Methoden

Während bei intuitiven Kreativitätstechniken das eher spontane und unstrukturierte Finden von möglichst vielen Ideen auf Basis von Analogien, Konfrontationen und Übertragungen im Mittelpunkt steht, haben analytisch-systematische Techniken andere Vorgehens- und Funktionsweisen. Sie wollen Struktur in den Denkprozess und die Ergebnisse bringen, stellen vertikales Denken – im Gegensatz zum lateralen Denken – in den Vordergrund und hinterfragen den Weg zur Lösungsfindung (Hauschildt/Salomo 2011, S. 289).

Diese Methoden eigenen sich dazu, Fragestellungen genau zu analysieren und im Kern zu verstehen. Ziel ist es, so viel wie möglich über das eigentliche Problem und seine Struktur zu erfahren. Zudem versuchen analytische Methoden, alle Möglichkeiten von Lösungsvorschlägen und -richtungen systematisch zu erfassen und konsequent abzuarbeiten. Damit soll verhindert werden, sich zu schnell mit einer Idee zufriedenzugeben, und gefördert, so lange zu suchen, bis die am besten passende Lösung gefunden ist (Schlicksupp 2004, S. 77).

- Mindmapping:[8]

  Mindmapping, in den 70er Jahren von T. Buzan/B. Buzan (2013) entwickelt, hilft, vorhandene Ideen und Wissen bildhaft zu strukturieren, um auf dieser Basis eine kreative Entwicklung anzugehen. Dabei werden zu einem definierten Thema Schlüsselworte gesammelt, in einem weit verzweigten Baum aufgemalt und mit unterschiedlichen Farben und Symbolen versehen. Neben der Strukturierung von Fragestellungen hilft Mindmapping, eingefahrene, lineare Denkstrukturen zu überwinden und neu zu assoziieren.

- Sechs Denkhüte:

  Die Sechs Denkhüte nach De Bono (De Bono 2005; De Bono 1992; De Bono 1985; De Bono 1971) beschreibt Boos (2011, S. 130 ff.) als „Kombimethode", die sowohl intuitive als auch diskursive Elemente enthält. Phasen spontaner Ideenfindung wechseln sich ab mit analytischen und systematisierten. Die Sechs Denkhüte basieren auf dem Prinzip des lateralen Denkens. Der Perspektivwechsel der Beteiligten wird ihnen bewusst gemacht – gleichzeitig angeregt und systematisiert, wodurch ein umfassendes Gesamtbild einer Problemstellung entsteht.

  Die Gruppenmitglieder schlüpfen im Prozess der Ideenfindung in unterschiedliche Rollen, die durch verschiedenfarbige Hüte visualisiert werden. Jeder der Hüte steht für eine eigene Perspektive auf das definierte Problem, was eine umfassende Diskussion ermöglicht. So steht der weiße Hut für Neutralität und Analyse, der rote für Subjektivität und Emotionalität. Der

---

[8] Boos (2011, S. 36 ff.) ordnet Mindmapping als intuitive Technik ein. Ich sehe ihre Funktion eher in der Analyse und Systematisierung von Fragestellungen, wenn dies auch intuitiv erfolgt.

Träger des schwarzen Hutes übernimmt die Rolle des Kritikers und Skeptikers, der des gelben mimt den Optimisten und sieht eher die Chancen als die Risiken. Die Farbe Grün steht für Kreativität und das Bilden von Assoziationen, Blau für Struktur und Ordnung.

Im Prozessablauf folgen den Phasen individueller Ideenfindung gemeinsame Diskussionen zu den Ergebnissen – immer unter Berücksichtigung des jeweiligen Hutes und der dazugehörigen Denkrichtung. Wechseln die Hüten, beginnt der Ablauf von Neuem, bis ein Ergebnis zur Bewertung vorliegt.

- Progressive Abstraktion:

Die progressive Abstraktion geht auf Geschka zurück und hat zum Ziel, das eigentliche Problem einer Fragestellung herauszukristallisieren und die verschiedenen Ebenen aufzuzeichnen, auf denen Lösungen gefunden werden können (Alter/Geschka/Schaude/Schlicksupp 1972). Es soll sichergestellt werden, dass die Problemdefinition in ihrem Wesen und Kern erfasst ist – und nicht nur die berühmte Spitze des Eisberges. Die Frage „Worauf kommt es eigentlich an?" wird den Gruppenmitgliedern immer wieder gestellt, um zu abstrahieren und herauszufiltern, was wesentlich ist und was nicht. Brainstormings, Kritikrunden und Abstraktionsbildung folgen solange aufeinander, bis eine wirkungsvolle Lösung und die dazu gehörenden Maßnahmen entwickelt werden können (Boos 2011, S. 102 ff.; Schlicksupp 2004, S. 64 ff.).

- Ursachen-Wirkungs-Diagramm:

Das Ursachen-Wirkungs-Diagramm wurde im Rahmen des Qualitätsmanagements entwickelt und findet Anwendung bei der Ursachenforschung von Problemen. Die bekannteste Variante ist das „Ishikawa-Diagramm", benannt nach seinem Erfinder, dem Chemiker Ishikawa. „Zweck dieser Technik ist es, Abläufe, Ereignisse, Entscheidungen und Fehler so darzustellen, dass klar wird, welche Ursache welchen Zustand bewirkt hat" (Boos 2011, S. 117).

Es werden zum definierten Problem zunächst Haupt- und Nebenursachen erarbeitet, dann die wahrscheinlichsten Ursachen benannt und überprüft. Am Ende sollte der Problemtreiber identifiziert sein und Lösungsmöglichkeiten dafür erarbeitet werden. Der gesamte Prozess wird in einem Diagramm festgehalten, das an eine Fischgräte erinnert und der Technik auch den Namen „Fischgräten-Diagramm" eingebracht hat.

- Morphologische Matrix:

  Der Begriff „Morphologie" bezeichnet eine interdisziplinäre Methodenlehre zu Gestalt, Form und Struktur (Schlicksupp 2004, S. 78). Die Morphologische Matrix bzw. der Morphologische Kasten gehen auf Zwicky zurück, der sich mit Methoden des geordneten Denkens befasst (Zwicky 1966; Zwicky 1959). Ziel ist es dabei, möglichst alle Lösungen für ein Problem zu entwickeln, zu erfassen und zu systematisieren, was wiederum zu neuen Impulsen für Ideen führen kann. Der Wirkungsmechanismus des Morphologischen Kastens bzw. der Morphologischen Matrix funktioniert über die heuristischen Prinzipien der systematischen Zerlegung, der Variation von Einzelteilen und der Kombination zu neuen Lösungen (Schlicksupp 2004, S. 79).

  Bei der zweidimensionalen Morphologischen Matrix werden zu einem definierten Problem die Parameter gesammelt, die es ausmachen. Für diese Attribute oder Merkmale gilt es dann, deren mögliche Ausprägungen festzulegen. Durch eine Neukombination der verschiedenen Parameter und ihren Ausprägungen können systematisch und intuitiv neue Lösungsmöglichkeiten entstehen, die dann in einem abschließenden Schritt auf ihre Anwendbarkeit überprüft werden (vgl. Kapitel 6.3.1.4 und Abbildung 6.12). Beim Morphologischen Kasten wird aus der Matrix ein Würfel: Die Anwendung funktioniert auf drei Ebenen, was die Kombinationsmöglichkeiten und die Entwicklung neuer Lösungen vervielfacht.

  Die auf Morphologie beruhenden Techniken gelten als Werkzeuge für Experten, da die Anwendung viel theoretisches Wissen erfordert. Sinnvoll sind sie vor allem als Prozess zur Systematisierung von Ideen – auch wenn dabei Unmengen an nutzlosen Alternativen produziert werden.

- Osborn-Checkliste:

  Die Osborn-Checkliste vom Erfinder des Brainstormings Osborn (1953) ist eine Methode, bereits bestehende Lösungsalternativen systematisch zu vertiefen und weiterzuentwickeln. Die Checkliste umfasst neun vorgegebene Bereiche und damit verbundenen Fragestellungen (Boos 2011, S. 109):

  1. Andere Verwendungsmöglichkeiten: Kann ein anderer Zusammenhang für das Produkt oder die Idee hergestellt werden?
  2. Anpassen: Was ist ähnlich? Was kann man adaptieren?
  3. Modifizieren: Können bestimmte Eigenschaften verändert werden?
  4. Vergrößern: Was kann vergrößert werden?

5. Verkleinern: Was kann verkleinert oder weggelassen werden?
6. Ersetzen: Gibt es etwas, was man ersetzen kann?
7. Umgruppieren: Kann die Anordnung verändert werden?
8. Umkehren: Was passiert, wenn Produkt oder Idee und ihre Eigenschaften ins Gegenteil verkehrt werden?
9. Neu kombinieren: Gibt es neue Kombinationsmöglichkeiten?

Einsatz findet die Osborn-Checkliste, um bereits gefunden Ansätze zu hinterfragen und neue Varianten zu finden. Sie hilft, sich nicht mit den ersten – vielleicht nicht besten – Ergebnissen vorschnell zufrieden zu geben (Boos 2011, S. 108).

3.3.3 Systematische Anwendung von Kreativitätstechniken

Kreativitätstechniken können überall dort Anwendung finden, wo es um Fragestellungen geht, bei denen neue Ansätze gefordert sind. In den Branchen der Kultur- und Kreativwirtschaft sind derartige Aufgaben an der Tagesordnung. Kreative Ergebnisse werden hier auch ohne methodische Unterstützung routiniert geliefert. Aber reicht es, sich auf das alltägliche, individuelle Leistungspotential der „kreativen Arbeiter" zu verlassen, wenn es um innovative Produkte wie neue Formate jenseits der kreativen Routinen geht? Ergibt die oft zeit- und damit kostenintensive Anwendung einzelner Techniken, die meist auf Gruppenarbeit basieren, wirklich Sinn – und arbeiten Individuen nicht ohne Techniken effektiver? Wie wichtig ist das „Wir"-Gefühl einer Gruppenarbeit bei der Durchsetzung einer Idee – und kompensiert das die Nachteile der Gruppenarbeit? Lässt sich das Finden von neuen Ideen tatsächlich mithilfe von Techniken organisieren?

Hauschildt/Salomon sprechen sich dagegen aus – wenn eine „Organisation als ein dauerhaft arbeitendes Regelwerk" (Hauschildt/Salomo 2011, S. 297) gesehen wird. Vielmehr müsse der Fokus auf einzelnen Situationen liegen, in denen die unterschiedlichen Methoden gezielt angewendet werden.

Situationen, in denen sich intuitive Methoden eignen, sind im Allgemeinen eher in der Anfangsphase eines Innovationsprozesses zu sehen, analytische Methoden eher in der Schlussphase. Zudem scheinen intuitive Methoden vor allem in festgefahrenen Situationen wirksam. Geht es um Fragestellungen, die Wissen und Informationen erfordern, müssen systematische Methoden angewendet werden. Gibt es Probleme bei der Durchsetzung von neuen Ideen, eignen sich Gruppenansätze eher als eine individuelle Arbeit am Problem (ebd., S. 297 f.).

Backerra/Malorny/Schwarz (2007, S. 44) liefern konkrete Empfehlungen, welche Methoden im Prozessverlauf vom Erkennen eines Problems bis zu des-

3.3 Methoden zur Kreativitätsförderung

sen Lösung angewendet werden können (Backerra/Malorny/Schwarz 2007, S. 44): Für die Problemerkennung eigenen sich analysierende und strukturgebende Methoden wie Mindmapping, Progressive Abstraktion, Ursachen-Wirkungs-Diagramm und die Sechs Denkhüte. Zur Problemanalyse empfiehlt sich die Morphologische Matrix bzw. der Morphologische Kasten, das Ursache-Wirkungs-Diagramm und Mindmapping. Zum Finden von Lösungsalternativen eigenen sich – geht man systematisch vor – der Morphologische Kasten, vor allem aber intuitiven Techniken wie Brainwriting, Reizwort-Anaylse, Bisoziation, Synektik sowie die Sechs Denkhüte. Schließlich hilft die Osborn-Checkliste zum Überprüfen, Variieren, Verbessern und Verifizieren der gefundenen Ideen. Brainstorming als der Klassiker unter den Kreativitätswerkzeugen kann dabei im gesamten Prozess unterstützend angewendet werden.

Überträgt man diese Empfehlungen auf die Formatentwicklung, muss man sich immer wieder vor Augen führen, dass eine derart komplexe Aufgabenstellung nicht allein mit Methoden gelöst werden kann – seien diese auch noch so unterschiedlich. Vom Entwickeln einer Grunddramaturgie oder der gestalterischen Elemente bis zur Titelfindung und dem Musikkonzept gibt es in jeder Phase unzählige Herausforderungen, die den Einsatz von Kreativität erfordern.

Nicht vergessen werden darf, dass es sich bei den beteiligten Personen um Routiniers in Sachen Kreativität handelt, die in der Regel individuell für sich gut und effektiv arbeiten. Sie durchlaufen ständig kreative Prozesse, auch wenn es ihnen nicht immer bewusst ist. Man sollte also sparsam mit Gruppensitzungen und methodischen Ansätzen umgehen und sie sehr gezielt einsetzen. Abgesehen davon, dass möglicherweise unnötig Zeit verschwendet wird, besteht die Gefahr, dass Methoden überstrapaziert werden und sich abnutzen. Dabei gilt es immer im Einzelfall zu fragen: Ergibt der aufwändige Einsatz von Methoden Sinn? Und wenn ja, welche sind nützlich und erfolgversprechend? Dafür halte ich eine grundsätzliche Systematisierung für hilfreich, die sich an der Art der kreativen Aufgabe und der Innovationsintensität in den unterschiedlichen Phasen des Innovationsprozesses orientiert (vgl. Kapitel 6).

1. Intuitive Techniken scheinen besser geeignet, wenn ein hohes Ausmaß an Kreativität erforderlich ist. Will man eine grundsätzliche Anwendungsempfehlung konstruieren, so liegt die Vermutung nahe, dass in den frühen Phasen eines Innovationsprozesses eher intuitive Methoden Einsatz finden sollten (Hauschildt/Salomo 2011, S. 297 f.). Betrachtet man die Abhängigkeit vom Innovationsgrad, folgt: Für echte und radikale Neuerungen scheinen intuitive Methoden besser geeignet (Gryskiewicz 1988, S. 225).

2. Eine Sonderstellung nimmt dabei das Brainstorming ein. Als Klassiker gehört es zum „täglichen Brot" der Kreativen und kann vor allem bei kreativen Routinen und niedriggradigen Innovationen angewendet werden (Gryskiewicz 1988). Für Herausforderungen wie echte Neuentwicklungen werden Brainstorming und die schriftlichen Verwandten der Technik vermutlich die entscheidenden Impulse nicht liefern. Hier müssen sich die Beteiligten von bekannten Denkstrukturen und -prozessen lösen – mit Methoden, die gezielt Assoziation und Konfrontation hervorrufen bzw. Analogien bilden und diese systematisch aufarbeiten. Geht es um echte oder radikale Innovationen, bei denen einige entscheidende Elemente neu zusammengefügt werden, funktionieren eher Techniken der intuitiven Konfrontation wie Bisoziation, Synektik und Reizwortanalyse.

3. Handelt es sich um Prozessphasen, die eher Struktur erfordern, und um inkrementelle Innovationen, sollten analytisch-systematische Methoden bevorzugt Anwendung finden. Formate bestehen aus definierbaren Elementen wie Dramaturgie, Protagonisten, Gestaltung etc. Durch analytisch-systematisierende Methoden wie die Morphologische Matrix können diese Bausteine analysiert und neu zusammengesetzt werden, was Impulse für neue Ideen geben kann.[9]

3.4 Zusammenfassung: Kreativität

Kreativität ist für das Verständnis und das Management der Entwicklung von Formatinnovationen zweifach wichtig. Zum einen ist Kreativität innovationsimmanent – als komplexe Aufgabe können Innovationen ohne Kreativität nicht bewältigt werden. Zum anderen sind Formate Erzeugnisse der Kultur- und Kreativwirtschaft, die sich durch Kreativität im Schaffensprozess definieren. Im Gegensatz zu Produkten anderer Industrien erwartet die Gesellschaft einen besonderen symbolischen Gehalt sowie einen ästhetischen Nutzen von ihnen.

Die Entwicklung und Produktion von Formaten weisen die in diesem Kontext typischen Merkmale kreativer Industrien auf: Bei der Entwicklung von Formaten kann es unendlich viele Varianten geben, wobei nie klar ist, ob der Prozess erfolgreich abgeschlossen wird und ob das entstehende Produkt am Ende beim Publikum ankommt. Dabei gilt vor allem die Erstellung einer „Urkopie" als arbeits- und kostenintensiv. Das Ergebnis, in diesem Fall die Sendung oder das Format, kann dann für lange Zeit ausgewertet und günstig verbreitet werden. Es hat sich

---

[9] Wie systematisch-analytische Methoden konkret für die Formatentwicklung eingesetzt werden können, wird in Kapitel 6.3.1.4 gezeigt.

3.4 Zusammenfassung: Kreativität

in der Fernsehindustrie eine Trennung von distribuierenden und produzierenden Unternehmen entwickelt. Die Sender fungieren dabei als Gatekeeper und Makler für die kreativen Produkte.

Die Kreativen als die zentralen Akteure kreativer Industrien unterscheiden sich dabei in hohem Maße von (Mit-)Arbeitern anderer Industrien. Je nach ihrem Erfolg werden sie in unterschiedlichen Kategorien gehandelt. Als entscheidend für das Gelingen eines Formats gilt die richtige Zusammensetzung der unterschiedlichen „kreativen Arbeiter". Sie identifizieren sich dabei in einem hohen Maße mit ihrem Schaffen und den Ergebnissen. Wenn sie sich mit ihren Werken verwirklichen können, sind sie intrinsisch motiviert und arbeiten im Zweifelsfall für wenig Geld. Aufgrund dieser Einstellung zu ihren Tätigkeiten sind sie anders zu steuern als die Ausführenden einfacher Aufgaben.

Die Beobachtungen und Analysen zu den „Creative Industries" machen klar, dass die Werkzeuge der Betriebswirtschaft in diesem Kontext – ähnlich wie bei der Bewältigung von allgemeinen Innovationsaufgaben – nur begrenzt funktionieren. Hier hilft die Kreativitätsforschung: Sie liefert Erklärungen zum Phänomen Kreativität als der Fähigkeit, etwas Neues und zugleich Nützliches zu schaffen. Damit gibt sie Hinweise, wie Kreativität und Innovationen im unternehmerischen Kontext gesteuert werden können. Individuelle kognitive Fähigkeiten und erlerntes Wissen sind dabei ebenso wichtig wie ein motivierendes Umfeld und die Anerkennung kreativer Leistungen.

Deutlich macht der Blick auf die ausgewählten Studien zudem, dass Kreativität nicht nur allgemein gefördert werden kann. Vielmehr lassen sich bestimmte Wege der Lösungsfindung durch das Umfeld zielgerichtet hervorrufen oder verhindern. Kreativität lässt sich folglich situationsabhängig kalkulieren. Für das Management von Formatinnovationen ist daraus zu schließen, dass je nach Phase im Innovationsprozess und nach Grad der zu erwartenden Formatinnovation Kreativität gezielt gesteuert werden kann. Dies gilt sowohl für das Management des gesamten Prozesses als auch für die Lösung von konkreten Problemstellungen. Hier empfiehlt sich die systematische Anwendung von Kreativitätstechniken.

4 Organisation von Innovation

Kreativität erfordert ein angemessenes Umfeld und eine darauf ausgerichtete Organisation. Nicht nur die kreativen Branchen haben sich diesen Herausforderungen zu stellen, sondern jedes Unternehmen, das Innovationen hervorbringen will.

Organisieren ist ein für jedermann alltäglicher Vorgang, der Begriff „Organisation" Bestandteil der Umgangssprache. Er ist dem französischen „organiser" – „einrichten, anordnen, gestalten, organisieren" – entlehnt. Das Verb ist eine Ableitung von „organe" – „Organ, mit Organen versehen, Werkzeug, zu einem lebensfähigen Ganzen zusammenfügen". Daraus lassen sich drei Bedeutungsrichtungen erkennen: Organisation ist zum einen als ein Werkzeug zu verstehen, um etwas in seiner Ganzheit funktionieren zu lassen. Zum anderen ist Organisation der Vorgang des planmäßigen Ordnens und Gestaltens. Schließlich bildet „die Organisation" das Ergebnis dieses Vorgangs.

Diese Bedeutungen finden sich in der wirtschaftswissenschaftlichen Organisationslehre wieder. Sie unterscheidet zwischen instrumentellem und institutionellem Organisationsbegriff. Der Vorstellung des Werkzeuges trägt der instrumentelle Begriff Rechnung: Organisation ist hier als ein Instrument der Betriebsführung zu verstehen, das den Leitungsprozess steuern hilft mit dem Ziel, Arbeitsabläufe zu rationalisieren (Schreyögg 2008, S. 5). Innerhalb dieser instrumentellen Sichtweise gibt es wiederum zwei Konzepte: Der funktionale Organisationsbegriff sieht Organisation als eine Aufgabe der Unternehmensführung zur Zweckerfüllung – eine Aufgabe neben anderen wie Planung und Kontrolle. Der konfigurative Begriff versteht unter Organisation einen festen Rahmen, der die dauerhafte Strukturierung von Arbeitsprozessen ermöglicht.

Diese eher statische Vorstellung des instrumentellen Organisationsbegriffs ist schon als eine Art Übergang zum institutionellen Organisationsbegriff zu sehen (ebd., S. 8). Dieser versteht Organisation als System und beleuchtet damit nicht nur die Strukturierung, sondern

> „das ganze soziale Gebilde, die geplante Ordnung und die ungeplanten Prozesse, die Funktionen, aber auch die Disfunktion organisierter Arbeitsabläufe, die Entstehung und die Veränderung von Strukturen, die Ziele und ihre Widersprüche" (ebd., S. 10).

Um Organisation als Institution, aber auch als Instrument besser fassen zu können, behilft man sich mit der gesonderten Betrachtung von Struktur und Prozess, mit der Differenzierung von Aufbau- und Ablauforganisation. Aus der Perspektive der Aufbauorganisation werden die Abteilungs- und Stellengliederungen sowie die Instanzengefüge geregelt, die Ablauforganisation betrachtet die Arbeitsvorgänge, die Prozesse als die Verrichtung an Objekten (vgl. Kapitel 2.6.1). Eine strikt getrennte Sichtweise dieser beiden Gestaltungsmöglichkeiten ist allerdings sowohl konzeptionell als auch praktisch problematisch (Schreyögg 2008, S. 99). Um den Ablauf zu organisieren, muss der Aufbau mitgestaltet werden – die Aufbauorganisation ist somit komplementär zur Ablauforganisation zu strukturieren (Hess/Köhler 2003, S. 41).

Um Formatinnovationen zu managen, müssen sowohl die Prozesse als auch die aufbauorganisatorischen Möglichkeiten betrachtet werden. Im folgenden Kapitel befasse ich mich zunächst mit unternehmerischen Strukturen, die Innovationsprozessen im Allgemeinen und im Besonderen für meinen Untersuchungsgegenstand einen passenden Rahmen geben. Welche Möglichkeiten gibt es grundsätzlich, Innovation in den Aufbau einer Organisation zu integrieren? Und wie sehen passende Strukturen in Fernsehunternehmen aus? Diskutiert werden dabei innerbetriebliche und zwischenbetriebliche Gestaltungsmöglichkeiten sowie das für die Fernsehbranche charakteristische Arbeiten in Projekten und Netzwerken.

4.1 Innerbetriebliche Gestaltungsmöglichkeiten

Für das Schaffen von Innovationen als einer der wichtigsten unternehmerischen Aufgaben haben sich unterschiedliche Möglichkeiten der strukturellen Organisation entwickelt. Ein Cluster an Varianten bietet die rein innerbetriebliche Koordination. Hier sind alle Beteiligten vollständig in die Organisation integriert und durch langfristige Verträge an das Unternehmen gebunden (ebd., S. 47).

Bei den verschiedenen intraorganisationalen Gestaltungsmöglichkeiten möchte ich zunächst die Möglichkeiten zur Einbindung von Innovation in die Struktur einer Organisation diskutieren. Im nächsten Schritt soll der Blickwinkel erweitert und das Innovationssystem eines Unternehmens in einem ganzheitlichen Ansatz betrachtet werden.

4.1.1 Zentrale und dezentrale Einbindung von Innovationsaufgaben in die Unternehmensstruktur

Innovationen zu schaffen kann als eine unternehmerische Aufgabe unter vielen gesehen werden, für die in der Organisation Stellen oder Abteilungen einzurichten sind. Diese haben im Hierarchiegefüge ihren festen Platz. Bei Sendern wie auch bei Produktionsfirmen gibt es Organisationsformen, in denen jeder Redakteur oder Producer inklusive der Abteilungsleitung neben den Routinetätigkei-

4.1 Innerbetriebliche Gestaltungsmöglichkeiten

ten mit der Entwicklung von neuen Formaten befasst ist und dies als Teil seiner Aufgabe definiert ist. Gerade in großen Unternehmen sind es aber häufig ausgewiesene Entwicklungsredakteure und -abteilungen, die sich ausschließlich um Innovationen kümmern.

Hess/Köhler unterscheiden grundsätzlich zwischen zentraler und dezentraler Einbindung der Produktinnovation (Hess/Köhler 2003, S. 47 ff.). Eine Möglichkeit der zentralen Einbindung sind Stabsstellen oder -abteilungen, welche direkt an die oberste Leitungsebene berichten, dabei aber ohne Entscheidungs- und Weisungsbefugnis nur unterstützen und beraten (vgl. Abbildung 4.1).

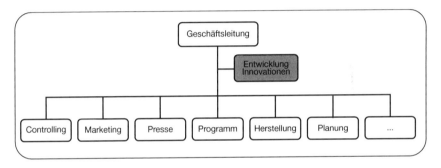

Abbildung 4.1: Zentrale Organisation von Entwicklung und Innovationen mit Stabsstellen oder -abteilungen (eigene Darstellung)

Der Vorteil dieser Strukturvariante: Neues ist Chefsache und für alle sichtbar ganz oben angesiedelt. Vieles kann auf dem kurzen Dienstweg geklärt und verbindliche Entscheidungen schnell getroffen werden. Sinn ergibt dies vor allem bei kleineren bis mittleren Unternehmen wie Produktionsfirmen, die flexibel und zeitnah auf die Anforderungen ihrer Kunden reagieren müssen. Vorteilhaft können Stabsstellen und Abteilungen auch bei großen Unternehmen sein, wenn es sich um Innovationen handelt, die zu einem ganz neuen Geschäftsfeld werden sollen und dann die Gründung eines eigenen Bereiches erfordern (ebd., S. 48 f.).

Eine weitere Variation ist es, Innovationen als eigene Abteilung auf der oberen Leitungsebebe anzusiedeln und sie den anderen Bereichen in dieser Hierarchieebene gleichzusetzen (vgl. Abbildung 4.2). Vorteil dieses Modells ist es, dass die Entwicklung gleichberechtigt zu anderen Aufgaben gebündelt vorangetrieben werden kann. Betrachtet man die Praxis in TV-Unternehmen, so fällt die Formatentwicklung sowohl in Produktionsfirmen als auch in Sendern oft den aktuellen Produktionen zum Opfer, die in der Regel Vorrang haben. Entwicklungsabteilungen, die auf der gleichen Ebene wie die Redaktionen agieren und mit eigenen

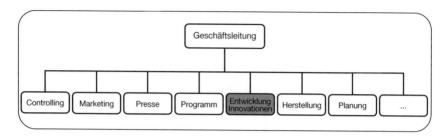

Abbildung 4.2: Zentrale Organisation von Entwicklung und Innovationen auf Bereichsebene (eigene Darstellung)

personellen und finanziellen Ressourcen und Kompetenzen ausgestattet sind, ermöglichen hingegen kontinuierliche Innovationstätigkeiten – und nicht nur, wenn Not am Mann ist.

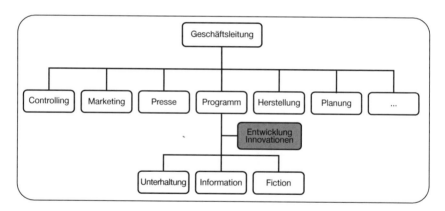

Abbildung 4.3: Zentrale Organisation von Entwicklung und Innovationen im Programmbereich (eigene Darstellung)

Die dritte Möglichkeit der Organisation ist die zentrale Angliederung in einem Bereich ohne direkte Berichtslinie zur Geschäftsführung (vgl. Abbildung 4.3). Es kann durchaus sinnvoll sein, die Entwicklung von neuen Formaten direkt beim Programm, bei den Redaktionen, anzugliedern. Hier ist der kreative Umgang mit Inhalten an der Tagesordnung und Neues kann sich direkt aus dem Bestehenden ergeben. Zudem ist bei Produktionsfirmen der Kontakt zum Sender als Kunde für weitere Projekte bei den operativen Redakteuren oft am intensivsten. Geht es

4.1 Innerbetriebliche Gestaltungsmöglichkeiten

allerdings um Entwicklungen, die über rein inhaltliche Neuerungen hinausgehen und die radikal Neues liefern, ist diese Strukturierungsform eher kontraproduktiv. Sie erschwert den Austausch mit anderen Abteilungen des Unternehmens, der Input für Innovationen liefern kann.

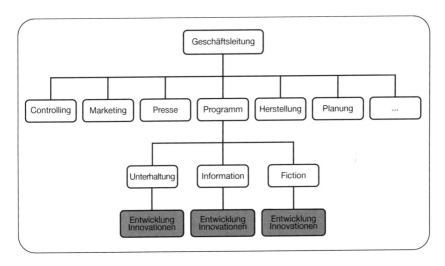

Abbildung 4.4: Dezentrale Organisation von Entwicklung und Innovationen im Programmbereich (eigene Darstellung)

Die Gefahr der Isolation ist bei allen zentralen Strukturierungsformen gegeben. Sie sind demnach eher für übersichtliche Unternehmen sowie für Organisationen mit flachen Hierarchien empfehlenswert (Hess/Köhler 2003, S. 48 f.). Sind Innovation hingegen dezentral in die Struktur eingegliedert, hat jede Abteilung – oder haben zumindest ausgewählte Abteilungen – die Aufgabe, sich um Entwicklung zu kümmern. Dies kann wiederum mit Stabsstellen oder eigenen Abteilungen organisiert sein (vgl. Abbildung 4.4).

Diese Strukturvariante ist in Sendern und großen Produktionsfirmen verbreitet, wo Entwicklungsarbeit genrespezifisch, zum Beispiel in den Bereichen Fiction, Unterhaltung und Information getrennt voneinander vorangetrieben wird. Hier ist es gewährleistet, dass die Beteiligten inhaltlich hoch kompetent sowie nah am Markt und den Kunden sind. Dezentrale Organisationsformen gelten zudem als flexibel und schlank zu strukturieren (ebd., S. 52). Als Nachteil kann allerdings der Koordinationsaufwand zwischen den Bereichen gesehen werden. Die vielen verschiedenen Entwicklungsprojekte müssen so gesteuert werden, dass

Arbeit nicht doppelt geleistet und damit Ressourcen verschwendet werden (Hess/ Köhler 2003, S. 50).

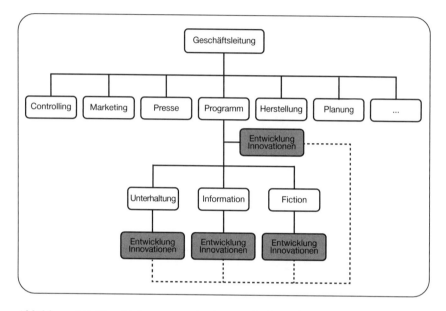

Abbildung 4.5: Kombinierte zentrale-dezentrale Organisation von Entwicklung und Innovationen in Anlehnung an Hess/Köhler (2003, S. 53)

Bei großen Sendern sind in der Praxis häufig kombinierte Varianten von zentraler und dezentraler Organisation zu finden (vgl. Abbildung 4.5). Sie werden der Herausforderung gerecht, sowohl den Überblick über alle Entwicklungsaktivitäten zu behalten als auch die einzelnen operativen Abteilungen nicht aus der Pflicht zu entlassen. Die Formatentwicklung ist bis zu einer bestimmten Phase innerhalb der einzelnen Fachabteilungen angesiedelt, wird aber strategisch zentral vom Programmbereich gesteuert.

Einen weiter fassenden Beitrag für eine aufbauorganisatorische Variante zeigt das Strukturkonzept nach Colman (2012, S. 82), das im Rahmen des ψ - Konzepts[1] entwickelt wurde (vgl. Abbildung 4.6). Das Modell zeigt, wie die Geschäftsführung die Steuerung der Innovationstätigkeiten übernehmen kann, ohne sie zu stark mit den operativen Tätigkeiten zu belasten. In einem „Inno-Board", bestehend aus der Geschäftsführung und dem „Inno-Team", wird die Innovati-

---

[1] ψ = Psi: Potentialberatung zur Steigerung der Innovationsfähigkeit (Colman 2012, S. 82).

4.1 Innerbetriebliche Gestaltungsmöglichkeiten

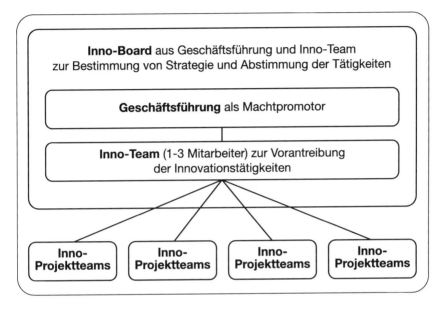

Abbildung 4.6: Innovationsstruktur nach Colman (2012, S. 82)

onsstrategie abgestimmt und über Projekte und deren Steuerung entschieden. So ist die Geschäftsführung als „Machtpromotor" integriert, das operative Vorantreiben der Tätigkeiten leistet wiederum ein Team aus bis zu drei Mitarbeitern. Diese sind alle in operativen Funktionen der Organisation tätig und stehen für „eine Mischung von Kompetenzen, Qualität und Zuständigkeit" (Colman 2012, S. 82). Die Mitglieder der Inno-Teams haben die Aufgabe, die einzelnen „Inno-Projektteams" und deren Projekte zu steuern.

Damit geht Colmans Innovationsstruktur einen entscheidenden Schritt weiter als die oben genannten aufbauorganisatorischen Varianten: Das Modell berücksichtigt den Projektcharakter einzelner Innovationsvorhaben, der auch bei der Entwicklung neuer Formate zum Tragen kommt. Dennoch leisten alle gezeigten aufbauorganisatorischen Varianten lediglich, Innovationen analog zu den üblichen Aufgaben in Unternehmen zu strukturieren und in der Aufbauorganisation zu platzieren. Um den komplexen Anforderungen, die Innovationen stellen, gerecht zu werden, muss der Blickwinkel auf das Unternehmen als System erweitert werden.

4.1.2 Innovationssystem als ganzheitliche Ausrichtung des Unternehmens

Eine umfassendere Sicht auf die innerbetriebliche Gestaltung von Innovationen bieten Hauschildt/Salomo (2011, S. 57 ff.). Sie verzichten ganz auf den Begriff Organisation und verwenden „stattdessen den Begriff Innovationssystem. Wir wollen damit betonen, dass uns das Denken in Zusammenhängen und Beziehungen wichtiger ist als eine, womögliche endgültige, Regelung und gar Regulierung" (ebd., S. 57).

Das Innovationssystem geht von drei Ebenen aus (vgl. Abbildung 4.7). Den Rahmen spannt eine ganzheitliche Ausrichtung des Unternehmens auf Innovationen. Darin finden Innovationen als Aufgabe spezialisierter Abteilungen statt. Die wiederum managen Innovation als Einzelprojekte. Koordiniert wird das Innovationssystem zum einen hierarchisch durch Vorgesetzte, zum anderen nicht-hierarchisch mit einem gezielten Schnittstellenmanagement.

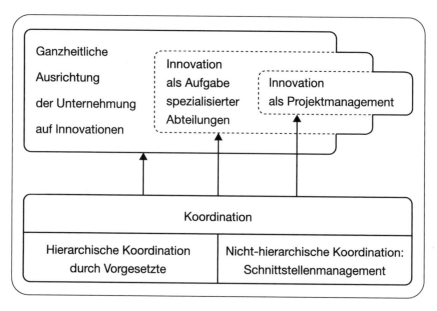

Abbildung 4.7: Strukturvarianten des Innovationssystems nach Hauschildt/Salomo (2011, S. 58)

Hauschildt/Salomon verabschieden sich in ihrem Modell von einer streng aufbauorganisatorischen Eingliederung von Innovationen. Sie favorisieren das

Denken in Einzelprojekten, deren Ablauf es zu steuern gilt – eine Sichtweise, die der Praxis in Fernsehunternehmen entspricht (vgl. Kapitel 4.3.2).

Der entscheidende Aspekt an diesem Innovationssystem aber ist eine ganzheitliche Ausrichtung des Unternehmens auf Innovationen. Die Schaffung einer Innovationskultur als eine Art fruchtbares Feld, in dem Neues gedeihen kann, gilt empirisch belegt als ein Erfolgsfaktor. Kennzeichen einer solchen Kultur ist ihr ganzheitliches Innovationsbewusstsein (Albach 1994, S. 174 ff.). Das heißt, jeder Mitarbeiter ist sich darüber im Klaren und das Management ist darauf ausgerichtet, Innovationen kontinuierlich implizit und explizit zu fördern. Studien belegen, dass Unternehmen „mit klar formulierter Mission, Vision und strategischer Leitlinie für Innovationen einen höheren Innovationserfolg erreichen" (Hauschildt/Salomo 2011, S. 60).

4.1.3 Mechanische und organische Systeme

Was aber sind die idealen Voraussetzungen, um ein Innovationssystem im Unternehmen zu implementieren? In der Innovationsforschung herrscht Konsens darüber, dass „organische" Managementsysteme ideal für Innovation sind, „mechanische" diese eher verhindern (ebd., S. 60). Die Unterscheidung zwischen „organischen" und „mechanischen" Managementsystemen als Organisationstypen geht auf eine Studie von Burns/Stalker (1961) zurück, in der die Grundmuster der Kontingenztheorie angelegt sind: Unterschiedliche Umwelten erfordern demnach unterschiedliche Organisationssysteme.

> „Für stabile und überschaubare Umwelten wird eine stark formalisierte und zentralisierte Organisationsstruktur für notwendig erachtet, während in turbulenten, komplexen Umwelten ein flexibles und anpassungsfähiges Strukturgefüge als Voraussetzung der Überlebensfähigkeit behauptet wird. Ändert sich der Umweltzustand, so wird ein entsprechender Anpassungsprozess erforderlich" (Schreyögg 2008, S. 277).

Das mechanistische Managementsystem ist nach Burns/Stalker (1961) hoch differenziert, an Einzelaufgaben orientiert, zentralisiert ausgerichtet, streng hierarchisch gegliedert, mit vielen formalen Regeln, ausführlichen Stellenbeschreibungen und exakt abgegrenzten Kompetenzen. Kommunikation dient der Anweisung und Entscheidung. Die Kommunikationswege sind vertikal. Autorität ist positionsbezogen und Steuerung basiert auf Befehl und Gehorsam. Prestige und Bedeutung speisen sich aus internen Quellen.

Das organische Managementsystem dagegen hat nach Auffassung von Burns/Stalker (ebd.) eine geringe Differenzierung, ist an einem Gesamtziel orientiert und wenig zentralisiert. Abstimmungen und Kommunikation erfolgen in lateralen Interaktionen, sind eher auf Rat und Information ausgelegt. Autorität ist sachbezogen und Steuerung basiert auf Expertenmacht. Es gibt wenig formale Regeln, keine klaren Stellenbeschreibungen und unscharfe Kompetenzabgrenzungen. Prestige und Bedeutung kommen sowohl von innerhalb der Unternehmung als auch von außerhalb.

Das mechanische System als geordnet und bürokratisch ist damit eher geeignet für die „effektive und effiziente Bewältigung von Wiederholungsvorgängen" (Hauschildt/Salomo 2011, S. 61). Als Gegenmodell dazu steht das organische Managementsystem für hohe Flexibilität und damit einen adäquaten Umgang mit komplexen, turbulenten Situationen. Es erlaubt schnelle Anpassung an Veränderungen und eine Konzentration auf neue Herausforderungen und Problemlösungen. Mit diesen Fähigkeiten scheint es als das geeignetere für innovative Unternehmen – doch daraus direkt zu schließen, dass organische Systeme das Allheilmittel für Innovation sind und starre bürokratische Strukturen diese verhindern, ist zu kurz gegriffen (ebd., S. 61). Es geht vielmehr darum, die Organisation unterschiedlichen Situationen anzupassen, wie sie beispielsweise Innovationen unterschiedlicher Innovationsintensitäten erfordern können.

Eine Möglichkeit ist die Kombination beider Systeme. Hauschildt/Salomo (ebd., S. 63 ff.) stellen dafür ein Konzept für innovationsbewusste Unternehmen vor: Diese sind systemoffen, das heißt, der Informationsfluss von außen nach innen und umgekehrt wird gefördert. Innovationsbewusste Unternehmen gehen behutsam mit ihrer Strukturierung um. Sie sind so organisiert, dass sinnvolle Freiräume möglich sind. Sie pflegen einen wenig standardisierten Informationsstil. Auch wenn es feste Entscheidungsstrukturen gibt, können diese bei Innovationen außer Kraft gesetzt werden. Die Mitarbeiter der unterschiedlichen betrieblichen Funktionen müssen sich austauschen, wertschätzen und kooperieren. Auseinandersetzungen gehören dabei dazu und Konflikte sind willkommen, damit Bekanntes hinterfragt wird und Neues entstehen kann.

Die Mitarbeiter in einem innovativen Unternehmen sind „unkonventionelle, konfliktfähige, konfliktproduzierende Menschen" (ebd., S. 66). Zudem wird von ihnen „Fleiß und Zähigkeit bei der Durchsetzung neuer Ideen verlangt" (ebd., S. 66). Kompetenz und Verantwortung sollten flexibel gehandhabt und so verstanden werden, dass jeder jederzeit dazu aufgefordert ist, Innovationen anzuregen.

Insgesamt muss ein Umfeld geschaffen werden, in dem jeder belohnt wird, der durch außergewöhnliches Handeln erfolgreich ist – aber nicht bestraft, wenn es nicht klappt. „Eine innovationsbewusste Organisation akzeptiert, dass unsichere Innovationsaufgaben mit dem Risiko von Fehlern oder gar dem Scheitern einhergehen" (ebd., S. 67). Das innovationsbewusste Unternehmen spannt im Innovationssystem den organisatorischen Rahmen, in dem Neues gestaltet werden kann.

Allerdings besteht für Unternehmen eine weitere Möglichkeit, situationsbedingt von den Vorzügen der mechanischen und denen der organischen Strukturen zu profitieren. Diese fällt aus dem Rahmen einer innerbetrieblichen Betrachtung: Innovationen können aus einer großen, eher mechanischen, an Routineaufgaben orientierten Gesamtorganisation herausgelöst und in andere Unternehmen oder Teilbereiche ausgegliedert werden. In diesen Einheiten kann dann beispielsweise eine organische Herangehensweise etabliert sein (Hauschildt/Salomo 2011, S. 64). Diese zwischenbetrieblichen Lösungen sollen im Folgenden diskutiert werden.

4.2 Zwischenbetriebliche Gestaltungsmöglichkeiten

Die vollständige oder partielle Ausgliederung von Innovationsvorhaben in andere Unternehmen ermöglicht es, von den Vorteilen mechanischer und organischer Systeme gleichermaßen zu profitieren. Zwischenbetriebliche Lösungen erlauben zudem ein hohes Maß an Flexibilität. Bestimmtes Know-how und Kreativität kann gezielt von außerhalb der Organisation hinzugeholt werden.

Schon bei Routine-Produktionen ist es in Unternehmen kreativer Industrien üblich, mit großen und kleinen Partnern sowie Einzelpersonen von außen zusammenzuarbeiten. Im Formatbereich erfordern die vielen unterschiedlichen Genres und Arten der Produktionen hochspezialisierte Kompetenzen. Diese unterschiedlichen Fähigkeiten sind in den seltensten Fällen in einem Unternehmen gebündelt vorhanden und werden sinnvollerweise bei Bedarf hinzugekauft.

Für Bewegtbildinnovationen, die transmedialen Charakter haben, und bei radikalen Innovationen sind neue Technologien und das damit verbundene Fachwissen erforderlich. Zwischenbetriebliche Lösungen sind eine effiziente Möglichkeit, an entsprechende Kompetenzen zu kommen, ohne die eigene Organisation komplett neu aufstellen zu müssen. Und sie haben einen weiteren Vorteil: Durch die Zusammenarbeit mit einem oder mehreren Partnern kann das Innovationsrisiko verteilt und somit für jeden Beteiligten verringert werden.

4.2.1 Zwischenbetriebliche Marktlösungen

Als die radikalste Lösung, mit Partnern von außen zu kooperieren, gelten zwischenbetriebliche Marktlösungen. Hier geht man von „vollständig desintegrierten Transaktionspartner" aus, „die auf Märkten kurzfristige Beziehungen mit Hilfe von klassischen Verträgen eingehen" (Hess/Köhler 2003, S. 42). Innovationen werden in diesen Fällen nicht selbst entwickelt, sondern vollständig eingekauft.

Im Formatbereich ist der Kauf von Lizenzen die wohl wichtigste Form der zwischenbetrieblichen Marktlösungen. Dabei erwirbt ein Unternehmen das Recht zur Nutzung eines gewerblichen Schutzrechts (Hess/Köhler 2003, S. 43). Sender kaufen nicht nur Lizenzen für die Ausstrahlung von neuen Filmen oder Serien. Sie erwerben auch Formatlizenzen, um aus einem fertigen und häufig erfolgserprobten Formatkonzept Sendungen für den lokalen Markt produzieren zu lassen (vgl. Kapitel 2.4).

Als weitere Möglichkeit wird in der Betriebswirtschaftslehre die Auftragsforschung genannt (Vahs/Burmester 1999, S. 307 ff.). Sie umschreibt den konkreten Auftrag an ein Unternehmen, ein Produkt zu entwickeln, um es dann vollständig mit allen Rechten zu kaufen.

Bei Formatinnovationen ist es eine weit verbreitete Praxis, dass Sender bei Produktionsunternehmen die Entwicklung neuer Formate beauftragen und sich im Rahmen von Entwicklungsbudgets daran beteiligen, um dann alle Rechte als „Total-Buy-out" zu erwerben und auswerten zu können. Allerdings entspricht die Theorie der klassischen Auftragsforschung kaum der Praxis der Fernsehproduktion – allenfalls in Teilbereichen oder einzelnen Prozessphasen. Es ist nicht davon auszugehen, dass eine Idee bestellt, völlig eigenständig entwickelt und dann abgekauft wird. Der Innovationsprozess spielt sich zwischen Sender und Produzent ab, die Entwicklung entsteht in enger Zusammenarbeit der beteiligten Organisationen. Diese komplexen Interaktionen sind eher mit Zusammenarbeit in Netzwerken zu beschreiben (vgl. Kapitel 4.3).

Die dritte Variante ist die Akquise ganzer Unternehmen, um sich Innovationspotential zu sichern (ebd., S. 307 ff.; Hess/Köhler 2003, S. 43 ff.), eine Option, die Fernsehunternehmen gerade in Zeiten der Konzentration zunehmend wählen. Vor allem ist es zu beobachten, dass größerer Produktionsunternehmen kleine, innovative Einheiten erwerben. So hat *Wige Media* 2014 die als innovativ geltende (und insolvente) TV-Produktionsfirma *South and Browse* erworben. Damit hat *Wige Media* ihr eher auf technische Dienstleistungen ausgerichtetes Produktionsportfolio um eine kreative Einheit für Eigenentwicklungen erweitert.

Große Sendergruppen verschaffen sich hingegen verstärkt Online-, Gamesund Musikkompetenz durch den Zukauf von meist jungen Unternehmen und Start-ups, um sich in diesen wachstumsstarken Märkten zu etablieren. Die ProSiebenSat.1-Gruppe hat sich beispielsweise schon 2007 alle Anteile an der Online-Videoplattform *MyVideo* gesichert und ist damit frühzeitig ins Web-TV-Geschäft eingestiegen.[2]

---

[2] Weitere Beispiele für Zukäufe und Beteiligungen sind in Kapitel 6.4.5 aufgeführt.

4.2.2 Formen zwischenbetrieblicher Kooperationen

Betrachtet man die innerbetriebliche Organisation von Innovationen als einen Pol und die vollständige Ausgliederung durch Marktlösungen, also den Zukauf von Innovationen, als den entgegengesetzten Pol, gibt es dazwischen eine Vielfalt an hybriden Lösungen (Hess/Köhler 2003, S. 42). Die häufigste ist die Kooperation als „eine bewusste gegenseitige Abhängigkeit der Kooperationspartner bei gleichzeitig weitgehendem Erhalt der jeweiligen Autonomie" (ebd., S. 42).

Eine Form der Kooperation sind Joint Ventures. Bei diesen Gemeinschaftsunternehmen „gründen in der Regel zwei bis vier Kooperationspartner zeitlich unbefristet eine Tochtergesellschaft, der ein Bündel von Aufgaben übertragen wird, in diesem Fall unter anderem die Produktinnovation" (ebd., S. 45). Prominentes Beispiel in der TV-Branche: 2009 hat *All3Media* zusammen mit *BBC Worldwide* das gemeinsame Produktionsunternehmen *Tower Productions* gegründet, um den Formatkatalog der BBC in Deutschland direkt auswerten zu können.

Strategische Allianzen sind eine weitere Variante, wie Unternehmen für gemeinsame Innovationsaktivitäten kooperieren können. Sie „zeichnen sich dadurch aus, dass die Zusammenarbeit der Kooperationspartner auf die Bearbeitung einer einzelnen Aufgabe ausgelegt und somit sachlich begrenzt ist" (ebd., S. 45 f.). Die ProSiebenSat.1-Gruppe ist beispielsweise 2014 eine strategische Allianz mit dem französischen Streaming-Dienst *Deezer* eingegangen, mit dem Ziel, den international erfolgreichen Musikdienst in Deutschland zu etablieren. Der Medienkonzern ließ seinen eigenen, weniger erfolgreichen Service *Ampya* in *Deezer* aufgehen. Nun nutzt er sein TV- und Online-Geschäft mit dem Ziel, *Deezer* in Deutschland zum Marktführer zu machen und damit die Position der Gruppe im Musikmarkt auszubauen.

Die für die Fernsehproduktion und Formatinnovationen wohl häufigste Form der Kooperation aber ist die Zusammenarbeit in Unternehmensnetzwerken. Warum die Organisation der Entwicklung und Produktion von Formaten erst im Kontext von Netzwerken verständlich wird, zeigt das folgende Kapitel.

4.3 Projektnetzwerke als Organisationsform für Formatinnovationen

Projektnetzwerke gelten als charakteristische Organisationsform für die Erstellung von Bewegtbild-Content (Röpcke 2010, S.249). Was aber ist unter Netzwerken genau zu verstehen? Wie sind Projekte in Netzwerken zu verorten und welche Rolle spielen sie für die Formatproduktion? Schließlich geht es um die Frage: Warum sind Projektnetzwerke nicht nur für die alltägliche Content-Produktion so wichtig, sondern entscheidend für Innovationsvorhaben?

4.3.1 Netzwerke als beziehungsorientierte Kooperationsform

Unternehmensnetzwerke sind definiert als „zumeist mehr als drei Kooperationspartner, die auf Basis einer formlosen oder schriftlichen Vereinbarung zeitlich und sachlich unbefristet zusammenarbeiten" (Hess/Köhler 2003, S. 46). Netzwerke bilden ein

> „spezielles Set von Beziehungen zwischen einer definierten Gruppe von Akteuren – wie Individuen oder Organisationen –, bei der einzelne soziale Beziehungen und das Geschehen in Netzwerken – und das ist die entscheidende Zusatzanforderung – nur unter Einbezug des Geflechts der Beziehungen zu verstehen und zu erklären sind" Windeler/Sydow (2004, S. 11f.) mit Verweis auf J. C. Mitchell (1969, S. 1).

Netzwerke sind nicht nur als organisatorische Variante für Innovationen relevant. Im Bereich der Bewegtbildproduktion sind sie auch in den Routinen allgegenwärtig. Diese Art der Organisationsform scheint „den vielfältigen Anforderungen der heute hoch arbeitsteilig arbeitenden und gerade deshalb auf intensive Koordination angewiesenen Fernsehindustrie ebenso wie der Internetökonomie am Besten [sic!] zu entsprechen" (Windeler/Sydow 2004, S. 3).

Die Produktion einzelner Sendungen wie auch die von Elementen innerhalb einzelner Sendungen (z. B. Beiträge in Magazinen, Spiele in Shows) oder einzelner Prozessabschnitte (z. B. Pre- oder Postproduktion) werden von den unterschiedlichsten Unternehmungen oder von selbständigen Einzelpersonen geleistet. Nimmt man mediale Plattformen für transmediale Produktionen hinzu, potenziert sich die Anzahl der Beteiligten an den einzelnen Projekten. Angesichts des unterschiedlichen Technik- und Know-how-Bedarfs erhöht sich die Wahrscheinlichkeit, dass Unterstützung außerhalb der eigenen Organisation notwendig ist und außerbetriebliche Kooperationen einzugehen sind (Köhler 2005, S. 165).

Netzwerke als Beziehungen zwischen Individuen und Organisationen können unterschiedlich stabil sein und es gibt verschieden Möglichkeiten, sie zu steuern. Hess (2002, S. 14 ff.) systematisiert Unternehmensnetzwerke nach Stabilität und Steuerung und definiert vier Grundformen: „Strategische Netzwerke" sind zentral gesteuert, das heißt die grundlegenden Entscheidungen werden von einem Partner getroffen. Sie sind stabil konfiguriert, da mehrere Aufträge in gleicher Form abgewickelt werden. Als Gegenpol dazu sind „virtuelle Unternehmen" zu sehen, die polyzentrisch organisiert sind, also von den beteiligten Unternehmen gleichberechtigt gesteuert werden. Sie gelten als instabil und arbeiten in der Regel nur für einen Auftrag zusammen. „Verbundnetzwerke" sind ebenso polyzentrisch, aber haben eine stabile Konfiguration. Und schließlich gibt es „Projektnetzwerke", die fokal gesteuert und meist nur für ein Projekt gebildet werden. Damit definiert sie Hess als wenig stabil.

Diese besondere Form des Netzwerkes, das Projektnetzwerk, spielt für die Content-Produktion eine herausragende Rolle (Windeler 2010, S. 224). Die Bedeutung von Projekten ist schon in der Betrachtung der innerbetrieblichen Organisationslösungen deutlich geworden (vgl. Kapitel 4.1). Beide Phänomene – Projekt wie Projektnetzwerk – verdienen, im Folgenden genauer betrachtet zu werden.

4.3.2 Projekte als Organisationsform

Projekte haben eine ähnliche DNA wie Innovationen: Sie sind immer einmalig und es werden unbekannte Wege beschritten zu einem Ergebnis, das man noch nicht kennt. Um das zu handhaben, werden Projekte aus den Routineprozessen und der festen Organisationsstruktur herausgelöst. Für Projekte gelten andere Regeln, Hierarchien werden außer Kraft gesetzt. Projekte sind „Organisation in der Organisation" für eine bestimmte Aufgabenstellung.

Die TV-Produktion gilt als eine „traditionell projektifizierte Industrie" (Windeler 2004, S. 56). In den hier typischen „Ziehharmonika-Organisationen" (Bergener/Voigt 2012, S. 172) arbeiten wenig dauerhaft angestellte Mitarbeiter in Projektteams und Projektnetzwerken mit externen Personen und Organisationen zusammen. Doch auch in anderen Industriezweigen nehmen Projekte immer mehr an Bedeutungen zu – insbesondere, da Unternehmen verstärkt vor neuen Herausforderungen stehen und ständigem Wandel unterworfen sind. Es wird „die Relevanz fluider Organisationsformen reklamiert und sogar die Auflösung von Organisationen in Projekte prognostiziert" (Sydow/Windeler 2004b, S. 37).

Das Projektmanagement ist zu einem Bereich der Managementlehre geworden, der überschwemmt ist von Literatur zur praktischen Anwendung. Valide theoretische Konzeptionen gibt es weit weniger. Sydow und Windeler bieten einen wichtigen Theorierahmen für Projekte und überbetriebliches Projektmanagement im Bereich der TV-Content-Produktion (ebd.; Windeler 2004; Windeler/Sydow 2004).

Sie beleuchten das Phänomen „Projekt" aus zwei Perspektiven (Sydow/Windeler 2004b): Zum einen ist ein Projekt aus funktionaler Sicht zu sehen, und zwar als „eine zeitlich befristete, in der Regel eher komplexe und oft innovative Aufgabenstellung" (ebd., S. 39). Da es einen klaren Anfang und ein geplantes Ende hat, ist „das Projekt nicht nur im Strom der Handlungen isolierbar, sondern hat auch schon deshalb die Chance, eine eigene soziale Identität auszubilden" (ebd., S. 39). Zum anderen muss das Projekt immer auch aus der institutionellen Perspektive betrachtet werden. Es findet im Kontext der Projektgruppe und der Projektorganisation statt. Handelt es sich um interorganisationale Projekte, die über die organisatorischen Strukturen eines Unternehmens hinausgreifen, ist von einem

Projektnetzwerk die Rede (Sydow/Windeler 2004b, S. 39). Beide Perspektiven machen deutlich: Projekte sind auch Sozialsysteme (Windeler 2010, S. 224).

4.3.3 Bewegbildproduktion in Projektnetzwerken

Projekte haben trotz ihrer zeitlichen Begrenzung eine „soziale Verfasstheit" (Sydow/Windeler 2004b, S. 39), die in Projektnetzwerken noch erweitert wird. Sie ermöglichen „sowohl den zeitlich befristeten als auch den unternehmensübergreifenden Charakter der das einzelne Projekt überdauernden Zusammenarbeit zu akzentuieren" (ebd., S. 41). Projektnetzwerke funktionieren nicht nur über die Dauer eine Projektes, sondern darüber hinaus. Sie haben damit sehr wohl eine Art von Stabilität, was der Auffassung von Hess (2002, S. 14 ff.) widerspricht, der Projektnetzwerke als wenig stabil bezeichnet (vgl. Kapitel 4.3.1).

Projektnetzwerke bilden den organisatorischen Rahmen für die besonderen Herausforderungen der Bewegtbildproduktion und schließlich auch für die der Formatinnovation. Projektarbeit ist bei der Erstellung von Formaten obligatorisch. Diese werden in der Regel in Staffeln produziert, deren Herstellung in einem bestimmten Zeitraum erfolgt. Die einzelnen Projekte sind zwar temporär, doch es schließen sich weitere an. In unterschiedlichen Zusammensetzungen finden immer wieder die gleichen Producer, Autoren, Regisseure und Kameraleute zusammen. Funktioniert die Zusammenarbeit im Netzwerk, bleibt sie in der Regel nicht auf ein Projekt bezogen. Widerholt sie sich, bildet sich in Projektnetzwerken „Systemness" (Giddens 1984, S. 283), also Systemhaftigkeit, heraus (Sydow/Windeler 2004b, S. 48 f.).

Koordination und Kontrolle der Projekte werden von Sender und Produzent, also von Kunde und Auftragnehmer, mit verteilten Rollen gemeinsam vorgenommen. Der Sender als Auftraggeber gibt gemäß seinen Vorstellungen den Takt an und kontrolliert die Umsetzung (vgl. Kapitel 2.4.2 und 3.1.4). Die Produzenten steuern die eigentliche Netzwerkarbeit der Produktion. „Fernsehsender und Produzenten bilden zusammen das Koordinationszentrum der Projektnetzwerke" (Windeler 2004, S. 68). Damit können beide gemeinsam gemachte Erfahrungen wieder für nächste Projekte anwenden.

Basis dafür ist die Tatsache, dass Mitarbeiter, Spezialisten und Partner aus einem „Pool" (Sydow/Windeler 2004b, S. 48) von erprobten Einzelpersonen und Organisationen rekrutiert werden. In der Regel streben alle beteiligten Partner eine langfristige Zusammenarbeit an, um Reibungsverluste zu minimieren. Die Akteure, die sich in verschiedenen Projekten immer wieder beggnen, können auf gemeinsame Erfahrungen zurückgreifen und entwickeln charakteristische Praktiken. Man versteht sich, lernt die „gleiche Sprache" sprechen, was sich in der Regel positiv auf die Qualität der Produkte sowie auf die Effizienz der Zusammenarbeit auswirkt.

Zu wissen, was der andere will, sich zu kennen und zu vertrauen, schafft persönliche Bindungen. „Personen und personale Beziehungen spielen in Projektnetzwerken der Fernsehproduktion eine besonders wichtige Rolle" (Windeler 2004, S. 70). So sagt man zu Recht über die TV-Branche: „It's a people's business." Das bezieht sich nicht nur auf die Bedeutung von Stars und „kreativen Arbeitern" vor und hinter der Kamera, sondern auf alle beteiligten Akteure der Branche.

Nicht unerheblich ist dabei ein gewisses Maß an Abhängigkeit untereinander, gespeist durch Erwartung an die nächsten Aufträge und die Gewissheit, dass man an anderer Stelle wieder miteinander zu tun hat. Netzwerke sind soziale Systeme, „in denen Interaktionen und Beziehungen zwischen den autonom bleibenden Beteiligten vor allem unter Rekurs auf den dauerhaften Beziehungszusammenhang untereinander koordiniert werden" (Windeler 2010, S. 224). Dies fördert Zusammenhalt und Verbindlichkeit und sorgt im Netzwerkgebilde für Stabilität weit über die organisatorischen, hierarchischen und vertraglichen Grundlagen hinaus. Beziehungen sind eine Art Klebstoff, der das Netzwerk über einzelne Projekte hinaus jenseits von aufgestellten Regeln zusammenhält und zum Funktionieren bringt. Scheitern diese Beziehungen, kann das Netzwerk im schlimmsten Fall auf lange Zeit zerstört sein.

4.3.4 Formatinnovation in Projektnetzwerken

Die besonderen Eigenschaften von Projektnetzwerken in der Content-Produktion ermöglichen auch das Entstehen von Formatinnovationen. Gerade bei der Aufgabe, etwas Neues zu schaffen, kommen weitere Aspekte von Projektnetzwerken positiv zum Tragen. Ich würde sogar so weit gehen, die besondere Art von „Systemness", das „typische Spannungsverhältnis von Stabilität und Fragilität, von Innovation und Routine" (Sydow/Windeler 2004b, S. 48) als die ideale Grundlage für Innovationen zu bezeichnen.

Projektnetzwerke sind in Bewegung, die Beteiligten bringen die jeweilige Form der Organisation immer wieder neu hervor. Individuelle Handlungen und soziale Beziehungen definieren die Projektarbeit. Das Netzwerk ist trotz Systemness dynamisch und immer einmalig. Es ist damit schwer vorherzusehen oder in vorgefertigte Schemata zu pressen.

„Die theoretische Besonderheit von Netzwerken liegt insbesondere darin, dass sie komplex, d.h. nicht vollständig durchdringbar sind, aber dennoch kollektive Strategien entwickeln – wenn auch meist auf emergentem Wege" (Schreyögg 2008, S. 321 f.).

Meiner Ansicht nach sind es die bei Projektnetzwerken entstehenden Emergenzen, die einen erheblichen Beitrag für die kreative Arbeit leisten. Emergenzen als das Herausbilden von neuen Eigenschaften und Strukturen, die sich nicht allein auf die einzelnen Elemente zurückführen lassen und damit nicht vorhersehbar sind, eröffnen die Möglichkeit, dass nicht nur auf der Strukturebene etwas Neues entsteht (vgl. Kapitel 3.2.1). In den immer wieder neuen Projektnetzwerken, diesen zugleich stabilen wie fragilen und in jedem Fall einzigartigen Geflechten, ermöglicht das Zusammenbringen von Verschiedenartigkeiten einmalige und nicht vorhersehbare Neukombinationen. Sie bringen kreative Individuen zusammen, die sich inspirieren, Impulse geben und so neue Ideen entstehen lassen. In einzigartigen Netzwerken kann Einzigartiges kreiert werden.

Und doch bleibt Systemness erhalten im Projektnetzwerk als sozialem System, was Sicherheit schafft. Völlig lose Strukturen würden die ohnehin hohe Unsicherheit, die mit Innovationen einhergeht, noch vergrößern. Wird innerhalb bekannter Netzwerkstrukturen gehandelt, reduziert sich das Risiko, das mit dem Entstehen von Neuem einhergeht. Die Tatsache, dass die wiederkehrende Zusammenarbeit „soziale Konnektivität" (Windeler/Sydow 2004, S. 3) ermöglicht, kann strukturelle Schwächen und Regelverstöße ausgleichen. Diese Sicherheit erlaubt auch, neue Wege zu gehen. Es gibt genug Zusammenhalt, um dem Innovationsrisiko zu begegnen. Damit bieten Projektnetzwerke zwar einerseits mehr Freiheit von Struktur und Regeln als vergleichbare, unflexible organisatorische Varianten. Doch es gibt andererseits genügend Zusammenhalt, um die Unsicherheiten nicht allzu groß werden zu lassen.

Strukturelle Sicherheit, Freiheit für Neues und darüber hinaus die Möglichkeit, etwas Unvorhersehbares hervorzubringen, ist eine fruchtbare Verbindung von Verlässlichkeit und Einmaligkeit, die für Kreativität den idealen Nährboden bietet (vgl. Kapitel 3.2). Auf der einen Seite gibt es Regeln und Commitment, was für Vertrauen und planbare Qualität sorgt, auf der anderen Seite Dynamik und neue Konstellationen, was für echte Innovationen notwendig ist. Projektnetzwerke schaffen Verlässlichkeit und Freiheit in Verbindung mit dem „gewissen Extra" an Emergenzen und bilden so, was Innovationen brauchen: eine ideale Verbindung von Kreativität und Struktur.

4.3.5 Organisationen in organisationalen Feldern

Ausgehend von der Idee, mehrere Organisationen für das Entwickeln von Formatinnovationen zu vereinen, sind verschiedene Formen diskutiert worden. Dabei haben wir uns von eng gefassten Ansätzen zu immer weitreichenderen geöffnet. Das umfassendste Konzept ist das des organisationalen Feldes. Es wurde in der Organisationssoziologie etabliert (DiMaggio/Powell 1983). Sydow/Windeler (2004b) und Windeler (2010) haben es für die Betrachtung der TV-Content-Produktion erweitert.

Organisationale Felder erfassen „die intraorganisationale Ebene der Strukturbildung in Organisationen und die interorganisationale Ebene der Strukturbildung durch Organisationen, wobei beide Ebenen miteinander verknüpft sind" (Altmeppen/Lantzsch/Will 2010, S. 19). Mit der Zusammenführung der Betrachtung dessen, was innerhalb und außerhalb der Organisation passiert, sowie den Aktivitäten zwischen innen und außen gilt es als „kritisches Brückenkonzept zwischen der organisationalen und gesellschaftlichen Ebene sozialer (Re-)Produktion" (Windeler 2010, S. 220).

Nach einer Studie von Leblebici/Salancik/Copay/King (1991) über die Entstehung der amerikanischen Fernsehindustrie lassen sich vier Kernelemente zur Operationalisierung organisationaler Felder unterscheiden (ebd., S. 338): Sets von Organisationen als Institutionen; die genutzten Produktionstechnologien, wie z. B. das Wissen über Sendeformate; allgemeine Regelungen wie Eigentums-, Besitz oder Urheberrechte und Regelungen für das private und öffentlich-rechtliche Fernsehen und schließlich Praktiken wie Finanzierung, Entwicklung, Distribution und Konsumption von Content.

Windeler (2010, S. 222) ergänzt zwei weitere Kernelemente: Governanceformen als „die Koordination der Interaktion und Beziehung zwischen Feldakteuren" und die soziale Einbindung organisationaler Felder, also „die Einbettung eines organisationalen Felds in Geflechte organisationaler Felder" (ebd., S. 222).

Organisationale Felder gehen über das hinaus, was Netzwerke an Systemness schaffen (vgl. Abbildung 4.8). Sie sind der Boden, auf dem Projektnetzwerke gedeihen, bilden die Grundlage und umfassen mehr als nur die direkt am Projekt beteiligten Akteure und Organisationen. Gleichzeitig schaffen und festigen Netzwerkprojekte organisationale Felder. Diese „betten sich wiederum in Zusammenhänge ein, die durch Sets von organisationalen Feldern aufgespannt werden" (ebd., S. 227).

Das Konzept des organisationalen Feldes hilft wie das Vier-Ebenen-Modell nach Schwehm/Voigt (2012, S. 31) und die Darstellung des Medieninnovationsprozesses nach Dogruel (2013, S. 348), die Einbindung von unterschiedlichsten Akteuren und Organisationen zu verdeutlichen (vgl. Kapitel 2.6.3 sowie Abbildungen 2.12 und 2.8). So sind bei der Content-Produktion eben nicht nur die direkt im Projektnetzwerk involvierten Akteure wie Medienkonzerne, Sender, Produzenten, Regisseure, Autoren, technische und künstlerische Mediendienstleister zu betrachten, sondern auch die indirekt beteiligten: die mit Medienpolitik be-

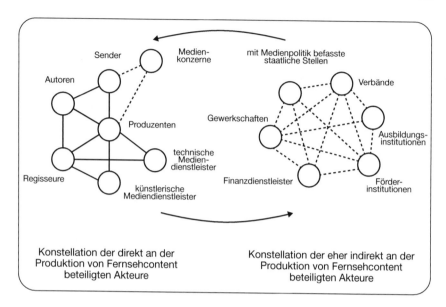

Abbildung 4.8: Modell der Content-Produktion im organisationalen Feld nach Windeler (2010, S. 227)

fassten staatlichen Stellen, Verbände, Ausbildungsinstitutionen, Gewerkschaften, Finanzdienstleister und Förderinstitutionen (Windeler 2010, S. 227).

Damit sind weder Organisationen noch Projekte noch Projektnetzwerke als Inseln zu sehen, die für sich betrachtet werden können. Sie sind immer Teil eines größeren sozialen Systems. Der Gestaltung von Einzelprojekten sind demnach Grenzen gesetzt, die manchmal nicht sofort offensichtlich sind. In dieser Arbeit allerdings stehen die gestaltbaren Aspekte innerhalb der Projektnetzwerke im Fokus. Es geht mir – mit dem Wissen, dass nicht jedes Problem allein auf Unternehmensebene gelöst werden kann – um eine pragmatische Vorgehensweise bei der Beantwortung der Frage: Welche Aspekte kann das Management konkret beeinflussen, um Innovationen hervorzubringen?

4.4 Zusammenfassung: Organisation

Der Versuch, Formatinnovationen in Strukturen der diese hervorbringenden Organisationen sinnvoll zu verorten, hat gezeigt: „In der Praxis – auch und gerade der Content-Produktion für das Fernsehen und das Internet – verwischen zuweilen die Grenzen zwischen den Organisationsformen" (Windeler/Sydow 2004, S. 13).

Ein klassischer, an klaren Aufgaben orientierter Aufbau einer Struktur funktioniert nur, wenn Innovationen im System gesehen werden und mit der Unternehmenskultur ein passender Rahmen dafür geschaffen wird. Es ist dabei nicht davon auszugehen, dass Formatinnovationen allein innerhalb einer einzigen Organisation entstehen. Die Content-Produktion funktioniert überwiegend in zwischenbetrieblichen Interaktionen, vor allem auf Basis von Kooperationen in Netzwerken, die es ermöglichen, die unterschiedlichsten Partner mit ihren Kompetenzen einzubeziehen (Windeler 2001, S. 210 ff.). Die Zusammenarbeit bleibt dabei in der Regel über einzelne Projekte hinaus bestehen, was Stabilität und Verlässlichkeit schafft.

Diese Projektnetzwerke bilden aus meiner Sicht ein ideales Umfeld für kreative Prozesse und ermöglichen Innovationen. Dabei wird die interorganisationale Zusammenarbeit realisiert durch die Arbeit in Projekten. Um diese in die unternehmerischen Strukturen mit ihren regulären Aufgaben zu integrieren, empfehlen sich Kombinationen verschiedener aufbauorganisatorischer Formen. Welche Möglichkeiten der Organisation für unterschiedliche Innovationsgrade der entstehenden Produkte am meisten Erfolg versprechen, wird in Kapitel 6 diskutiert. Dafür spielt die Betrachtung von Prozessen eine entscheidende Rolle. Projekte zu managen bedeutet vor allem, Prozesse zu steuern. Und damit wechsele ich von der Perspektive der aufbauorganisatorischen zu derjenigen der ablauforganisatorischen Gestaltung, dem Management der Prozesse von Formatinnovationen.

5 Innovationsprozesse für Formate

Die Grundlage für das Management von Formatinnovationen ist die Gestaltung der Prozesse. Der Fokus auf die Abläufe schafft Organisation und System bei abteilungsübergreifenden Projekten innerhalb von Unternehmen und in organisationsübergreifender Netzwerkarbeit. Gestaltungsvorgaben für Prozesse erlauben, einzelne Innovationsprojekte systematisch zu organisieren und sie so wieder Teil von Aufbauorganisationen werden zu lassen. Voraussetzung dafür ist eine Analyse der Abläufe zum entstehenden Produkt. Sie schafft Klarheit über die Aufgaben, die in den einzelnen Phasen erledigt werden müssen, und darüber, wie diese zu managen sind.

Für die Darstellung in Modellen von Innovationsprozessen lassen sich mehrere Varianten diskutieren (vgl. Kapitel 2.6.3). In unterschiedlicher Detailtiefe und mit wechselnder Perspektive sind sie alle der Versuch, zu illustrieren, was auf dem Weg von einer Idee bis zu einem fertigen Medienprodukt passiert und welche Herausforderungen sich für die Organisation ergeben.

Für mein Modell zum Management von Formatinnovationen habe ich eine lineare Variante der Prozessdarstellung gewählt (vgl. Kapitel 2.6.6). Der Ablauf in sieben Phasen illustriert vereinfacht, in welche Schritte die Entwicklung eingeteilt werden kann, und skizziert die entstehenden (Teil-)Objekte, die in ihrer Verkettung zum Endprodukt, dem Format, führen (vgl. Abbildung 2.13). Diese Objekte am Ende einer jeden Phase dienen als Meilenstein. Hier werden die Ergebnisse des Prozessabschnitts geprüft, um zu entscheiden, ob es in die nächste Stufe der Entwicklung gehen kann. Auf der Analyse des Prozesses aufbauend werde ich in Kapitel 6 Empfehlungen für die Gestaltung der einzelnen Phasen entwickeln – jeweils für inkrementelle, echte und radikale Formatinnovationen.

Zunächst aber zum generischen Innovationsprozess für Formate mit den sieben Phasenabschnitten Impuls, Idee, Konzept, Papierpilot, Pilot, Serienproduktion und Evaluierung: Diese werden im Folgenden exemplarisch für professionell produzierte Fernsehformate skizziert, die hauptsächlich für eine lineare Ausstrahlung gedacht sind. Dafür definiere ich Meilensteine, um über das Ende einer Phase und den Übergang zur nächsten zu entscheiden, und entwickle Leitfäden zur Strukturierung dieser Entscheidungsgrundlagen. Der Fokus liegt bei meinen Betrachtungen auf der frühen Phase des Innovationsprozesses.

5.1 Frühe Phase

Für meine Betrachtung von Innovationsprozessen für Formate konzentriere ich mich auf die ersten Abschnitte der Entwicklung, auf die frühe Phase, die schwer zu greifen – „fuzzy" – ist. Hier, so belegt die Innovationsforschung, wird die Basis geschaffen für einen erfolgreichen Innovationsprozess (vgl. Kapitel 2.6.4). Die frühe Phase umfasst

> „alle Aktivitäten vom ersten Impuls bzw. einer sich ergebenden Gelegenheit für ein neues Produkt bzw. eine neue Dienstleistung bis zur Go-No-Go-Entscheidung zur Umsetzung des Konzeptes und somit Aufnahme der eigentlichen Entwicklung des Produktes bzw. der Dienstleistung" (Verworn/Herstatt 2007a, S. 8).

In der Formatentwicklung ist die frühe Phase das, was allgemein als Stoffentwicklung bezeichnet wird. In meinem Modell bündelt sie die Abschnitte Impuls, Idee und Konzept als das kreative Fundament des Formatinnovationsprozesses. Dabei verdichtet sich der diffuse Anfang immer mehr, bis mit dem Konzept als konkrete Beschreibung das Ende der frühen Phase markiert ist.

In der frühen Phase wird das Neue „erfunden". Gerade für den Beginn des Innovationsprozesses ist ein hohes Maß an Kreativität als die Fähigkeit, das Neue zu schaffen, erforderlich. Je weiter die Formatentwicklung fortschreitet, desto wichtiger werden Routinen, Erfahrung und Handwerk. Mit zunehmendem Prozessverlauf, so die Annahme, nimmt also der Bedarf an Kreativität als Fähigkeit, etwas Neues zu schaffen, ab (vgl. Abbildung 5.1).

Mit dem Ende der frühen Phase gilt es zu entscheiden, ob aus einer Idee ein Produkt werden soll, ob aus einer Invention eine Innovation wird. Grundlage für die Entscheidung, ob in die weitere Entwicklung investiert wird, bildet das schriftliche Konzept. Es markiert als erstes „Moneygate" (ebd., S. 8) den Übergang zur Phase der Pilotierung. Für die nächsten Prozessabschnitte müssen deutlich mehr Ressourcen zur Verfügung gestellt werden als in der frühen Phase.

Zwar entstehen auch bei der Entwicklung von einem Impuls bis hin zum Konzept Kosten. Doch es ist üblich, dass Produzenten bis zum diesem Stadium der Entwicklung (und zum Teil noch darüber hinaus) in Vorleistung gehen. Es fallen neben Infrastrukturkosten Ausgaben für Casting, Recherche- und Reisekosten, Material für Fachzeitschriften, Messebesuche etc. an und natürlich Personalkosten, die in der Regel über ein allgemeines, firmeninternes Entwicklungsbudget dargestellt werden. Die Arbeit aller Beteiligten bis zum Ende des Konzeptes ist also nicht kostenlos, aber sie wird selten projektbezogen berechnet und vom Kunden bezahlt (vgl. Kapitel 6.3.3.1).

Ab der Phase des Papierpiloten erhöht sich der Aufwand an Ressourcen erheblich: Autoren müssen Bücher verfassen, die Recherche wird konkreter, Re-

5.1 Frühe Phase

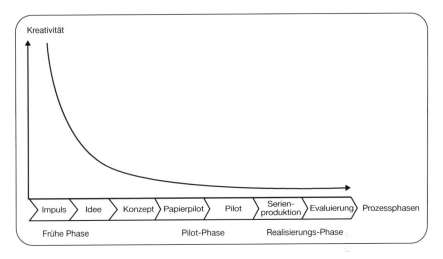

Abbildung 5.1: Kreativität im Innovationsprozess (eigene Darstellung)

dakteure gehen in die Feinheiten des Konzeptes, ausführliche Castings werden beauftragt, die Vorarbeit für den Piloten beginnt. Dafür braucht es ein projektbezogenes Entwicklungsbudget als finanziell gestütztes Commitment, dass sich der Einsatz für den Produzenten lohnt. Erst durch diesen „bewussten Einsatz von Ressourcen [...] endet das Fuzzy Front End" (Hauschildt/Salomo 2011, S. 194) und damit die frühe Phase.

5.1.1 Impulse als Innovationsinitiative

Woher kommt eine Idee zu einem neuen Format? Sie wird ausgelöst durch einen Impuls, der hier die vielfältigen Möglichkeiten zum Anstoß des Prozesses bezeichnet und versucht, das Fuzzy Front End zu greifen (vgl. Kapitel 2.6.4). Doch woher kommt dieser Impuls? Überlässt man den Innovationsprozess nicht dem Zufall und versucht, schon die Ideenfindung zu steuern, stellt sich die Frage: Entsteht eine Idee allein im *Inneren* eines Individuums? Oder kann ein Impuls von *außen* als Aufforderung oder Vorgabe von einer Person oder Organisation den Prozess anstoßen?

Die Kreativitätsforschung zeigt, dass eine Idee zwar das Ergebnis individueller kognitiver Prozesse ist. Diese inneren Prozesse aber sind ständig beeinflusst von äußeren Faktoren, neuen Informationen und dem sozialen Umfeld (vgl. Kapitel 3.2). Bei einem Impuls zur Idee möchte ich hier zunächst zwischen *Außen* und *Innen* differenzieren und folge damit Amabile (1996, S. 113), die zwischen externem und internem Stimulus im kreativen Prozess unterschiedet (vgl. Kapitel 3.2.2). Die zwei Arten von Anlässen für den Ideenanstoß bezeichne ich als „strategischen" und als „kreativen" Impuls.

Definition: Impuls
Der Impuls bezeichnet die Initiative zur Formatentwicklung und stößt den Innovationsprozess an. Impulse können aus strategischen Überlegungen oder individuellen kreativen Prozessen entstehen. Das Ende der Phase des Impulses ist markiert durch die Annahme dieses Innovationsanstoßes, der zur Idee führt. Wird ein Impuls nicht aufgenommen, endet der Prozess hier – oder er kommt vielmehr gar nicht erst zustande.

5.1.1.1 Strategischer Impuls

Einen klaren Startschuss für einen Innovationsprozess für Formate kann ein Impuls vom Management des innovierenden Unternehmens geben. Anlass dafür sind Analysen und Strategiedefinitionen (vgl. Kapitel 2.6.4). Diesen bewussten Anstoß zum Prozess, der zielgerichtet und mit konkreten Aufgabenstellungen verbunden ist, bezeichne ich als „strategischen Impuls".

Definition: Strategischer Impuls zur Formatinnovation
Der strategische Impuls definiert den bewussten und damit steuerbaren Anstoß zu Formatinnovationen innerhalb einer Organisation (Sender oder Produktionsfirma) mit einer klaren Zielsetzung.

Oft sind es distribuierende Organisationen, die strategische Impulse zur Formatentwicklung geben. Sender nehmen die führende Rolle im TV-Produktionsprozess ein, sie sind die Gatekeeper für neue Formate (vgl. Kapitel 2.4.2). Fröhlich (2010, S. 359 ff.) bezeichnet als „senderinduzierte Entwicklungen" diejenigen, die aus Markt- und Bedarfsanalysen entstehen – im Gegensatz zu „produzenteninduzierten" und „formatinduzierten Entwicklungen" (vgl. Kapitel 2.6.3).

Die Beauftragung von Formatinnovationen folgt strategischen Überlegungen. So kündigte RTL-Chef Frank Hoffmann 2013 an, sich neben der Unterhaltung „stärker journalistisch positionieren" (Mantel 2013) zu wollen und startete eine Relevanz-Offensive. MDR-Intendantin Carola Witte stellte 2014 den Umbau des Senders auf Trimedialität in Aussicht als „konsequente Reaktion auf das veränderte Nutzungsverhalten der Menschen" (Krei 2014). Durch Neuausrichtungen wie diesen entsteht ein Bedarf an Formaten, die den geänderten Anforderungen entsprechen. Es werden z. B. mehr Dokumentationen gebraucht, innovative Genres, jüngere Showformate, frauenaffines Dokutainment, trimediale Magazine oder den Rezeptionsgewohnheiten bei mobilen Plattformen angepasste Formate. Diesen Bedarf nach passenden Produkten geben Senderverantwortliche in Briefings an Produzenten und Programmentwickler weiter, z. B. bei Pitches und Entwicklungs-Labs, bei denen dazu aufgerufen wird, Ideen und Konzepte einzureichen (vgl. Kapitel 6.2.2 und 6.4.5.2). Auf diese Weise lässt sich der Entwicklungsprozess mit einer klaren Zielvorgabe anstoßen und steuern: die Entwicklung einer Serie, die internationalen Standards entspricht, eine Stunde für das tägliche Nachmittagsprogramm, eine zweistündige Unterhaltungsshow für die Freitags-Primetime, ein Factual-Experiment, das zum Online-Diskurs anregt.

Über diesen strategischen mittel- und langfristigen Überlegungen thront bei allen Sendern – öffentlich-rechtlichen wie privaten – das Ziel, die Reichweite und Marktanteile in den jeweiligen Zielgruppen zu steigern oder zumindest zu erhalten (vgl. Kapitel 5.3.2.4). Der Quotendruck unterwandert oft andere strategische Überlegungen. Das Ergebnis: Mittel- und langfristige Planungen werden kurzfristig über Bord geworfen, um auf Notlagen zu reagieren, die sich aus gescheiterten Programmneustarts oder der negativen Entwicklung einer bestehenden Sendung ergeben. Diese Probleme schaffen Impulse zu neuen Formaten, die oft reaktiv, kurzfristig und wenig strategisch wirken, aber die langfristigen – impliziten oder expliziten – strategischen Zielen wie Reichweitenerhalt oder -steigerung folgen.

Werfen wir einen Blick auf die Seite der Produzenten. Strategische Impulse können bei Produzenten Pläne zur Portfolioerweiterung sein, andere Genres anzugehen, neue Kunden zu akquirieren, für andere Plattformen zu produzieren oder generell mehr Formate zu verkaufen. Aufgrund der hohen Abhängigkeit der Produktionsfirmen von den Distributoren orientieren sie sich als Anbieter in erster Linie an den Bedürfnissen ihrer Hauptkunden. Sendervorgaben initiieren bei Produzenten den Impuls, ihre Entwicklungsarbeit zu starten. Das sind nicht immer konkrete Briefings, die sich aus strategischen Impulsen auf Senderseite ergeben. Häufig sind es Gespräche, Äußerungen oder auch nur Vorlieben der aktuellen Senderverantwortlichen oder Redakteure, die den Impuls für eine neue Idee geben, z. B.: Macht was über Tanzen, Abnehmen, Babys, etwas zum Thema Undercover oder ein Check-Format! Kann man nicht mit Künstler X oder Protagonist Y noch was Neues entwickeln? Wir suchen das deutsche „Breaking Bad"! Könnte man die neue Channel-4-Reality adaptieren?

5.1.1.2 Kreativer Impuls

Neben den Impulsen zum Innovationsprozess, die sich aus strategischen Überlegungen ergeben, stehen die kreativen Impulse als Ergebnis individueller kognitiver Prozesse. Ein Impuls für eine Idee entsteht hier mehr oder weniger zufällig und ohne bewusste Vorgabe einer Organisation im „kognitiven Nirwana" eines Individuums.

Definition: Kreativer Impuls zur Formatinnovation
Ein kreativer Impuls ist der ungesteuerte und meist unbewusst im Individuum angelegte Anstoß zu einer Idee. Ihm liegen kognitive Prozesse in einem komplexen System von Einflüssen zugrunde.

Einzelne Personen erfahren dabei einen willkürlichen Auslöser, der sie dazu bringt, eine Idee zu generieren. Diese Auslöser können tatsächlich rein zufällig sein und entstehen aus Auflösung und Neuzusammensetzung von unterschiedlichsten Erfahrungen, Wahrnehmungen, Erinnerungen, neuen Informationen und tief verankertem Wissen (vgl. Kapitel 3.2.1). Stimuli für neue Formate können dabei aktiv angeregt werden, durch gezieltes Aufnehmen von branchenspezifischen Informationen wie internationalen Formattrends, angesagten Künstlern, Wissen um kreative Akteure, Bedürfnissen und Vorlieben der Sender – sowie deren strategische Impulse. Dabei gilt: Durch das branchenspezifische Fachwissen wird ein Nährboden geschaffen, auf dem Anregungen als Impulse zu Ideen überhaupt wahrgenommen werden. Erst dann kann die gesamte Umwelt, jede Information und jedes alltägliche Erlebnis ein Auslöser für eine Idee sein (vgl. Kapitel 3.2.2 und 4.1.2).

Kreative Impulse sind eher auf der Seite der Produzenten zu vermuten. Ihnen wird die Rolle der kreativen Verantwortung im Formatentwicklungsprozess zugeteilt (vgl. Kapitel 2.4.2). Produktionsunternehmen bilden den Knotenpunkt in den Projektnetzwerken (vgl. Kapitel 4.3.3) und steuern die Produktion. Aufgrund der engen interorganisationalen Zusammenarbeit zwischen Sendern und Produzenten in Deutschland und der Komplexität der Entstehung kreativer Prozesse ist eine klare Verortung der kreativen Impulse allerdings nicht eindeutig möglich.

Zudem sind strategische und kreative Impulse zur Formatentwicklung in der Praxis nicht immer klar zu trennen. Oft sind sie eine Mischung, die in iterativen Schleifen zwischen den unterschiedlichen Akteuren und Netzwerken entsteht. Strategische Impulse sind mit den kreativen Leistungen einzelner verbunden und entziehen sich damit ein Stück weit der Steuerung. Kreativität aber ist auch Teil der Organisation und damit zumindest indirekt steuerbar.

5.1.2 Ideen als Basis von Innovationen

Der zweite Abschnitt in meinem Phasenmodell ist die Idee, die dem Impuls folgt. Mit der Aufnahme des Impulses startet die Entwicklung der Idee als Anfang des eigentlichen Innovationsprozesses.

Der Begriff „Idee" im Kontext von Kreativität steht für den „Heureka"-Moment und ist das Ergebnis kognitiver Prozesse (vgl. Kapitel 6.1.1). Um „Idee" als Bezeichnung für eine Phase im Innovationsprozess gelten zu lassen, muss man sich verabschieden von der Assoziation des Geistesblitzes. Vielmehr geht es um den Prozess zu einer Formatidee als Grundlage zur Produktinnovation mit dem Ziel, sich auf dem Markt zu bewähren.

Definition: Idee
Als Phasenabschnitt im Innovationsprozess für Formate bezeichnet die Idee den Prozess der Ideenfindung als inhaltliche Entwicklung zu einem neuen Format mit ersten Ansätzen für die Verwertung.

Die Phase der Idee ist beendet, wenn die Idee formuliert ist und zur Bewertung vorliegt. Dieses Teilobjekt ist der erste Meilenstein im Innovationsprozess für Formate und wird hier als Ideenpapier bezeichnet.

Definition: Ideenpapier
Das Ideenpapier ist die meist schriftliche Skizzierung einer Formatidee nach inhaltlichen und dramaturgischen Kriterien. Als Meilenstein dieser Phase ist sie Entscheidungsgrundlage für den Phasenabschluss. Auf dieser Basis wird entweder ein Konzept entwickelt, die Idee noch einmal überarbeitet oder der Prozess an dieser Stelle abgebrochen.

5.1.2.1 Strukturierung eines Ideenpapiers

In der Praxis der Formatentwicklung ist ein Ideenpapier – auch Exposé genannt – in seiner Form nicht festgelegt. Der Umfang ist abhängig von Sender, Produzent und Genre. Er reicht vom mündlichen „Elevator-Pitch", der nicht länger dauern darf als die Fahrt in einem Aufzug zur Chefetage, über „Onepager" mit der Grundidee auf einer Seite bis zu seitenlangen Exposés.

Aber welche Elemente sind notwendig, um einen ersten Eindruck von einer Formatidee zu bekommen? Welche Aussagen sollten getroffen werden, um das Potential für das Produkt und seine Chancen auf dem auf dem Markt erkennen zu können? Wie kann ein Ideenpapier als Meilenstein im Innovationsprozess für

Formate aussehen, das für unterschiedliche Genres gilt, für fiktionale und dokumentarische Sendungen sowie für Magazine oder Unterhaltungsshows – und das auf verschiedenen Plattformen?

Bei der Entwicklung eines Leitfadens hilft ein Blick auf die Film- und Fernsehanalyse von Mikos (2008, S. 43), bei der anhand von fünf Ebenen ex post die fertigen Produkte untersucht werden:

- Inhalt und Repräsentation
- Narration und Dramaturgie
- Figuren und Akteure
- Ästhetik und Gestaltung
- Kontexte

Mikos (ebd., S. 21) versteht Film und Fernsehsendungen als Kommunikationsmedien. Damit bezieht er die Rezeption schon in den Entstehungsprozess mit ein:

> „Soll die Kommunikation mit dem Publikum gelingen, muss im Prozess des Filmemachens bereits auf mögliche Erwartungen des Publikums sowie auf kognitive und emotionale Fähigkeiten der Zuschauer Bezug genommen werden" (ebd., S. 21).

Dies gilt aus meiner Sicht noch mehr für diejenigen, die Ideen bewerten und auswählen, als für diejenigen, die sie schaffen: Die Gatekeeper von Formaten müssen aufgrund der Idee schon die mögliche Interaktion mit dem Rezipienten einschätzen können. Schließlich geht es darum, ein Publikum möglichst zielgerichtet zu erreichen. Zwar gilt die Erkenntnis, dass sich nicht vorhersehen lässt, wie genau ein Format beim Rezipienten ankommt. Theorie und Praxis über die Wirkung von Film und Fernsehen sollte man sich bei der Planung dennoch bewusst machen. Eine Garantie für einen Publikumserfolg geben sie ex ante nicht, sie deshalb zu ignorieren, wäre allerdings naiv und fahrlässig.

Mikos' Analyseebenen liefern die Grundlage für meinen Leitfaden zum Ideenpapier. Inhalt, Dramaturgie, Protagonisten, Gestaltung und Kontext verweisen auf die Essenz von Film- und Fernsehprodukten – auch wenn sie in diesem Stadium, der Phase der Idee, noch roh, abstrakt und skizzenhaft, nur ein Skelett sind. Die fünf Ebenen lassen sich bei allen gängigen Genres anwenden:

> „Fiktionale und dokumentarische Filme sowie für das Fernsehen inszenierte Ereignisse haben einen Inhalt, sie repräsentieren reale oder mögliche Welten, sie erzählen Geschichten, die dramaturgisch gestaltet sind, in ihnen sind Figuren und Akteure aktiv, sie sind medial bearbeitet und ästhetisch gestaltet, schließlich stehen sie in textuellen, kulturellen, sozialen und gesellschaftlichen Kontexten" (ebd., S. 43).

Ergänzt werden müssen diese fünf Ebenen um weitere Aspekte, die aus meiner Sicht für die Beschreibung einer Formatidee wichtig sind:

- Format: Was sind die Elemente, die ein Format von anderen abgrenzen und es zu einer Innovation machen?
- (Trans-)Media: Auf welchen Plattformen, welchem Sender oder welchem Sendeplatz wird das Format zur Rezeption angeboten?
- Team: Welche sind neben den vor der Kamera handelnden Personen die wichtigsten Akteure hinter der Kamera?

5.1.2.2 Leitfaden für das Ideenpapier

Der folgende Leitfaden zeigt die wichtigsten Elemente, um eine innovative Formatidee zu skizzieren (vgl. Abbildung 5.2). Er hat die Funktion eines Meilensteins für die erste (Teil-)Phase des Innovationsprozesses. Die hier vorgeschlagene Reihenfolge der einzelnen Elemente ergibt sich aus der Logik zum Aufbau eines Formates. Da es sich hier um ein sehr frühes Stadium im Innovationsprozess handelt, ist dieser Leitfaden als Orientierung und hilfreiche Checkliste zu sehen. Keinesfalls soll er als ein sklavisch einzuhaltendes Korsett die Kreativität frühzeitig einengen (vgl. Kapitel 5.1.2.3).

- (Arbeits-)Titel

   Jedes Baby braucht einen Namen: Eine Idee sollte mit einem (Projekt-)Titel versehen sein. Ein guter Formattitel ist einprägsam, macht neugierig und gibt einen Hinweis auf den Inhalt und die Grundidee, wie z. B. „Schlag den Raab".

   Der Titel im Ideenpapier kann, aber muss nicht der finale Sendungstitel sein. Dieser wird oft erst im Laufe der Entwicklung passend zum Sender in Kooperation mit dem Marketing entwickelt. Ganz am Anfang des Prozesses aber geht es zunächst in erster Linie darum, einen Namen für die Idee zu haben, damit die Betreffenden wissen, worüber geredet wird, also einen „Arbeitstitel (AT)".

- Kontext (Genre und Umfeld)

   Eine Idee funktioniert nie im luftleeren Raum. Sie ist immer in ihrem Umfeld zu sehen, aus dem sie hervorgebracht und in dem sie bewertet wird. Um eine Idee für Fernsehformate einzuordnen, muss klar sein, in welchem Rahmen die Betrachtung stattfindet. Mit Kontexten sind „Systeme von Orientierung, Erwartungen und Konventionen, die zwischen Industrie, Text und Subjekt zirkulieren" (Neale 1981, S. 6), vorgegeben. Für diesen Rahmen zur Bewertung einer Idee dient auf der einen Seite eine Einordnung des entstehenden Formates in ein Genre. Zum anderen empfehle ich die Betrachtung relevanter Aspekte des Umfeldes, in dem das Medienprodukt rezipiert werden soll.

a. Genre

Das Genre bildet „Muster und Konventionen der Erzählung" (Mikos 2008, S. 59). Es systematisiert Erwartungen der Branche und des Zuschauers. Mit dem Genre ist eine grundsätzliche Orientierung gegeben, um welche Art von Format es sich handeln wird: Ist es eine fiktive Serie oder Scripted Reality, eine Quiz-Show, eine Dokusoap, Factual Entertainment oder ein Magazin? Damit stellen Genres „hinsichtlich der Zuschauererwartungen ein Gebrauchswertversprechen dar" (ebd., S. 265).

Genres verändern sich, Subgenres werden gebildet und ganz neue Arten gefunden, was die Definition einzelner Genres schwierig macht. So gibt es im Bereich Factual Entertainment z. B. neue Bezeichnungen wie „Jobtainment", „Helptainment", „Medicaltainment" oder „Reporterselbstversuch". Formatinnovationen treiben diese Veränderungen voran, revolutionieren Genres und schaffen damit neue oder verändern sie evolutionär. „Genres sind dynamisch, denn jeder neue Film und jede neue Fernsehsendung eines Genres variiert dieses und verändert es damit" (ebd., S. 264).

Neben dem Rahmen für Inhalte und Erzählstruktur geben Genres aber auch Aufschluss über Produktionsweisen, Kosten und Quotenerwartungen. Zudem sind Entwicklung und Produktion so stark vom Genre abhängig, dass selbst der Aufbau vieler Organisationen danach strukturiert ist (vgl. Kapitel 2.3.4).

b. Umfeld

Neue Ideen sind im Kontext dessen zu sehen, was die Zuschauer gerade bewegt, um sie da abzuholen, wo sie sich in ihrem Leben und in der Gesellschaft befinden: Diskurse und Lebenswelten beeinflussen die Rezeption von Medienprodukten (ebd., S. 61 f.; Mikos 1992, S. 532). Themen können so in ihrer Relevanz eingeordnet werden, einen gesellschaftlichen Trend abbilden, sich in einen Diskurs einfügen – oder sich klar von all dem abgrenzen. „Ausgekokst" (2014, ZDF neo) z. B. befasst sich mit den globalen Auswirkungen von Drogenkonsum. „Das Jenke-Experiment" (seit 2013, RTL) nimmt sich gesellschaftlicher Themen mit Selbstversuchen an.

Auch Trends der Branche sind relevante Kontexte, in denen eine Idee bewertet werden kann: „Jeder neue Film und jede neue Fernsehsendung tritt in ein bereits vorhandenes Universum von Texten ein, das alle bisher produzierten Filme und Fernsehsendungen umfasst" (Mikos 2008, S. 60).

So gibt es inhaltliche Trends, z. B. Renovieren, Schulden, Auswandern, Dating, Kochen, und Genre-Trends wie Quiz, Dokusoap, Scripted Reality und die fiktionale Serie. Innovationen können diesen Programmwellen folgen oder sich bewusst darüber hinwegsetzen und möglicherweise neue Trends setzen (vgl. Kapitel 2.5.4).

- Inhalt / Grundidee

  Ist ein Kontext als Rahmen abgesteckt, geht es an den Kern der Idee, den Inhalt, und die Frage: Worum geht es eigentlich?

  „Inhalt" ist in Bezug auf Film und Fernsehen „alles, was gesagt und getan" (ebd., S. 44) und darüber hinaus, welche soziale Welt damit repräsentiert wird. Inhalte entstehen im Zusammenspiel aus handelnden Personen, Dramaturgie und der Art der Gestaltung in einem bestimmten Kontext. Diese Ebenen greifen ineinander und bedingen sich (ebd., S. 43).

  In Hinblick auf die Erstellung eines Ideenpapiers definiere ich „Inhalt" als die Kurzzusammenfassung der Grundidee zum Format. Inhalt ist hier eine Art „Lead(-Satz)" des Ideenpapiers. Wie bei einem Lead in journalistischen Darstellungsformen helfen die wichtigsten W-Fragen (La Roche 2008, S. 97 f.) dabei, zum inhaltlichen Kern zu kommen, wobei diese in Bezug zu den anderen Elementen des Ideenpapiers zu setzen sind.

    - *Wer?* Wer handelt? Wer sind die Protagonisten?
    - *Was?* Was machen sie? Wie ist die Dramaturgie?
    - *Wo?* An welchem Ort und in welchem Setting, Studio oder Real Location, findet die Handlung statt?
    - *Wann?* Was ist die erzählte Zeit und die Erzählzeit der einzelnen Sendungen? Wie viele Folgen sind angedacht?
    - *Wie?* Wie ist die Gestaltung und auf welchen Plattformen wird das Format verbreitet?
    - *Warum?* Welche Relevanz hat die Idee?
    - *Woher?* In welchem Kontext findet sie statt?

- Format

  Formate sind definiert durch inhaltliche und gestalterische Elemente, die in der seriellen Produktion gleich bleiben. Im Rahmen des Bekannten wird in jeder Folge Neues erzählt (vgl. Kapitel 2.3.3).

Die „formatierenden Elemente" können inhaltlicher, narrativer oder gestalterischer Art sein. Meist ist es die Kombination aus mehreren Elementen. Sie können durch Protagonisten bestimmt sein – oder sogar durch einen einzelnen Star. Auch die medialen Verbreitungswege und damit die Art der Rezeption können eine Formatierung ausmachen. Eng mit der Formatierung hängt das Alleinstellungsmerkmal eines Formates zusammen, der USP (Unique Selling Proposition). Was macht das Format im Vergleich zu anderen auf dem Markt aus? Was unterscheidet seine formatierenden Elemente von denen anderer Formate?

- (Trans-)Media

Die Art der medialen Verbreitung kann für neues Fernsehen schon in der Ideenphase relevant sein. Für welchen Rezeptionsweg ist die Formatinnovation gedacht? Bei der Distribution durch klassisches Fernsehen steht die Planung der linearen Ausstrahlung im Vordergrund. Ob in diesem sehr frühen Stadium des Innovationsprozesses schon die Ausstrahlung für einen bestimmten Sender sowie programmplanerische Aspekte wie Sendeplatz, Slot, Zielgruppe und Konkurrenz eine Rolle spielen, hängt stark vom Impuls zur Idee ab. Handelt es sich um einen strategischen Impuls, gibt der ausstrahlende Sender weitgehend vor, für welche Zielgruppe und für welchen Sendeplatz (Slot) etwas entwickelt werden soll. Damit ist der Rahmen vorgegeben und die Entwicklung von Ideen zielgerichtet. Aber auch bei kreativen Impulsen ergibt es Sinn, sich frühzeitig zu überlegen, wie und wo ein Format verbreitet werden könnte. Schließlich soll die Idee einen Kunden finden und dafür gilt es, dessen Bedarf zu befriedigen.

Geht es um Formatinnovationen, bei denen die Nutzung von mehreren Plattformen nicht nur als zusätzliche Option der Informations- und Verbreitungsmöglichkeit gesehen wird, sondern als wichtige Ergänzung oder sogar Teil des Formates, müssen schon in der Ideenphase die Weichen dafür gestellt werden. Das Ausmaß dieser Transmedialität beeinflusst die Formatidee, den Inhalt, die Dramaturgie und die Protagonisten.

Dabei sind die Auswirkungen nicht nur inhaltlicher und erzählerische Natur. Für transmediale Formate müssen technische Voraussetzungen geschaffen werden, sie haben andere Budgets und Erlösmodelle zur Folge, erfordern eigene Produktionsweisen und Timings. Transmediale Formate stellen ganz neue Herausforderungen an Unternehmen, Organisation und Akteure, denen man sich so früh wie möglich im Innovationsprozess stellen muss. Je größer die Bedeutung einer transmedialen Verbreitung sein soll, desto früher muss sie geplant werden.

Typische Fragen zu Transmedia
Soll es eine transmediale Nutzung geben?
In welchem Umfang?
Hat sie Auswirkung auf die Erzählstruktur?
Welchen Mehrwert bietet sie für Zuschauer und Sender?
Was passiert online?
Welche Funktion haben Apps?
Werden Social-Media-Plattformen genutzt und wenn ja, wie?
Welche Rolle spielt die Interaktivität?
Wie ist die technische Umsetzbarkeit?
Wie kann das in der Organisation bewerkstelligt werden?

- Dramaturgie

Die Elemente „Dramaturgie", „Protagonisten" und „Gestaltung" dienen dazu, den Inhalt und die Grundidee differenzierter darzustellen. In einem Ideenpapier werden diese Elemente je nach Genre nur sehr skizzenhaft aufgeführt, um dem Gerüst der Idee Stabilität zu verleihen. In den weiteren Phasen gilt es bei diesen Elementen, mehr „Fleisch" an das Ideenskelett zu bringen.

Fernsehsendungen und damit auch Formate, egal ob Nachrichtensendung oder fiktive Serie, sind als Erzählungen zu verstehen. Erst eine dramaturgische Gestaltung machen sie zu Geschichten, die für den Zuschauer interessant sind (Mikos 2008, S. 129). „Dramaturgie ist die Art und Weise, wie diese Geschichte dem Medium entsprechend aufgebaut ist, um sie im Kopf und Bauch des Zuschauers entstehen zu lassen" (ebd., S. 47). Sie geht über die Narration als die rein „kausale[.] Verknüpfung von Situationen, Akteuren und Handlungen zu einer Geschichte" (ebd., S. 47) hinaus. Für die Bewertung einer ersten Idee im Ideenpapier muss der genaue Ablauf der Sendung noch nicht vorliegen, wohl aber sollte der Spannungsbogen der Geschichte skizziert sein. Also: Was ist die Logik der Story? Wie sieht der Plot als Steuerung des Erzählprozesses aus?

- Protagonisten

Die handelnden Personen spielen in allen Sendungen und Formaten eine entscheidende Rolle: Sie haben nicht nur die „wesentliche Funktion als Handlungsträger" (ebd., S. 51), ohne die Erzählung und Dramaturgie nicht funktionieren. Sie sind immer auch in der Wahrnehmung der Zuschauer zu sehen, im Kontext von Lebenswelten und Gesellschaft. Egal ob Figuren und Charaktere in fiktionalen oder Akteure wie Moderator und Experten in nicht-fiktionalen Sendungen – Protagonisten dienen der Identifikation oder der Abgrenzung (Mikos 2008, S. 174) und bestimmen „das Verhältnis von Nähe und Distanz der Zuschauer zum Geschehen auf der Leinwand oder dem Bildschirm" (ebd., S. 53).

In ein Ideenpapier gehören die wesentlichen Protagonisten, also die Akteure, welche die Geschichten vorantreiben: Das können die Namen von echten Menschen und Stars sein oder auch nur die Funktion oder Rolle, die sie im Format spielen. In fiktionalen Produkten sind das die wesentlichen Hauptcharaktere sowie eine mögliche Besetzung der Hauptrollen; in Shows sind es der Moderator, Co-Moderator oder mögliche Kandidaten; in Dokusoaps Experten, Hosts, echte Menschen oder fiktive, beispielhafte Protagonistenprofile.

- Gestaltung

Für die Bewertung einer Idee ist es nicht nur wichtig zu wissen, *was* es zu sehen gibt, sondern auch *wie* es das *Was* zu sehen gibt. Wir bewegen uns in einem – oder mehreren – Medien mit vielen Gestaltungsebenen, die genutzt werden wollen und an die Nutzer und Rezipienten Erwartungen stellen.

„Die spezifischen filmischen und televisionären Darstellungsmittel binden den Zuschauer während der Rezeption eines Films oder einer Fernsehsendung an das Geschehen auf der Leinwand oder dem Bildschirm. Über sie werden die Zuschauer vor allem emotional durch die Erzählung geführt, sie werden in bestimmte Situationen versetzt, ihre Aufmerksamkeit wird auf einzelne Aspekte im Film- und Fernsehbild gelenkt" (ebd., S. 54).

Für das Ideenpapier heißt das, die genrespezifischen Gestaltungselemente zu skizzieren.

Typische Fragen zur Gestaltung
Wie sieht die Bühne aus?
Wie ist der Drehort gestaltet?
Wie wird Licht eingesetzt?
Welche Kameras werden verwendet?
Gibt es Innovatives beim Schnitt?
Werden Spezialeffekte verwendet?
Wie ist die Aufarbeitung online angedacht?
Welche Musik wird eingesetzt und wie?

Die gestalterischen Elemente spielen in einem so frühen Stadium wie dem Ideenpapier nur für eine grobe Einordnung eine Rolle – es sei denn, sie bilden ein formatierendes Element, weichen von den Standards ab oder sind so innovativ, dass sie für das Format ein Alleinstellungsmerkmal bieten. Detaillierte Überlegungen zu Ästhetik und Gestaltung werden in den späteren Phasen wichtiger.

- Team

  Schließlich ist es je nach Format relevant, wer die Urheber und Macher des Formates als kreatives Produkt sind.

  Typische Fragen zum Team
  Wer sind die Künstler und die „kreativen Arbeiter"?
  Von wem ist die Idee und wer verwirklicht sie?
  Welche Autoren, Regisseure, Producer, Produzenten stehen für die kreativen und produktionellen Leistungen?
  Funktionieren die Kreativen im Zusammenspiel?
  Sind sie für dieses Projekt verfügbar?

  Die Leistungen der Beteiligten sind entscheidend für das Entstehen und Gelingen eines Produktes der Kultur- und Kreativwirtschaft. Die Auswahl der Kreativen hat einen ganz anderen Stellenwert als die von Akteuren anderer Industrien (vgl. Kapitel 3.1) und sie spielt damit schon für die Bewertung einer Idee eine Rolle. Die beteiligten Personen sind die Stars hinter der Kamera und können so ein Alleinstellungsmerkmal bilden. Die Idee eines Erfolgsautors wird anders bewertet als die eines Newcomers. Begeistert sich eine namhafte Regisseurin für einen Stoff, wird dieser anders eingeordnet. Sind keine namhaften Akteure am Werk, spielen sie für die Bewertung einer Idee noch eine untergeordnete Rolle. Je wichtiger bestimmte Kreative für das Produkt sind, desto früher sind sie für die Bewertung einer Idee relevant.

5.1.2.3 Ideenpapier als Meilenstein und seine Grenzen

Der skizzierte Leitfaden (vgl. auch Abbildung 5.2) mag umfangreich wirken, so dass die Frage naheliegt: Ist ein derart detailliertes Ideenpapier sinnvoll in diesem Abschnitt der frühen Phase der Formatentwicklung?

Werfen wir noch mal einen Blick auf die Funktion des Ideenpapiers: Es soll zu einem frühen Zeitpunkt eine Beurteilung der Idee ermöglichen, die zu einer unternehmerischen Entscheidung führt, ob und wie es im Entwicklungsprozess weitergeht. In der Praxis kann eine frühe Beurteilung einer Idee sowohl Vor- als auch Nachteile bringen – für Ideenentwickler und deren Kunden gleichermaßen. „Kreative Arbeiter", also Entwicklungsredakteure, Producer oder Produzenten stehen vor dem Dilemma: Wie weit gehe ich in der Entwicklung, bis ich dem Sender etwas präsentiere? Wie viel Arbeit, Zeit und Geld investiere ich, bevor es zum ersten Go oder No-Go kommt?

Will ein Produzent alle Rechte behalten, sollte er eine Idee schon als fertiges und damit schützenswertes Konzept anbieten. Liegt die kreative Leistung nicht allein beim Produzenten, sondern erfolgt die Entwicklung gemeinsam mit dem Sender, ist die Urheberschaft nicht mehr eindeutig. Dann ist es in der Praxis die Regel, dass der Auftraggeber alle (Total-Buy-out) oder den größten Teil der Rechte behält.[1]

Eine Formatidee sehr früh mit dem Sender zu diskutieren, hat allerdings auch Vorteile: Im besten Fall kann so frühzeitig klar sein, ob die Entwicklung zielführend ist. Passt die Idee nicht in die strategischen Überlegungen des Senders oder trifft sie nicht den Geschmack der Senderverantwortlichen, kann sie angepasst, einem anderen Kunden angeboten oder der Prozess schon an dieser Stelle abgebrochen werden. Andererseits: Lässt man eine Idee in einem sehr frühen Entwicklungsstadium bewerten, besteht die Gefahr, dass das Neue nicht verstanden oder das Potential nicht erkannt wird und es deshalb zu einer Absage kommt. Oder es werden so viele Vorgaben gemacht, um ein Format den Senderbedürfnissen anzupassen, dass jede Originalität verloren geht.

Die Frage nach der Detailtiefe einer Ideenpräsentation – das gilt für das Ideenpapier wie auch für das Konzept (vgl. Kapitel 5.1.3.1) – ist nicht pauschal zu beantworten. Ist die Formatidee hochinnovativ, gibt es in diesem Stadium noch viele Ungewissheiten, die erst im Verlauf des Prozesses zu lösen sind. Anders verhält es sich bei wenig innovativen Ideen, bei denen es eine klarere Vorstellung vom Endergebnis gibt. Es ist also im Zweifelsfall abhängig vom Innovationsgrad, wie konkret ein Ideenpapier oder Konzept formuliert werden kann und muss, um darüber zu entscheiden, ob es in dieser Form weiterentwickelt wird (vgl. Kapitel 6). Grundsätzlich ist dabei zu bedenken, dass ein Mehr an Informationen nicht unbedingt die besten Entscheidungen herbeiführt.

> „Mehr Information ist nur dann besser, wenn die Kosten für die Beschaffung weiterer Informationen nicht den erwarteten Nutzen übersteigt. Doch selbst wenn die Informationen kostenlos zur Verfügung stehen, gibt es Situationen, in denen mehr Information von Nachteil sein kann. Mehr Gedächtnis ist nicht immer besser. Mehr Zeit ist nicht immer besser. Mehr Insiderwissen mag zwar dabei helfen, den Markt von gestern zu ‚erklären', aber nicht, den Markt von morgen vorherzusagen" (Gigerenzer 2008, S. 47).

---

[1] 2012 verblieben bei den privaten Sendern 21 Prozent und bei den öffentlich-rechtlichen 15 Prozent der Nutzungsrechte auf Seiten der Produzenten. Erlösansprüche für weitere Verwertungen gewährten 43 Prozent der privaten und drei Prozent der öffentlich-rechtlichen Anstalten (Castendyk/Goldhammer 2012, S. 160).

In komplexen Situationen sind oftmals Intuition und „Bauchgefühl" keine schlechte Entscheidungsgrundlage (Gigerenzer 2008, S. 46). Welches Maß an Information das richtige für sie ist, müssen Entscheider in den Fernsehunternehmen für sich entscheiden.

5.1.3 Konkretisierungen im Konzept

Die Phase der Idee ist mit dem Ideenpapier als Meilenstein abgeschlossen. Mit einer positiven Bewertung wird die nächste Phase freigeschaltet: die Konzeptphase. Ein Konzept kann zunächst als Weiterentwicklung eines Ideenpapiers gesehen werden. Was aber ist der Unterschied zwischen Ideen- und Konzeptphase, zwischen den zu bewertenden Teilobjekten, dem Ideenpapier und dem Konzept?

Gehen wir vom Ergebnis der Konzeptphase aus: Mit dem Konzept ist die frühe Phase des Innovationsprozesses abgeschlossen, an deren Ende ein Moneygate einen sehr deutlichen Meilenstein setzt (vgl. Kapitel 5.1). Ab diesem Punkt muss (spätestens) Geld investiert werden, um den Entwicklungsprozess mit der Pilotierungsphase fortsetzen zu können. Dafür braucht es eine valide Entscheidungsgrundlage, die in der Konzeptphase erstellt wird.

In der technischen Produktentwicklung hat die Konzeptphase im Innovationsprozess die Funktion, nach der „noch sehr unspezifizierten Startphase [...] dem weiteren Vorgehen eine gewisse Struktur zu geben" (Hauschildt/Salomo 2011, S. 90). Ein Konzept muss also eine ganz klare Vorstellung darüber geben, wie die Formatinnovation aussieht und was sie leisten kann. Dabei sind nicht nur die inhaltlich-gestalterischen Elemente relevant, sondern auch die Möglichkeiten der Verwertung, also das Potential für eine Durchsetzung am Markt. „Verkauf und Nutzen" (ebd., S. 5) machen den Unterschied zur Invention, erst die ökonomischen Aspekte befördern eine Idee zur Innovation.

Definition: Konzept
In der Konzeptphase des Innovationsprozesses wird eine Formatidee inhaltlich weiterentwickelt und eine erste Prognose der Verwertungsmöglichkeiten des entstehenden Produktes gegeben. Das Konzept als schriftliche Fixierung bildet nicht nur den Abschluss der Konzeptphase, sondern markiert auch das Ende der gesamten frühen Phase des Innovationsprozesses. Mit der Freigabe des Konzeptes wird das Moneygate zur Pilotphase der Formatentwicklung geöffnet. Ab dann werden verstärkt Ressourcen freigesetzt.

5.1.3.1 Leitfaden für Konzepte

Grundlagen für ein Konzept als Meilenstein bilden zunächst die im Leitfaden für das Ideenpapier festgelegten Elemente. Sie müssen in der Konzeptphase so weit entwickelt werden, dass über eine Pilotierung entschieden werden kann. Inhalt, Dramaturgie und Protagonisten sind in der Konzeptphase zu konkretisieren, die Gestaltung muss im Detail ausgeführt sein. Während es im Ideenpapier vor allem darum geht, *was* die Formatidee ist, widmet sich das Konzept schon verstärkt der Frage: *Wie* wird die Idee umgesetzt? Neben den inhaltlichen-gestalterischen Aspekten spielt aber vor allem die Frage nach dem Nutzen eine zunehmend wichtige Rolle. Also: *Wofür* wird das Produkt Format entwickelt? Welche Verwertungsmöglichkeiten gibt es für die Innovation und wie sieht der Markt dafür aus (vgl. Abbildung 5.2)?

- Verwertung

  Am Ende der Konzeptphase steht die Entscheidung an, ob Ressourcen für die Formatentwicklung eingesetzt werden sollen. Das heißt zunächst: Welches Entwicklungsbudget braucht es, um aus dem Konzept einen Papierpiloten oder eine Pilotfolge zu machen? Um allerdings die Frage nach dem möglichen ökonomischen Nutzen der Innovation zu beantworten, muss zudem klar sein, wie hoch die Kosten für die Serienproduktion sind, ob diese im Budget liegen und wie sie refinanziert werden können. Es gilt, Erlösmodelle zu entwickeln sowie die Erwartungen an die Rendite zu klären.

  Die Distribution spielt für die Verwertung der Formate eine entscheidende Rolle. Die Möglichkeiten der Nutzung, wie sie im Ideenpapier unter dem Aspekt „(Trans-)Media" vor allem aus inhaltlicher Perspektive angerissen werden, gilt es zu vertiefen. Für eine Verbreitung im klassischen Fernsehen gehören in ein Konzept Vorschläge für Sender, Sendeplatz und Zielgruppe sowie die geplante Folgenzahl der ersten Staffel. Eine Einschätzung über eine mögliche Gesamtanzahl der Folgen und Staffeln im Falle eines Erfolges ist für die strategische Programmplanung sinnvoll. Ist die Idee nach sechs Folgen oder nach drei Staffeln auserzählt? Gibt es ein klares Ende der Dramaturgie wie bei einer Telenovela? Oder hat das Format das inhaltliche Potential, über Jahre und Hunderte von Folgen zu laufen wie z. B. „Lindenstraße" (ARD, seit 1985), „Wer wird Millionär?" (RTL, seit 1999) oder „Das perfekte Dinner" (Vox, seit 2005)? Ein weiterer Aspekt, um die mediale Verwertung eines Formates einschätzen zu können, ist seine Repertoire-Fähigkeit: Je öfter es sich ganz oder in Teilen wiederholen lässt, desto mehr zahlt es auf lange Sicht in das Programmvermögen ein (vgl. Kapitel 3.1.2).

Dass die Verwertung von Formaten allein über ein Medium funktioniert, wird immer mehr die Ausnahme. Formate werden kostenpflichtig und -frei auf verschiedenen Kanälen und Sendeplätzen angeboten, in Mediatheken und per DVD sowie Blueray. Mit neuen Distributionswegen steigen die Möglichkeiten, Erlöse zu generieren. Die Frage, wer dafür die Rechte hat, gewinnt an Relevanz. Die Prognosen und die Planung der Verwertung werden allerdings immer komplexer.

Typische Fragen zur Verwertung
Auf welchen Plattformen soll das Format laufen?
Wo läuft es zuerst?
Welche Verwertungskette ist sinnvoll?
Welche Erlösmodelle gibt es dafür?
Welche Rolle können klassische Werbeeinnahmen, Sponsoring und Merchandising-Produkte spielen?
Gibt es Kooperationen mit Medienpartnern oder anderen Industrien?
Sind Inhalte und Qualität für den internationalen Markt geeignet?
Was erlaubt die Rechtesituation?
Gibt es Einschränkungen durch den Jugendschutz?

- Markt

  Um die Verwertung am Markt einzuschätzen, ist spätestens mit dem Ende der frühen Phase eine Analyse der Marktsituation sinnvoll:

  Typische Fragen zum Markt
  Welche ähnlichen Formate gibt es im In- und Ausland und mit welchem Erfolg laufen sie?
  Was sind die Formattrends?
  Welche Plattformen brauchen Content und könnten weitere Glieder in der Verwertungskette bilden?
  Gibt es Trends in anderen Medien, die einen Anknüpfungspunkt bieten?
  Was wollen die Zuschauer nachweislich sehen, wovon haben sie genug?
  Was funktioniert bei welchen Zielgruppen?
  Was verlangt der Werbemarkt?

Diese Fragen, die sich am Ende der frühen Phase im Detail stellen, sind von Format zu Format unterschiedlich (vgl. Kapitel 5.1.2.3). Sie gehen weit über die Programmgestaltung hinaus. Zwar geht es an dieser Stelle noch nicht darum, jeden einzelnen Aspekt bis ins Detail zu analysieren. Doch was das Konzept leisten sollte, ist eine erste 360-Grad-Einschätzung über das inhaltliche und wirtschaftliche Potential des innovativen Produktes. Noch nicht explizit formuliert ist damit das Ziel, das erreicht werden soll. Die Zieldefinition für einen erfolgreichen Formatinnovationsprozess bildet das abschließende Element meines Konzept-Leitfadens.

5.1.3.2 Zielbildung als Prozess

Die frühe Phase des Formatinnovationsprozesses ist mit dem Konzept beendet. Bevor aber die Entscheidung für die Pilotierung fallen kann, gilt es eine essentielle Frage zu klären: Welches Ziel soll mit der Formatinnovation verfolgt werden?

Ziele sind in der Betriebswirtschaft definiert als „normative Aussagen von Entscheidungsträgern, die einen gewünschten, von ihnen oder anderen anzustrebenden, zukünftigen Zustand der Realität beschreiben" (Hauschildt 1970, S. 551). Ziele ermöglichen die Fokussierung auf das, was wirklich wichtig ist, und helfen, einen Prozess vor allem an Entscheidungspunkten zu steuern, indem sie das erwünschte Ergebnis vor Augen führen. Will man am Ende des Prozesses bewerten, ob ein Erfolg zu verbuchen ist, muss vorher definiert sein, welche Ziele dafür überhaupt gesetzt wurden. Erfolg lässt sich einzig über das Erreichen von Zielen feststellen (vgl. Kapitel 2.6.5).

Die Zielsetzung bei neuen Formaten ist in der Praxis selten klar definiert. (Gute) Quote, (hohe) Qualität und (hohe) Rendite gilt zwar als allgemeingültiger Dreisatz für erfolgreiches Fernsehen (vgl. Kapitel 5.3.2). Doch Ziele sollten differenzierter formuliert werden.

> ***Typische Fragen zur Zielsetzung***
> *Will man möglichst innovative Inhalte machen?*
> *Geht es darum, Transmedialität auszubauen?*
> *Sind die Reichweiten im linearen TV wichtig oder auch die Online-Auswertung?*
> *Gilt es einen Bildungsauftrag zu erfüllen?*
> *Geht es darum, einen Diskurs anzuregen?*
> *Soll mit möglichst wenig Budget ein Sendeplatz gefüllt werden?*
> *Will man sich qualitativ positionieren?*
> *Soll eine bestimmte Zielgruppe erreicht werden?*
> *Ist es das strategische Ziel, langfristig eine Programmfarbe zu positionieren?*
> *Oder geht es darum, schnell hohe Erlöse zu erzielen?*

In Entwicklungsprozessen sind Ziele allerdings nicht einfach zu setzen, wie es die Management-Norm vorgibt. Die Zielbildung ist komplex – wie so vieles in Innovationsprozessen. SMARTe Zieldefinitionen (SMART: Specific, Measurable, Achievable, Realistic/Relevant, Tangible/Time-bound) nach dem Lehrbuch sind hier eher kritisch zu betrachten. Sie können bei inkrementellen Innovationen noch funktionieren, radikale und damit systemverändernde Innovationen aber werden sie verhindern. Spezifische, messbare, erreichbare und realistische Vorgaben engen Kreativität ein und machen es kaum möglich, „out of the box" zu denken. Ein festes Zeitfenster lässt weder zu, spielerisch mit Ideen umzugehen, um dann etwas ganz Neues zu entdecken, noch erlaubt es „happy accidents" nachzugehen, die oft zu radikalen Innovationen führen (Prather 2005, S. 15).

Zudem gibt es bei Innovationen meist eine ganze Reihe von unterschiedlichen Zielen – und oft stehen diese im Konflikt zueinander. So würden Fernsehmacher mit einem Format am liebsten alles erreichen: ein qualitativ hochwertiges, radikal innovatives Format mit guter Quote und hervorragender Rendite schnell und ohne Risiko on air bringen. Unmöglich ist das nicht, aber unwahrscheinlich: Qualität kostet – und schmälert die Rendite. Radikale Innovationen scheitern mit höherer Wahrscheinlichkeit als inkrementelle. Hervorragende Inhalte erreichen häufig nur ein kleines Publikum.

Hauschildt/Salomo (2011, S. 233) plädieren trotzdem für eine bewusste und klare Zielbildung, auch in komplexen und innovativen Situationen:

> „Bewusst gestaltete Zielbildungsprozesse führen zu besseren Ergebnissen als unbewusst ablaufende. [...] In dem Maße, in dem es dem Menschen gelingt, zufallsbestimmte Ereignisse geistig zu durchdringen und gestaltend zu kontrollieren, gelingt es ihm auch, sein Handeln mit größerer Effizienz voranzutreiben" (ebd., S. 244).

Um vor einer Zielsetzung bei Innovationen nicht zu kapitulieren, gibt es konkrete Methoden, wie z. B. das Ordnen von Zielen (ebd., S. 232 ff.). Dabei kann man akzeptieren, dass es mehrere gleichrangige Ziele gibt. Für einen gemeinsamen Nutzen gleicht dabei eine Zielerfüllung eine andere aus („Nutzen-Konzept"). Eine gute Quote z. B. rechtfertigt qualitativ minderwertige Inhalte. Eine enthusiastisch-positive Presse verschafft ein gutes Image und tröstet über geringe Reichweiten hinweg. Oder – so eine andere Möglichkeit – bestimmten Zielen wird der Vorrang gegeben („Nebenbedingungs-Konzept"). In diesem Fall kann einer hohen Quote jeder Qualitätsanspruch zum Opfer fallen.

Die wichtigste Voraussetzung, um mit Zielen bei Innovationen umzugehen, ist es aber, sie nicht als unveränderlich und „gesetzt" zu betrachten. Zielbildung ist ein Prozess, der parallel zum Problemlösungsprozess verläuft und von ihm abhängig ist: „Ziele lenken den Problemlösungsprozess, aber Ergebnisse des Problemlösungsprozesses lenken auch die Zielbildung" (ebd., S. 236).

Mit der Entwicklung eines Formates muss das Ziel weiterentwickelt und gegebenenfalls verändert oder neu definiert werden. Je weiter der Prozess fortschreitet, desto konkreter können die Zielvorgaben werden. Am Ende einer jeden Phase gilt es kritisch zu hinterfragen: Stimmt der aktuelle Stand der Entwicklung noch mit den Zielvorgaben überein? Muss das eine dem anderen angepasst werden?

An welcher Stelle und in welchem Umfang Zieldefinitionen sinnvoll sind, hängt damit von der Art des Innovationsprojektes ab. Je radikaler neu eine Idee ist, desto kritischer ist es, frühzeitig Ziele zu zementieren. Bei inkrementellen Innovationen hingegen ist eine frühe Zielsetzung erfolgversprechend.

Mit dem Ende der Konzeptphase sollten die vorrangigen Ziele in jedem Fall definiert sein. Spätestens hier sollte auch Klarheit darüber herrschen, von welchem Innovationsgrad bei dem neuen Format auszugehen ist. Vor der Pilotierung sollten die Verantwortlichen wissen, mit welchem Ausmaß an Neuerung sie es zu tun haben, um die damit verbundenen Ungewissheiten und Risiken zu managen.

5.2 Pilot-Phase

Die frühe Phase ist mit der Konzeption der Idee abgeschlossen. Es beginnt die Entwicklung bis zur Pilotierung. In der (technischen) Produktentwicklung entspricht dies dem Bau eines Prototypen als der „intensive[n] Umsetzung der Ideen in ein physisches Produkt" (Hauschildt/Salomo 2011, S. 90). Es ist nach der kreativen Ideenphase und einer ersten Verdichtung zum Konzept die Phase der

> „Umsetzung der Beobachtungen und Forschungsergebnisse in Konstruktionen, Versuchsanlagen, Prototypen, mit dem Ziel, die theoretisch bestimmten und/oder empirisch festgestellten Beziehungen für einen bestimmten Zweck nutzbar zu machen" (ebd., S. 20).

Für neue Formate unterteile ich die Abläufe der Pilot-Phase in zwei Abschnitte: die Erstellung eines Papierpiloten und die Produktion einer Pilotfolge.

5.2.1 Papierpilot: Entwicklung zum Piloten

In der Phase zur Erstellung des Papierpiloten wird ein Formatkonzept so weit entwickelt, dass die Realisierung beginnen kann: die Produktion eines (sendefähigen) Piloten, einer Pilotfolge als Teil einer Staffel oder direkt einer Staffel. Der Papierpilot als Meilenstein ist die Basis, auf der eine weitere Beauftragung zur Produktion erfolgt, in der Regel die des Piloten. Er bildet damit erneut ein Moneygate. Alle Elemente, wie sie im Leitfaden für Konzepte eher theoretisch-generisch definiert sind, müssen so konkret durchdacht, recherchiert und zu Papier gebracht sein, dass vor der Pilot-Produktion noch einmal bewertet werden kann, ob das Konzept funktionieren könnte oder nicht. Solange alles noch auf dem Papier stattfindet, ist der Einsatz von Ressourcen überschaubar. Erst wenn die eigentliche Umsetzung beginnt, die Dreharbeiten oder die konkrete Planung einer Show, steigen die Kosten rasant.

In dieser Phase der Entwicklung müssen Drehbücher und Ablaufpläne geschrieben, Protagonisten recherchiert, Darsteller gecastet, Studios und Settings geplant, Drehorte festgelegt werden. Je nach zu entwickelndem Format und Genre bedeutet das unzählige Routine-Tätigkeiten, die aber ein gewisses Extra an Kreativität erfordern, da es sich hier um etwas Neues handelt.

Mehr Gewicht in dieser Phase bekommt die Frage nach der Herstellung des Produktes und die Machbarkeit im Budget-Rahmen: Wie kann die Idee konkret umgesetzt werden? Was und wen braucht es dazu? Und was darf es kosten? Ist das Konzept so zu realisieren? Aber auch die Maßnahmen zur Verwertung müssen weiter konkretisiert und geplant werden.

Definition: Papierpilot
In der Papierpilot-Phase wird das Formatkonzept so weit entwickelt, dass es zu einer (Pilot-)Sendung umgesetzt werden kann. Der Papierpilot als Meilenstein zum Abschluss dieser Phase liefert eine detaillierte Beschreibung aller inhaltlichen sowie gestalterischen Formatelemente und wie diese konkret umzusetzen sind. Mit der Abnahme des Papierpiloten wird die (Pilot-)Produktion gestartet.

5.2.2 Leitfaden für Papierpiloten

Beim Papierpilot geht es nicht mehr darum, sich grundsätzlich für oder gegen eine Formatidee zu entscheiden. Hier gilt es zu überprüfen, ob sich ein Konzept in die Realität, also in ein Fernsehprodukt, übertragen lässt und wie die Sendung konkret aussehen kann. Anhand aller verfügbaren inhaltlich-kreativen und betriebswirtschaftlichen Fakten ist am Ende der Phase zu entscheiden: Ist das Format in diesem Stadium noch so, wie es geplant war? Sind alle relevanten Elemente umzusetzen? Muss die Entwicklung noch weitere Schleifen gehen? Oder kann die Umsetzung starten?

Mit dem Papierpiloten gibt es eine letzte Möglichkeit, mit überschaubarem Verlust die Reißleine zu ziehen, falls sich schon auf dem Papier herausstellt, dass das Erdachte so nicht realisierbar ist – weil es zu teuer oder zu aufwendig ist, weil die notwendigen Protagonisten nicht zur Verfügung stehen oder weil die Formatidee einfach nicht aufgeht, wenn man sie vollständig zu Ende denkt.

Der Leitfaden für den Papierpiloten basiert auf dem Konzept. Entscheidend ist, die Veränderungen, die sich in der Phase der immer konkreter werdenden

Entwicklung ergeben haben, deutlich zu machen, und die Ergänzungen für die Herstellung und die begleitenden Maßnahmen für die Verwertung hinzuzufügen, um mit dem Phasenabschluss entscheiden zu können: Ist das Projekt noch auf dem Weg zum definierten Ziel? Müssen Anpassungen vorgenommen werden? Oder ist es besser, an dieser Stelle die Entwicklung zu beenden?

Typische Fragen zum Papierpiloten
Gibt es einen finalen Titel? Sind die Rechte diesbezüglich geklärt?
Haben sich im Entwicklungsprozess grundsätzliche Veränderungen zu Inhalt, Genre oder Format ergeben?
Wie sieht das Drehbuch oder Drehkonzept aus, der Ablaufplan oder das Treatment für die erste Folge? Wie für die weiteren Folgen?
Haben die gewünschten Künstler zugesagt? Wer genau sind die (recherchierten) Protagonisten? Was sind ihre Profile? Wie sind die Castings?
Was sind die konkreten Drehorte? Wie sehen die Bühnenbilder oder Pläne für den Studiobau aus?
Gibt es Vorlagen für Musik- und Schnittkonzepte?
Was sind die kalkulierten Kosten für die Produktion? Ist das Format im Budgetrahmen zu finanzieren? Gibt es Zusagen für weitere Finanzierungsquellen, z. B. Förderungen?
Sind Folgenzahl und Ausstrahlungsfrequenz realistisch?
Was ist der genaue Sendeplatz im Programmschema, was ein möglicher Ausstrahlungstermin?
Sind die Online-Ideen machbar? Ist die transmediale Nutzung zu bewerkstelligen?
Welche rechtlichen Schritte sind noch für den Lizenzerwerb oder -verkauf zu tun?
Wer ist der Projektleiter? Wer der Produzent? Mit welchem Team wird gearbeitet?
Gibt es neue Erkenntnisse aus der Marktforschung? Was ergeben Detailanalysen zu einzelnen Inhalten oder Protagonisten? Was macht die Konkurrenz?
Wie sieht der geplante Slot aus?

Neben den Ergänzungen zu den bestehenden Elementen umfasst der Leitfaden für den Papierpiloten zwei weitere Punkte, die zur Überwindung des Moneygates zur Pilotierung relevant sind: Die Herstellung des Produktes und die begleitenden Maßnahmen für die Veröffentlichung (vgl. Abbildung 5.2).

5.2 Pilot-Phase

Leitfaden		
Ideenpapier	**Konzept**	**Papierpilot**

1. (Arbeits-)Titel
2. Kontext
   a. Genre
   b. Umfeld
3. Inhalt/Grundidee
4. Format
5. (Trans-)Media
6. Dramaturgie
7. Protagonisten
8. Gestaltung
9. Team
	1. (Arbeits-)Titel
	2. Kontext
	   a. Genre
	   b. Umfeld
	3. Inhalt/Grundidee
	4. Format
	5. (Trans-)Media
	6. Dramaturgie
	7. Protagonisten
	8. Gestaltung
	9. Team
	10. Verwertung
	11. Markt
	12. Ziel
		1. (Arbeits-)Titel
		2. Kontext
		   a. Genre
		   b. Umfeld
		3. Inhalt/Grundidee
		4. Format
		5. (Trans-)Media
		6. Dramaturgie
		7. Protagonisten
		8. Gestaltung
		9. Team
		10. Verwertung
		11. Markt
		12. Ziel
		13. Herstellung
		14. Begleitende Maßnahmen

	Zunehmende Konkretisierung ➤	

Abbildung 5.2: Leitfäden für Ideenpapier, Konzept und Papierpilot (eigene Darstellung)

- Herstellung:

  Mit dem Papierpiloten sind alle inhaltlichen Elemente so genau vorgegeben, dass die Umsetzung geplant und kalkuliert werden kann. Mit dem Übergang zum Piloten steht fest, wie er im Detail herzustellen ist, was er kostet und wie viel im späteren Verlauf für eine Serienproduktion investiert werden muss. Mit dem Übergang zur Pilotphase muss es ein vertraglich festgelegtes inhaltliches und finanzielles Commitment zwischen Sender und Produzent über ihre jeweiligen Leistungen geben.

  Dabei ist davon auszugehen, dass die inhaltliche Abnahme des Papierpiloten vor der finalen Budgetverhandlung stattfindet. Erst wenn verbindlich klar ist, dass die Pilotierung erfolgt und es keine großen Veränderungen mehr gibt, ergibt es Sinn, die oft langwierigen Budgetverhandlungen zum Abschluss zu bringen.

- Begleitende Maßnahmen:

Mit dem Übergang zum Piloten können beim Sender programmunterstützende Maßnahmen wie Pressearbeit und die Planung von Marketingaktivitäten eingeleitet werden. Ob es in diesem Stadium noch zu früh ist, Ressourcen dafür freizusetzen, ist abhängig von der Wahrscheinlichkeit, ob das neue Format tatsächlich veröffentlicht wird.

5.2.3 Pilotproduktion als „physische Umsetzung"

Ein Bewegtbildformat ist mehr als die Summe seiner einzelnen Elemente, aus denen es sich zusammensetzt. Ob eine Sendung funktioniert, kann aufgrund eines Papiers immer nur bis zu einer bestimmten Wahrscheinlichkeit vermutet werden, vor allem, wenn es sich dabei um etwas Neues handelt. Um eine Beurteilung zu erlauben, muss ein Format „physisch" hergestellt werden, das Ergebnis als Sendung zu sehen und getestet sein.

Um ein neues Format auszuprobieren, gibt es eine Reihe unterschiedlicher Möglichkeiten der Pilotierung (vgl. Kapitel 5.2.4). Ein Pilot ist dabei als Strategie zu sehen, den beiden größten Unsicherheitsfaktoren und Risiken bei neuen Sendungen zu begegnen: zum einen, ob die Umsetzung vom Papier in ein Bewegtbildprodukt gelingt, zum anderen, ob die neue Sendung beim Zuschauer ankommt.

Nach der Pilotierung als Abschluss der Formatentwicklung gilt es zu entscheiden: Geht es in die Serienproduktion? Wird noch einmal nachgebessert? Oder ist der Prozess hier beendet? Basis der Entscheidung darüber ist die Bewertung der Ergebnisse durch den Sender als Auftraggeber, die Erkenntnisse aus der Marktforschung und/oder wie der Zuschauer das neue Format annimmt.

Definition: Pilot
Ein Pilot für ein Format ist die erste Umsetzung der Idee in ein Fernsehprodukt. Als Meilenstein und Abschluss der Pilotierungsphase dient er dazu, die Funktionsweise und Machbarkeit eines neuen Formates sowie seine Akzeptanz bei den Zuschauern zu testen.

Nicht bei jeder neuen Sendung ergibt eine Pilotierung Sinn. Nicht jedes neue Format lässt sich pilotieren. Große, innovative und lange laufende Events wie z. B. „Newtopia" (Sat.1, 2015) müssen einfach ausprobiert werden. Piloten liefern Erkenntnisse, keine Beweise. Nur wenn eine Folge tatsächlich beim Publikum unter realen Bedingungen getestet wird, kann man sagen, ob sie beim Zuschauer ankommt. Ob sich das im Falle eines Erfolges auch auf weitere Folgen übertragen lässt, bleibt ungewiss.

Die Erstellung eines Piloten ist aufwendig und teuer, man muss sich die Frage stellen, ob und unter welchen Bedingungen es sich lohnt. Zur Beantwortung hilft die Frage nach dem Risiko, das ein neues Format bedeutet: Wie viel wird in das neue Format investiert? Handelt es sich nur um eine kurze Staffel einer günstigen Dokusoap oder um eine auf Jahre geplante Soap oder Serie? Wie gut kann man das Neue im Vorfeld einschätzen? Wie groß ist die Unsicherheit? Es liegt also nahe, die Frage der Pilotierung in Abhängigkeit vom Innovationsgrad zu diskutieren.

5.2.4 Formen der Pilotierung

Ein Pilot kann unterschiedliche Erkenntnisse liefern:

- Funktioniert die Umsetzung?
- Wie urteilen die Verantwortlichen und Formatexperten bei Sendern und Produktionsfirmen?
- Was sagt die Marktforschung?
- Und schließlich: Wie reagieren die Zuschauer?

In der Fernsehpraxis wird dafür grundsätzlich unterschieden zwischen „sendefähigen" und „nicht-sendefähigen" Piloten: Nicht-sendefähige Piloten dienen vor allem dazu, die Herstellung und Funktionsweise fachlich zu beurteilen – und gegebenenfalls auf dieser Basis noch Veränderungen vorzunehmen. Sind die Piloten nah am gewünschten Endprodukt, können sie mit Mitteln der qualitativen Marktforschung einem Testpublikum zur Bewertung vorgelegt werden. Sendefähige Piloten werden zusätzlich mit dem Ziel produziert, das neue Format zu veröffentlichen und im Zuschauermarkt zu testen. Für die unterschiedlichen Arten von Formaten und Genres haben sich daraus verschiedene Möglichkeiten der Pilotierung entwickelt:

- Mood-Pilot

  Der Mood-Pilot ist keine fertige Sendung, sondern eine Visualisierung von Formatelementen mit Bewegtbildern, um eine Vorstellung oder Stimmung zu vermitteln: Wie funktioniert das Zusammenspiel der Protagonisten? Wie sieht die Kameraführung aus? Welchen Look hat die Show?

Ziel ist es, den beteiligten Fachleuten zusätzlich zum Papier eine erste Vorstellung davon zu geben, wie sich das Format „anfühlt". Mood-Piloten werden häufig als Vorstufen von Piloten eingesetzt, oder dann, wenn man sich eine komplette Pilotierung sparen will.

- Funktionspilot

Auch Funktionspiloten sind nicht für den Endkunden, den Zuschauer, bestimmt, sondern dienen den Machern, um zu testen, ob die formatierenden Elemente so wie erdacht funktionieren. Funktionspiloten werden in der Regel in einer reduzierten Form produziert, da sie nur Experten zur Beurteilung vorgelegt werden, die zu abstrahieren vermögen, worauf es ankommt. So können z. B. Shows in einer von anderen Sendungen entliehenen Kulisse getestet werden, ohne extra dafür ein neues großes – teures – Studio zu bauen und ohne alle Verpackungselemente zu erstellen.

- Nicht-sendefähiger Pilot

Bei Prototypen, die als nicht-sendefähig geplant sind, geht man nicht davon aus, sie direkt im Zuschauermarkt zu testen, hat aber den Anspruch, einen voll ausgereiften Piloten zu erstellen. Diese Form der Pilotierung kann Aussagen darüber erlauben, ob eine Idee als Format in allen Elementen funktioniert und wo noch etwas verbessert werden kann. In diesem Stadium kann noch viel probiert werden, es muss noch nicht dem Endkunden gefallen.

Piloten sind häufig die Basis, auf der Marktforschungsinstitute qualitative Tests durchführen, z. B. die Beurteilung durch Testgruppen. Ziel ist es, auf Basis dieser Erkenntnisse über eine serielle Produktion des Formates zu entscheiden.

- Sendefähiger Pilot

Sendefähige Piloten werden – wie der Name schon sagt – mit dem Ziel erstellt, dem Publikum präsentiert zu werden. Plant man einen Piloten zur Ausstrahlung, geht man im Vergleich zu anderen Formen der Pilotierung von einem geringen Produktionsrisiko aus, davon, dass auf Basis der Vorarbeit das Format in sich funktioniert. Mit sendefähigen Piloten soll ein neues Format direkt beim Endpublikum getestet werden.

In der Praxis haben sich unterschiedliche Formen dieser Tests on air etabliert. So werden Einzelfolgen oder Ministaffeln ausgestrahlt, das Ergebnis abgewartet, und dann die Staffelproduktion beauftragt. Eine weitere gängige Methode ist es, eine von der Staffel abgesetzte erste Folge zu produzieren. Sie wird im Vorfeld der Ausstrahlung als Pilot genutzt, um die

Funktionsweise zu testen und Modifikationen vorzunehmen. Ausgestrahlt wird der Pilot dann als Teil der Staffel.

5.3 Realisierungs-Phase

Mit dem fertigen Piloten ist die Entwicklung eines Formates weitgehend abgeschlossen. Wie bei anderen Produktinnovationen kann nun „die produktionswirtschaftliche Umsetzung sowie die Produkteinführung in den Markt in Angriff genommen werden (Realisationsphase)" (Hauschildt/Salomo 2011, S. 90).

Als dritter Block beim Formatinnovationsprozess umfasst die Realisierungs-Phase die Produktion der sendefähigen Folge(n) des neuen Formates bis zum Markteintritt, der Ausstrahlung. Ich gehe dabei noch einen Schritt weiter und beziehe die Evaluierung mit in die Realisierungs-Phase mit ein. Sie definiert das Ende des gesamten Innovationsprozesses und dient der Bewertung der Ergebnisse und damit der ständigen Weiterentwicklung. Die Evaluierung unterstützt noch in der Realisierungs-Phase die Verbesserung von neuen Sendungen und kann Impulse für ganz neue Ideen liefern. Darüber hinaus ist sie als Instrument der Prozessoptimierung und damit der Organisationsentwicklung zu sehen.

5.3.1 Serienproduktion und Markteintritt

Bei der für die Ausstrahlung bestimmten Serienproduktion neuer Formate haben sich die Unsicherheiten, die Innovationen immanent sind, minimiert. Mit dem Piloten gibt es eine Blaupause, an der gegebenenfalls noch Verbesserungen und Anpassungen durchgeführt werden. Die Formatierung ist definiert, nun gilt es, sie für mehrere sendefähige Folgen mit Leben und mit Inhalten zu füllen. Echte Kreativität, wie sie für die Entwicklung originärer Ideen in der frühen Phase der Entwicklung gebraucht wird, spielt hier kaum mehr eine Rolle. Für das Konzeptionieren der einzelnen Folgen im Rahmen der Serienproduktion sind vor allem kreatives Handwerk und kreative Routine gefragt.

Und dennoch bewegen sich die Macher bei der seriellen Umsetzung eines neuen Formates – so gut und sorgfältig die Realisation auch durch die Pilotierung stattgefunden hat – auf neuem Terrain. Vor allem bei steigendem Innovationsgrad kann man auf immer weniger Erfahrungswerte und damit weniger Routinen zurückgreifen. Zudem unterscheidet sich die Produktion der Serie von der Herstellung eines Piloten. Eine Einzelfolge, die auf Basis eines ganz neuen Konzeptes entstanden ist, erfordert kreative und künstlerische Handarbeit. Formate aber sind für die serielle Produktion vieler Folgen konzipiert, sie sind „Industrie-Fernsehen". Die Produktion des Piloten liefert zwar wertvolle Erkenntnisse über die

Produktionsprozesse, aber geht es in die Serienproduktion, muss aus Manufaktur Industrieproduktion werden. Dazu braucht man viele neue „kreative Arbeiter", die als Team zum Funktionieren gebracht werden müssen. Je mehr Folgen eines neuen Formates geplant sind, desto dringlicher ist es, Abläufe zu standardisieren und parallelisieren. Tägliche Formate zum Beispiel – egal in welchem Genre – müssen einer Fließbandproduktion gleichen. Und dieses Fließband gilt es bei der ersten Staffel einer Formatinnovation einzurichten.

Neben diesen direkt sendungsbezogenen Aufgaben zur Herstellung eines seriellen Bewegtbildproduktes muss in der Produktionsphase der Markteintritt vorbereitet und umgesetzt werden: die Distribution und die begleitenden Marketingmaßnahmen. Es reicht nicht, eine Sendung innovativ und gut zu machen, wenn niemand davon erfährt.

In den Phasen der Ideenfindung und Entwicklung des hier skizzierten Innovationsprozesses ist die Vorbereitung der Ausstrahlung schon als parallel zur Formatentwicklung laufender Prozess vorgesehen. Vor allem bei Formaten mit kurzer Produktionszeit kann so gewährleistet werden, dass die begleitenden Maßnahmen rechtzeitig geplant und ausgeführt werden. Je nachdem, wie aufwendig und wichtig eine neue Sendung ist, brauchen Presse, Marketing, Spiele-Erfinder, Merchandising oder Sales teilweise mehrere Monate Zeit, um ihre Aktivitäten zu konzeptionieren und zu produzieren. Um z. B. rechtzeitig in den wichtigen vierzehntägigen Programmzeitschriften mit journalistisch aufbereiteten Artikeln vertreten zu sein, müssen Texte und Bilder mindestens zehn Wochen vor Veröffentlichung vorliegen. Dafür muss es im Vorfeld Interviews und Fototermine geben. Für die Planung und Umsetzung von Plakaten und „Citylights" werden mindestens zwölf Wochen Vorlauf veranschlagt. Eine Staffel Factual Entertainment kann schneller produziert werden – ganz zu schweigen von aktuellen Informationsformaten und Live-Shows.

Spätestens in der Phase der Serienproduktion ist es die Regel, die Ausstrahlung und die dazugehörenden Marketing- und Pressekampagnen zu planen und umzusetzen. Formatinnovationen sind Trends unterworfen und damit schnell verderbliche Produkte (vgl. Kapitel 2.3.1). Neue Sendungen sollten mit möglichst wenig Zeitverlust mit allen unterstützenden Maßnahmen auf den Markt gebracht werden, um erfolgreich zu sein. In den wenigsten Fällen wird eine Staffel eines neuen Formates produziert und dann erst die Veröffentlichung geplant. Häufig ist die Produktion zum Zeitpunkt der Ausstrahlung noch nicht einmal abgeschlossen.

Definition: Serienproduktion
Die Phase der Serienproduktion im Innovationsprozess beschreibt die Umsetzung des Piloten in serielle sendefähige Formatfolgen sowie die Vorbereitung für deren Erstausstrahlung als Markteintritt.

Die Phase der Serienproduktion ist beendet, wenn eine Staffel oder eine vorgegebene Folgenzahl fertig hergestellt ist. Nicht gleichzusetzen ist das Produktionsende mit dem Ende des Innovationsprozesses. Er wird erst durch die Evaluierung abgeschlossen – und dafür muss der Markteintritt, die Ausstrahlung stattgefunden haben (vgl. Kapitel 2.6.5).

5.3.2 Evaluierung als Erfolgsfeststellung und Prozessabschluss

Kommen wir zum abschließendem Abschnitt des Innovationsprozesses für Formate. Die Entwicklung von neuen Sendungen als Industrieprodukte dient nicht einem künstlerisch-kreativen Selbstzweck. Man muss sich die Frage stellen, ob das Neue auch einen Nutzen gebracht hat und die Ziele erreicht worden sind (vgl. Kapitel 2.6.5). Einer abschließenden Bewertung der Prozessergebnisse sowie des Prozesses an sich kommt damit eine besondere Bedeutung zu.

Evaluierung steht zunächst für „eine förmliche, herausgehobene Kontrollaktivität" und will eine „kritische Bewertung des Ergebnisses eines Arbeitsprozesses" (Hauschildt/Salomo 2011, S. 338). Die Form macht dabei den Unterschied zu einfachen Bewertungen: Evaluierungen beziehen sich auf einen klar definierten Gegenstand und werden von Experten anhand festgelegter Kriterien sowie unter Zuhilfenahme von Daten durchgeführt. Die Evaluierung stellt „das Ergebnis förmlich fest, vergleicht dieses mit einem Referenzzustand und fällt ein Urteil über die erbrachte Leistung" (ebd., S. 338). Am Ende eines Innovationsprozesses ist die Evaluierung immer auch als eine Feststellung des Erfolges zu sehen.

Definition: Evaluierung des Formatinnovationsprozesses
Die Phase der Evaluierung bezeichnet im Formatinnovationsprozess die förmliche Bewertung der Ergebnisse und des gesamten Prozesses. Sie dient sowohl der Erfolgsfeststellung anhand von Zielvorgaben als auch der Weiterentwicklung des Produktes und der Prozesse in der Organisation. Die Evaluierung bildet den Abschluss des Innovationsprozesses und leitet die Überführung der Produktion in die Routineabläufe der Organisation ein oder markiert das Ende des Projektes.

Für die Evaluierung von Formatinnovationen gilt es zunächst, den Gegenstand der Erfolgsmessung zu definieren, den Zeitpunkt festzulegen und die Akteure zu bestimmen, welche die Evaluierung durchführen (Hauschildt/Salomo 2011, S. 344 ff.; Hauschildt 1991, S. 466 ff.). Des Weiteren geht es um die Klärung der Frage, woran sich der Erfolg von Formatinnovationen orientieren kann. Daran schließt eine Diskussion über Quote, Rendite und Qualität als Kriterien zur Evaluierung an.

5.3.2.1 Gegenstand, Zeitpunkt und Experten als Rahmen der Erfolgsmessung

Zunächst die grundlegende Frage: Was soll evaluiert werden, wenn ein neues Format fertiggestellt ist? Das kann zum einen das Ergebnis des Innovationsprozesses sein: die Pilotfolge, die erste Folge einer Staffel, eine Pilotstaffel, die erste Staffel oder das Format in seiner gesamten Laufzeit und über alle Staffeln hinweg. Zum anderen kann der Innovationsprozess an sich Gegenstand der Evaluierung sein. Organisation und alle Beteiligten können reflektieren, wie Konzeptionierung, Entwicklung und Produktion verlaufen sind, wo es mögliche individuelle oder organisatorische Schwachpunkte gibt und was man für das nächste Mal daraus lernen kann. Dieser organisationale Lernprozess hilft, zukünftige Entwicklungsprozesse erfolgreicher zu gestalten (Zedtwitz 2002, S. 255 ff.).

An die Festlegung des Gegenstandes ist die Entscheidung über den Zeitpunkt der Evaluierung geknüpft. Die Evaluierung bildet hier den Abschluss des Innovationsprozesses. Es gilt, das Ergebnis zu bewerten. Wann aber ist der Innovationsprozess abgeschlossen? Wann ist der richtige Zeitpunkt, um über einen Erfolg zu entscheiden?

Oft starten Formate zunächst wenig erfolgreich und erarbeiten sich ihre Zuschauer Tag für Tag oder Woche für Woche. Gerade bei neuen täglichen Sendungen ist es ein häufig zu beobachtendes Phänomen, dass die Zuschauer das Neue nicht sofort annehmen (vgl. Kapitel 6.4.6). So war „Berlin Tag & Nacht" (RTL2, seit 2011) in den ersten Wochen ein Flop – nach und nach erst lernten die Zuschauer das Format lieben. Das Nachfolgeprodukt „Köln 50667" (RTL2, seit 2013) hatte es da wesentlich einfacher: Das neue Genre und der Mechanismus des Formats an sich waren schon gelernt, das Neue war nur inkrementell-neu. Der Erfolg stellte sich schnell ein.

Es gibt aber auch den umgekehrten Fall: Ein neues Format startet höchst erfolgreich, mit jeder Folge aber schwinden die Zuschauer. Zu beobachten ist dies häufig bei aufwendig beworbenen, neuen Primetime-Sendungen. Das zunächst große Interesse, die Neugier, die Werbe- und Marketingmaßnahmen erzeugt haben, halten nicht an, der Marketingeffekt wirkt nur kurz. Was nach der ersten Folge wie ein Erfolg aussieht, ist am Ende der Staffel gerade noch als mittelmäßig oder gar als Flop zu bewerten.

Die erste Staffel „Promi Big Brother" (Sat.1, 2013) startete z. B. bei der Einzugs-Show mit hervorragenden Quoten von 22,6 Prozent in der Zielgruppe. Mit den weiteren Folgen verschwanden die Zuschauer, die Quote fiel auf 9,0 Prozent. Der Durchschnittswert betrug 13,7 Prozent und kann im Vergleich zum Senderschnitt von Sat.1 (zur Zeit der Ausstrahlung um 9,2 Prozent bei den 14- bis 49-Jährigen) zwar als Erfolg interpretiert werden, doch durch den Quotentrend ist die erste Staffel „Promi Big Brother" als Flop zu bewerten. Die zweite Staffel (Sat.1, 2014) verlief völlig anders: Sie startet mit 18,9 Prozent, lief konstant sehr gut mit einem Höchstwert von 22,4 Prozent und konnte am Staffelende einen Schnitt von sehr erfolgreichen 18,7 Prozent aufweisen.

Die Beispiele zeigen: Den (einen) richtigen Zeitpunkt für eine Evaluierung neuer Formate gibt es nicht. Generell kann man behaupten: Je später eine Evaluierung stattfindet, desto mehr Erkenntnisse können mit einfließen. Mit einer fertig produzierten und ausgestrahlten Staffel eines neuen Formates ist ein klares Projektende definiert. Alle Zahlen und Erkenntnisse liegen vor. Im Sinne eines „Post-Project-Reviews" (Koners/Goffin 2007, S. 243 ff.) lässt sich der gesamte Prozess und der Nutzen der Ergebnisse bewerten. Nicht mit in Betracht gezogen werden dabei die Auswirkungen auf weitere Staffeln oder ein langlaufender Erfolg – was vor allem für fiktionale Serien relevant ist. Hier müsste man theoretisch bis zum Ende aller Staffeln warten, also einen spätestmöglichen Zeitpunkt wählen.

Nachteil einer späten Evaluierung als abschließender Betrachtung ist, dass die Erkenntnisse für das laufende Projekt nicht mehr nutzbar sind. Es bleibt bei einer Erfolgsmessung. Für Formatinnoavtionen ist aber nicht nur die Feststellung von Erfolg wichtig, sondern auch die ständige Weiterentwicklung.

Ich empfehle daher eine erste Überprüfung der Ergebnisse mit dem Markteintritt, ein bis zwei Tage nach der Ausstrahlung der ersten Folge. Ist die erste Sendung gelaufen, ergibt sich zu den eigenen Einschätzungen der Macher das Feedback aus dem Markt (qualitative und quantitative Zuschaueranalysen, Streaming-Abrufe, Online-Feedback, Presse etc.), das für die Produktion weiterer Folgen oder Staffeln berücksichtigt werden kann. Bei vielen Produktionen, vor allem bei kurzfristig zu produzierenden Formaten wie Live-Shows, Magazinen und Dokusoap-Formaten, wird deshalb von Anfang an geplant, die Ergebnisse der ersten Ausstrahlungen in die weitere Produktion mit einzubeziehen und gegebenenfalls Veränderungen vorzunehmen. Die Evaluierung dient dann der Anpassung und ständigen Verbesserung des Produktes gemäß dem Feedback aus dem Markt. Sie beginnt mit der Ausstrahlung der ersten Folge und kann sich über den Ausstrahlungszeitraum vieler Folgen ziehen. Diese prozessbegleitende Evaluierung, bei der die Grenzen zum Monitoring (vgl. Kapitel 6.3.4) fließend sind, werden abgeschlossen in einer finalen Evaluierung im Sinne eines Post-Project-Reviews.

Ein deutliches Ende findet der Innovationsprozess, wenn ein neues Format bei Misserfolg wieder vom Markt genommen werden muss. Ist das Projektende nicht so eindeutig – und schnell – zu definieren, braucht es dafür eine Managemententscheidung. Sie muss sich an der Frage orientieren, ob die Innovation in die (kreativen) Routineabläufe der Organisation überführt werden kann. Erst wenn das Neue zum täglichen Geschäft wird, ist der Innovationsprozess beendet. Die Entscheidung kann im Rahmen der Evaluierung getroffen werden. Das heißt: Am Ende eines Innovationsprozesses steht zwar immer eine Evaluierung. Doch muss diese Evaluierung nicht die letzte für dieses Format sein.

Nun stellt sich die Frage, wer eine Evaluierung durchführen sollte. Wer sind die Experten, die ein neues Format bewerten, über den Erfolg entscheiden und darüber, ob die Sendung in die Routineabläufe überführt wird?

Einzelne Personen sind nie ganz frei von Verzerrungen in der Beurteilung, egal ob es sich um Beteiligte oder Nicht-Beteiligte handelt. Die Innovationsforschung empfiehlt daher eine Evaluierung in Gruppen, bestehend aus Insidern und Outsidern, Betroffenen und nicht Betroffenen, Spezialisten und Generalisten, Technikern und Kaufleuten, Sachverständigen und Laien (Hauschildt/Salomo 2011, S. 347).

Für die formale Bewertung von Formatinnovationen sollten aus meiner Sicht neben den konkret inhaltlich am Format Beteiligten (Redakteur, Producer, Produzent, Chefredakteur oder Programmleiter) jeweils Vertreter der Herstellungsabteilung und des Controllings zuständig sein, um den wirtschaftlichen Erfolg zu beurteilen. Wichtig sind auch Personen an den Schnittstellen zu anderen Abteilungen wie Online, Marketing und Presse, um eine Betrachtung der Gesamtperformance zu gewährleisten. Vertreter der Marktforschung mit ihren Erhebungen stehen stellvertretend für die Kunden des neuen Produktes, die Zuschauer und die Werbekunden. Und schließlich braucht es einen externen Experten, z. B. einen unabhängigen Berater, der die Einschätzungen der direkt und indirekt Beteiligten kritisch hinterfragt und gegebenenfalls relativiert.

5.3.2.2 Evaluierung bei sich ändernden Zielen

Um ein neues Format bewerten zu können, muss klar sein, was mit der Innovation erreicht werden soll. In der Regel erwartet man von Innovationen ganz allgemein eine Verbesserung (vgl. Kapitel 2.6.5). Im linearer Fernsehen ersetzt ein neues Format ein anderes oder „altes" – zumindest auf dem Sendeplatz. Bei nicht linearer Verbreitung ergänzen Bewegtbildinnovationen den Bestand. Macher und Verantwortliche erwarten, dass es „besser läuft" oder „besser ist". Und dieses „besser" muss definiert sein.

Es braucht Referenzgrößen, und zwar klar und frühzeitig definierte Ziele für jede einzelne Innovation, um am Ende ihren Erfolg messbar zu machen. Hauschildt/Salomo (2011, S. 346) bezeichnen Zielsetzungen als den einzigen „rationale(n) Messvorgang." Gibt es für ein neues Format keine Zieldefinition, kann am Ende nicht entschieden werden, ob das Ziel erreicht ist, also ob von einem Erfolg die Rede sein kann, oder ob man einen Flop verbuchen muss. Ohne formulierte Ziele bleibt Raum für Interpretationen, Umdeutungen und Rechtfertigungen. Evaluierung ist zwar „stets Fremdcontrolling, nicht Selbstcontrolling" (ebd., S. 338), bietet aber zudem „die Möglichkeit der kritischen Selbstevaluation der Beteiligten" (ebd., S. 352). Beides kann ohne Zielvorgaben nicht funktionieren – einerseits.

Anderseits sind Ziele in Innovationsprozessen nicht einfach festzusetzen. Zieldefinition ist bei der Formatentwicklung ein Prozess (vgl. Kapitel 5.1.3.2). Dieser Dynamik der Zielbildung muss sich auch die Evaluierung anpassen. Dabei gilt es einerseits, frühzeitig gesetzte Ziele ernst zu nehmen und damit die Erfolgsmessung nicht zur Interpretation verkommen zu lassen. Andererseits müssen die sich im Entwicklungsprozess verändernden Parameter und Ziele mit einbezogen werden. Hier ist es wichtig, die Ziele am Ende jeder Phase zu überprüfen und anzupassen sowie diese Anpassungen in der abschließenden Erfolgsbewertung mit zu berücksichtigen. Evaluierung von Innovationen ist analog zur Zielbildung als Prozess zu sehen. Wie geradlinig er verläuft, ist abhängig vom Innovationsgrad.

5.3.2.3 Möglichkeiten der Erfolgsmessung

Für Erfolgsmessungen sieht die Innovationsforschung quantitative und qualitative Ansätze vor. Geht es bei dem einen darum, Messdaten zu analysieren, werden bei dem anderen „verbale bzw. nichtnumerische Daten interpretativ verarbeitet" (Habann 2010, S. 41). Wie komplex es tatsächlich ist, Kriterien für eine Evaluierung festzulegen, soll ein Blick auf die Forschung zu technischen Innovationen deutlich machen.

Hier wird zwischen technischen und monetären Dimensionen unterschieden, die jeweils direkte und indirekte Effekte haben (Hauschildt/Salomo 2011, S. 342). Direkte Effekte lassen sich mit spezifischen, technischen Messwerten einerseits sowie Umsatz und Gewinn andererseits quantifizieren. Bei den indirekten Effekten ist die Messbarkeit schwieriger: Hierzu zählen Lernerfolge, Transfereffekte, Werbeerfolge und die Kenntnis von Schwachstellen. Indirekte ökonomische Effekte sind beispielsweise die Auswirkung auf die Konkurrenz wie deren Umsatzverringerung oder Kostenerhöhung. Daneben gibt es „sonstige Effekte", die den individuellen und sozialen Nutzen beschreiben wie Entlastung der Umwelt, Anerkennung durch die Wissenschaft, Preise oder schlichtweg Selbstverwirklichung.

Die Summe aller Effekte ergibt den „Gesamt-Nutzen" (Hauschildt/Salomo 2011, S. 340 ff.).

Bleibt man bei den quantifizierbaren, direkten Effekten, lässt sich für unsere Betrachtung von Formatinnovationen die monetäre Dimension übernehmen. Doch welche weiteren Kriterien sind sinnvoll für eine Bewertung von neuen medialen Produkten?

Habann (2010) wählt für seine medienökonomische Erfolgsanalyse einen quantitativen Ansatz und unterscheidet zwei Dimensionen zur Konzeptualisierung des Innovationserfolges. Neben dem „ökonomischen Innovationserfolg" als die „dem neuen Produkt zurechenbaren Erfolgsformen, welche zu ökonomischen Konsequenzen führen", definiert er den „Transfer-Innovationserfolg" als „alle innovationsinduzierten Ausstrahlungseffekte, die über das neu entwickelte Produkt hinaus wirken und [...] zum langfristigen Erfolg des Unternehmens beitragen" (ebd., S. 44). Als Indikatoren dieser Transfer-Erfolge wird bei publizistischen Produkten die Qualität gesehen (Esser 2000, S. 111 ff.).

Aus diesen theoretischen Erwägungen und den Erkenntnissen aus der Praxis schlage ich für eine Evaluierung als Abschluss von Innovationsprozessen die Betrachtung der Quote, der Rendite und der Qualität vor. Alle drei Kriterien sind an Referenzen gebunden, an formatspezifische Zielvorgaben, um den Erfolg am Ende des Innovationsprozesses feststellen zu können.

5.3.2.4 Bedeutung der Quote

Die wichtigste „harte Währung" im klassischen wie im neuen Fernsehen ist die Anzahl der erreichten Zuschauer, quantifizierbar in Quoten und den Abrufzahlen von Videostreamingangeboten. Im linearen Fernsehen gilt die Quote noch immer als *das* Instrument der Erfolgsmessung schlechthin – sowohl im privaten als auch im öffentlich-rechtlichen System. Neben den Zuschauern, die live on air fernsehen, zählt die *Arbeitsgemeinschaft Fernsehforschung (AGF)* seit 2014 auch die Nutzer, die TV-Inhalte online per Streaming rezipieren.

Fernsehquoten und Streamingdaten stehen nicht nur für die Akzeptanz der Zuschauer, sondern verweisen auch auf die Erlöse, die mit einem neuen Format erwirtschaftet werden können. Für private Sender ist die Aufmerksamkeit der Zuschauer die Ware, die auf dem Werbemarkt gehandelt wird. Auf dieser Grundlage ist das klassische Geschäftsmodell aufgebaut. Zum Teil trifft das auch auf die im dualen System finanzierten öffentlich-rechtlichen Anstalten zu. Das Zuschauerinteresse hat hier allerdings nicht nur eine ökonomische Dimension. Es ist Teil des Programmauftrags mit dem Ziel „täglich möglichst viele Menschen zu erreichen" (ARD 2014). Die Quote ist – neben der Qualität – ein Teil der „in der ARD vereinbarte[n] und bewährte[n] Doppelstrategie" (ARD 2012, S. 2). Ist die Quote gut, dann gilt ein Format als erfolgreich. Ist sie es nicht, ist es ein Flop.

Die Analyse von Zuschauerzahlen bietet dabei ausreichend Spielraum für die Interpretation von Erfolg: Es können Quoten und Streamingzahlen gemessen werden, durchschnittliche Reichweiten einer Sendung oder die maximal erreichte Anzahl an Zuschauern im Peak bewertet werden. Als Referenz kann der Senderschnitt dienen, die durchschnittliche Reichweite des Sendeplatzes, die Konkurrenz mit einem ähnlichen Format oder das, was innerhalb eines Genres erreicht werden kann. Hinzu kommt die Frage, welche Zuschauer erreicht werden sollen: Die Quote kann sich auf die Gesamtzuschauer ab drei Jahren beziehen oder auf bestimmte Zielgruppen (z. B. die der 14- bis 29-Jährigen, die der 14- bis 49-Jährigen oder die der 14- bis 59-Jährigen). Sie kann sich auf Männer oder Frauen beziehen oder auf die erreichten Mitglieder bestimmter Sinus-Milieus.

Dennoch: Die Anzahl der erreichten Zuschauer ist und bleibt in der Praxis die wichtigste, Sendersystem übergreifende Dimension zur Bewertung von Formaten und damit zur Messung eines Innovationserfolges. Die Relativierungen und Interpretationsspielräume verdeutlichen nur, das „die Quote" keine absolute Größe darstellt. Für eine quantitative Erfolgsmessung müssen das Bezugssystem festgelegt und die Ziele klar definiert werden. Dies wird umso wichtiger in einem Markt, der sich fragmentiert und spezialisiert, ein Markt, in dem „die Masse" immer schwerer erreichbar ist. „Möglichst viele" muss ersetzt werden von „mindestens so viele von einer genau spezifizierten Zielgruppe auf einem bestimmten Medium".

5.3.2.5 Ökonomischer Nutzen

Für öffentlich-rechtliche Anstalten nur zum Teil relevant, unerlässlich jedoch für alle privatwirtschaftlichen Medienunternehmen ist der ökonomische Erfolg einer Innovation. Hier „liefert der Kapitalwert der Einzahlungsüberschüsse letztlich die Antwort auf die Frage, ob eine Innovation erfolgreich ist" (Hauschildt/Salomo 2011, S. 339).

Der direkte ökonomische Nutzen eines neuen Formates ist als erwirtschafteter Gewinn klar quantifizierbar. Formate sind abgrenzbare Produkte. Investitionen für eine neue Sendung können im Vorfeld kalkuliert, Erlöse prognostiziert und nach jeder verwerteten Folge aktualisiert werden. In der Regel wird nach der ersten Staffel der Formatinnovation der Gewinn beziffert.

Die Zuschauerakzeptanz hat zwar direkte Auswirkungen auf den monetären Nutzen, ist aber nicht damit gleichzusetzen. Eine schwächere Quote kann für einen ökonomischen Erfolg ausreichen, wenn die Produktionskosten extrem gering und die Werbeausbuchungen sehr gut sind. Andererseits kann ein beim Zuschauer erfolgreiches Format ein finanzielles Desaster sein, wenn die Herstellungskosten extrem hoch sind – oder zumindest höher als die Einnahmen. Sehen Werbetreibende z. B. eine Sendung nicht als passendes Umfeld für die Platzierung ihrer Produkte, dann kann die beste Reichweite nicht kapitalisiert werden. Die Werbezeiten werden nicht verkauft, die Einnahmen sind gering.

So hatten zum Beispiel die ersten Staffeln von „Ich bin ein Star, holt mich hier raus!" (RTL, seit 2004) zunächst mit einem extrem schlechten Image zu kämpfen. Die Werbekunden zeigten sich abgeschreckt vom „Ekel- und Trash-TV". Die Werbeerlöse waren angesichts der hohen Quote enttäuschend. Heute hat das Format Kultstatus und ist zum idealen Umfeld für Werbebotschaften avanciert (vgl. Kapitel 5.3.2.6).

5.3.2.6 Qualität von Fernsehformaten

Die Analysen von Zuschauerzahlen und Erlösen greifen nicht weit genug für die Bewertung von Fernsehformaten. Um über Erfolg oder Misserfolg eines publizistischen Produktes zu entscheiden, muss neben Quote und Gewinn auch die Qualität betrachtet werden.

Bietet schon die Quote Raum für Interpretationen, so bewegt man sich bei der Beurteilung von Qualität erst recht im Reich der Deutungen. „Gutes Fernsehen" wird allgemein mit Attributen wie kreativ, anspruchsvoll, unterhaltsam, informativ, berührend, vielschichtig, gut gemacht, relevant oder innovativ beschrieben. Was Qualität im Fernsehen aber genau ausmacht, darüber wird seit jeher diskutiert.

Vor allem die öffentlich-rechtlichen Rundfunkanstalten befassen sich ausführlich mit ihrem Qualitätsanspruch, denn: „Der Programmauftrag ist zugleich ein Qualitätsauftrag" (WDR 2001, S. 4). Ziel der ARD ist es, „führend in der Qualität der Programmangebote in allen Genres" (ARD 2012, S. 2) zu sein. Dabei orientiert sich Qualität „nicht nur an Inhalten, sondern auch an dem handwerklichen, produktionellen und technischen Können und an der programmlichen Machart" (WDR 2001, S. 4).

Handwerkliche und technische Professionalität zählen zu den Kriterien, die sich klar definieren lassen. Bei Kameraführung, Ton, Schnitt, Beleuchtung, Text etc. gibt es eingeführte Standards, die dem Zuschauer ein schnelles Verständnis und der Produktion ökonomische Herstellung ermöglicht (Hügel 2011, S. 70). So gilt das Erstellen von HD-fähigem Material mittlerweile als obligatorisch bei den meisten Sendern, ebenso wie die daraus folgenden Standards, z. B. eine besondere

Maske für die Protagonisten. Auch bei Formatinnovationen bleiben die meisten der eingeführten Ausdrucksformen als feste Größen bestehen.

Qualität für die Inhalte festzulegen, ist weitaus schwieriger. Hochwertiges Fernsehen wird oft nur mit Information in Verbindung gebracht (Gleich 2008, S. 642). Für den Journalismus orientieren sich Qualitätskriterien am Nachrichtenwert (Kepplingen/Rouwen 2000; Schulz 1976; Lippmann 1964). In der ARD beispielsweise zeichnet sich Qualitätsjournalismus durch „sorgfältige Recherche, Seriosität, unabhängige Standpunkte und Fairness" (WDR 2001, S. 4) aus. Was aber ist qualitativ hochwertige, *gute* Unterhaltung?

> „Anregung für Entspannung und Spaß, Förderung von Kreativität und Phantasie, Innovation, Originalität und Witz, Erprobung und Weiterentwicklung verschiedener Formate, spielerische Werte- und Wissensvermittlung, gesellschaftliche Relevanz, Formatvielfalt, spannende und emotionale Geschichten erzählen, Angebote von Gemeinschaftserlebnissen durch generationenübergreifende Familienevents, Informationen über relevante Themen auf unterhaltsame Weise darstellen, interessante Gespräche führen" (ARD 2012, S. 59)

– so sieht die ARD Unterhaltungsqualität. Eine Spezifizierung und Differenzierung zu anderen Sendern erlaubt dieser Katalog nur mit Einschränkung – entsprächen doch auch Formate wie „Frauentausch" (RTL2) den so formulierten Kriterien – ein Format, das sicher nicht den Qualitätsvorstellungen einer öffentlich-rechtlichen Anstalt gerecht wird.

Die Ansätze der ARD, Qualität zu definieren, zeigen, wie schwer es ist, Kriterien für Formate als „verallgemeinerbare und längerfristig gültige Anforderungen" (Hügel 2011, S. 74) festzusetzen. Qualität im Fernsehen ist von vielen verschiedenen Faktoren und Bezugsgrößen abhängig (Mikos 2011, S. 57). Auf der einen Seite setzt sich jedes Format aus vielen unterschiedlichen Elementen zusammen, die sich bewerten lassen: Zur Qualität zählen neben dem Handwerk Aspekte wie Ästhetik, Dramaturgie und der Nutzungskontext der Zielgruppe (ebd., S. 57). Auf der anderen Seite kann Qualität aus verschiedenen Perspektiven bewertet werden: aus Sicht des Produzenten, des Senders, der Protagonisten, der Kritiker und natürlich der Zuschauer (ebd., S. 63).

Während man beim Zuschauer davon ausgehen kann, dass er seine Erwartungen erfüllt haben will (ebd., S. 56) und er gut findet, was ihm gefällt (Hügel 2011, S. 73), beurteilen Kritiker Qualität ganz anders. Was der eine einfach konsumiert und wovon er sich unterhalten fühlt, ist für den anderen „Trash". Hügel (ebd.) geht sogar soweit zu behaupten:

> „Die Nutzer urteilen vielleicht im Einzelfall nicht nur anders als die Berufskritiker. Sie urteilen – was für das Auffinden von Qualitätskriterien von Bedeutung ist – prinzipiell auf andere Weise. [...] Man steht bei der Suche nach Qualitätskriterien für die Unterhaltung vor dem Dilemma, entweder Kriterien zu formulieren, die keine sind, aber der Weise entsprechen, wie das Publikum urteilt, oder Kriterien zu formulieren, die theoretisch begründbar sind, aber am Publikum vorbeiurteilen" (ebd., S. 73 f.).

Eine eindeutige und allgemeingültige Antwort auf die Frage, was Qualität im Fernsehen und bei neuen Formaten ist und wie sie bewertet werden kann, gibt es nicht. Qualität muss immer wieder aufs Neue und für jeden Fall und jedes Format neu diskutiert werden – und zwar nicht nur anhand einzelner Kriterien, sondern es gilt eine Sendung als Ganzes, als „Artefakt" (Hügel 2011, S. 74) zu betrachten. Im öffentlichen Diskurs wird ausgehandelt, „was zu einem gegebenen historischen Zeitpunkt und in einer gegebenen gesellschaftlichen Situation unter Qualität von Fernsehunterhaltung zu verstehen ist" (Mikos 2011, S. 63).

Wie sich die Bewertung von dem, was als qualitativ gutes Fernsehen gilt, verändern kann, zeigt „Ich bin ein Star, holt mich hier raus!" (RTL). Als die Sendung 2004 zum ersten Mal in Deutschland ausgestrahlt wurde und ein Quotenhit war, glaubte man an den Untergang der abendländischen Kultur. Heute wird die Show auch von den Kritikern gefeiert: Sie gilt als Paradebeispiel für qualitativ hochwertige Unterhaltung. Im Jahr 2013 wurde sie sogar für den Grimme-Preis nominiert – eine umstrittene Entscheidung, die erneut die Qualitätsdiskussion um das Format anfachte.

Das *Grimme-Institut*, das mit der Verleihung dieses Preises[2] als Instanz für die Bewertung von deutschem Qualitätsfernsehen gilt, baut bei seinen Beurteilungen auf den Diskurs seiner Expertenjury. Qualität könne nicht „in ihren Abstufungen von hoch bis niedrig [...] aus einer Tabelle abgelesen werden [...], in der man einzelne Punkte ankreuzt" (Kammann 2013). Man müsse sie immer wieder neu für jedes Programm ermitteln. Die Kriterien zur Beurteilung können nicht festgesetzt werden, denn sowohl die individuellen wie auch die generellen Maßstäbe verändern sich im Laufe der Zeit mit jedem neuen Programm, an das sich die Zuschauer gewöhnen. „Ein verlässliches, mehrheitlich geteiltes Qualitätsurteil ist immer an individuellen Austausch gebunden, bei dem die Kerneigenschaften eingekreist werden" (ebd.).

Ohne Diskurs kann also kein Urteil über Qualität gefällt werden. Was heißt das für die Evaluierung von Formatinnovationen? Kann Qualität überhaupt so bewertet werden, dass Erfolg daraus abzulesen ist?

Um Qualität nicht allein dem Feld der Interpretation zu überlassen, aber der Bedeutung des Diskurses für die Qualitätsfeststellung Rechnung zu tragen, schlage ich eine zweistufige Vorgehensweise vor: Zum einen muss man sich verabschieden von dem Gedanken, dass es *die* Qualität schlechthin gibt. Es gibt Qua-

---

[2] „Mit einem Grimme-Preis werden Fernsehsendungen und -leistungen ausgezeichnet, die für die Programmpraxis vorbildlich und modellhaft sind. Leitziel der im Grimme-Preis institutionalisierten Fernsehkritik ist eine umfassende Auseinandersetzung mit dem Fernsehen, das als zentrales und bedeutsames Medium mit vielfachen gesellschaftlichen Bezügen und Wirkungen verstanden wird" (Grimme-Institut 2014).

litätkriterien, die als Zielvorgaben im Prozess so entwickelt werden, dass sie am Ende bewertet werden können. Das können klar definierbare Aspekte sein, die sich z. B. an den Elementen des Leitfadens für den Papierpiloten (vgl. Kapitel 5.2.2) orientieren. Das ersetzt allerdings nicht, die Qualität des Produktes als Ganzes zu betrachten: Wie fügen sich die Einzelteile zum fertigen Bild? Funktioniert das Format? Wie ist die Wirkung, wie sind die Reaktionen der Zuschauer, der (Fach-)Presse, der Kollegen, das Feedback vom Markt? All das hat Einfluss auf die Qualitätsdiskussion und letztendlich die Beurteilung der Qualität. Und all das sollte neben dem Abfragen der quantitativen Ziele Teil einer Evaluierung sein.

5.4 Zusammenfassung: Innovationsprozesse

Der Innovationsprozess für Formate lässt sich in die Phasen Impuls, Idee, Konzept, Papierpilot, Pilot, Serienproduktion und Evaluierung einteilen. Der frühen Phase mit den Abschnitten Impuls, Idee und Konzept kommt eine besondere Bedeutung zu. Hier entsteht die Grundlage der Innovation, die neue Idee, die am Ende des Prozesses Nutzen bringen soll. Kreativität ist charakteristisch für die frühe Phase. Ohne die Fähigkeit eines Individuums, etwas Neues zu schaffen, kann keine Idee entstehen. Je weiter der Innovationsprozess voranschreitet, desto wichtiger werden Handwerk, Routinen und nicht-kreative Aufgaben.

Die Initiative für eine Idee kann dabei bewusst durch die Umgebung angestoßen werden (strategischer Impuls) oder ohne konkreten Anlass bei einzelnen Personen entstehen (kreativer Impuls). Wird der Impuls angenommen, startet der Entwicklungsprozess. In nächsten Abschnitt, der Ideenphase, gilt es primär, einen neuen Ansatz für ein Format inhaltlich und gestalterisch zu entwickeln. Um eine Formatidee bewerten zu können, sind neben der Grundidee mit (Arbeits-)Titel die Dramaturgie, Protagonisten und Gestaltung zu skizzieren. Für das Ideenpapier als Phasenabschluss müssen zudem der Kontext der Entstehung (Genre und Umfeld), die geplante Art der Verbreitung sowie formatrelevante (kreative) Akteure benannt werden.

In der Konzeptphase werden Inhalt und Gestaltung des Formats so weit entwickelt, dass erste Aussagen über seinen potentiellen Nutzen gemacht werden können. Das Konzept bildet die Grundlage, um eine Entscheidung darüber zu treffen, ob es sich lohnt, finanzielle Mittel in die weitere Entwicklung zu investieren. Um dieses Moneygate zu passieren, müssen erste Prognosen über Verwertung und Chancen auf dem Markt getroffen werden. Zudem sollte ein Ziel für das neue Format formuliert sein – immer vor Augen, dass Ziele in Innovationsprozessen gegebenenfalls angepasst werden müssen.

Der frühen Phase folgt die Pilot-Phase. Hier geht es zunächst darum, das Erdachte so weit zu konkretisieren, dass ein Format bis ins Detail inhaltlich und gestalterisch vorstellbar ist. Es muss zudem Klarheit herrschen über die Herstellung der Sendung sowie deren Kosten, die Verbreitung und Verwertung. Erste begleitende Maßnahmen zur Markteinführung sollten entwickelt worden sein. Der zweite Teil der Pilot-Phase ist die Umsetzung der schriftlichen Konkretisierungen in einen physischen Prototyp für ein Format. Ein Pilot kann Aufschluss darüber geben, ob ein Format inhaltlich „funktioniert" und ob es wie geplant herstellbar ist. Zudem kann damit getestet werden, ob die Innovation beim Publikum ankommt. Pilotfolgen sind die Grundlage, um über die serielle Herstellung und den Markteintritt zu entscheiden.

In der Realisierungs-Phase wird das entwickelte Format für die Ausstrahlung in Staffeln produziert und schließlich veröffentlicht. Zu den wichtigsten Aufgaben in dieser Phase zählen die Umsetzung von einer in „Handarbeit" erstellten Einzelfolge in die „Fließbandproduktion" von seriellen Formaten sowie die konkrete Planung und Realisierung der Ausstrahlung.

Da Produktion und Ausstrahlung von Formaten häufig in einem parallelen Prozess erfolgen, ist das Ende des Innovationsprozesses hier mit der Evaluierung definiert. Als formale Bewertung des Prozesses und der Ergebnisse dient sie zum einen der Erfolgsfeststellung. Anhand von vorher festgelegten Kriterien wie Gewinn, Quote oder Qualität lässt sich am Ende des Prozesses feststellen, ob die Innovation den erwarteten Nutzen gebracht hat. Zum anderen hilft die kritische Auseinandersetzung mit den gemachten Erfahrungen der Organisation zu lernen und trägt dazu bei, weitere Innovationen und die Abläufe, die zu ihnen führen, zu verbessern. Ergebnisse, Analysen und Empfehlungen, die sich daraus ergeben, werden so Teil des Innovationsmanagements – oder können Impulse für die nächste Innovation geben.

6 Grad-Phasen-Modell: Theorie und Anwendung

Der Prozessablauf, wie er im vorherigen Kapitel dargestellt wurde, ist ein vereinfachtes Abbild von dem, wie Formatinnovationen theoretisch entstehen. In der Praxis verläuft besonders die frühe Phase oft nicht nach einem vorhersehbaren Schema, was das Management von Innovationen äußerst anspruchsvoll macht (Verworn/Herstatt 2007a, S. 12). Man kann sich zu Recht die Frage stellen, ob die frühe Phase überhaupt zu steuern ist. Charakteristisch in diesem Innovationsabschnitt sind Unsicherheiten, geringe Strukturierung und Formalisierung, individuell verrichtete Aktivitäten, informelle Kommunikation sowie unklare Verantwortlichkeiten und ein hohes Maß an Interdisziplinarität (ebd., S. 13). Man könnte dies auch als organisatorisches Chaos bezeichnen. Braucht die frühe Phase sogar ein derartiges Umfeld?

Klar ist: Das Umfeld wirkt sich in einem hohen Maße auf die frühe Phase aus, wie Verworn/Herstatt (ebd., S. 13) feststellen: Neben Größe und Alter des Unternehmens spielen die Art der Organisation, die Kultur und die Häufigkeit der Entwicklung neuer Produkte im Unternehmen eine große Rolle für Innovationen. Und: Ein entscheidender Kontextfaktor in der frühen Phase ist die Neuigkeitsintensität der Innovation (ebd., S. 13). Will man also die frühe Phase als den kreativsten Abschnitt der Formatentwicklung gestalten, muss der Innovationsgrad berücksichtigt werden. Die Innovationsforschung bestätigt die Bedeutung des Innovationsgrades für das Management. Weise (2005) hat in einer Metaanalyse zum Stand der Forschung belegt: Bei radikalen Innovationen ist es sinnvoll, den Prozess weniger intensiv zu steuern als bei inkrementellen. „Formelle Prozess-Steuerung wirkt erfolgssteigernd bei niedriginnovativen und erfolgshemmend bei hochinnovativen Projekten" (ebd., S. 142).

Wie sich der Innovationsgrad auf das Management von Formatinnovationen vor allem in der frühen Phase auswirkt, werde ich im Folgenden diskutieren. Dafür entwickle ich mit dem Grad-Phasen-Modell eine Theorie zum Management von Innovation in Abhängigkeit vom Innovationsgrad. Es bildet die Grundlage, um die einzelnen Phasenabschnitte für Formate unterschiedlichen Innovationsgrades zu betrachten und Implikationen für die Gestaltung zu diskutieren. Ich wähle dafür die in Kapitel 2.5 entwickelte Skalierung in inkrementelle, echte und radikale Formatinnovationen. Die Einteilung erfolgt nach dem erwarteten Neuigkeitsgrad des entstehenden Produktes – wohl wissend, dass die drei Cluster eine

Vereinfachung darstellen und die Grenzen nicht scharf zu ziehen sind. Mein Fokus liegt auf den Abschnitten Impuls, Idee und Konzept der frühen Phase.

6.1 Theorie zur Steuerung von Innovationsprozessen in Abhängigkeit von Phasen und Grad

Das Grad-Phasen-Modell als theoretischer Rahmen für meinen Ansatz zum Management von Formatinnovationen zeigt die Wechselwirkungen von Kreativität, Steuerungsintensität, Prozessverlauf und Innovationsgrad. Es basiert auf der Annahme, dass es unterschiedliche „Mengen" an Kreativität gibt – und dass dieses Ausmaß beeinflusst und gesteuert werden kann.

6.1.1 Ausmaß an Kreativität

Kreativität lässt sich schwer quantifizieren. Wenn hier die Rede ist vom Ausmaß an Kreativität, stellt sich die Frage, was genau gemeint ist mit „viel" oder „wenig" Kreativität. Man kann individuelle Kreativität als die Fähigkeit des divergenten Denkens durch Tests messen, wie es Guilford (1950) schon Mitte des letzten Jahrhundert versuchte. Doch Ansätze wie diese bilden nur einen Baustein von Kreativität ab, und zwar die Person (vgl. Kapitel 3.1).

Für eine weitere Annäherung an eine Quantifizierbarkeit von Kreativität hilft ein Blick auf den Prozess. Ich gehe von der Vorstellung aus, dass es einen „Kern von Kreativität" gibt, ein kleinstes Unteilbares, das viel oder wenig vorhanden ist.

Als kreativer Urmoment gilt die „Erleuchtung", wenn die neue Idee aus dem Individuum herausbricht – so wie es Archimedes mit seinem berühmten „Heureka" beschreibt. Diese „kreative Einsicht" (Scholler/Melcher 1995, S. 97 ff.) ist das Ergebnis individueller kognitiver Abläufe. Dieser Prozess kann als kreativer Prozess schlechthin betrachtet werden (Förster/Friedmann 2003, S. 150 f.). Er setzt sich aus den Phasen der Auflösung, des Wechsels und der Lösungssuche zusammen (vgl. Kapitel 3.2.1). Im Ergebnis bringt er die Idee als neue Lösungen hervor. In iterativen Schleifen kann er sich unendlich drehen und winden. Die kreative Person entscheidet darüber, wann sie die kreative Einsicht als Idee definiert, die sie dem Außen als Ergebnis präsentiert. Erst dann treten die Mechanismen des Umfeldes in Kraft: die Bewertung und Auswertung (vgl. Kapitel 3.2.3 und 4.1.2). Diese Reduktion auf die wesentlichen kognitiven Prozesse soll hier als kleinste Einheit der Kreativität, als „kreativer Nukleus" bezeichnet werden (vgl. Abbildung 6.1).

6.1 Theorie zur Steuerung von Innovationsprozessen in Abhängigkeit von Phasen und Grad

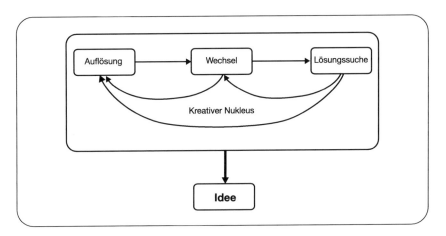

Abbildung 6.1: Der kreative Nukleus (eigene Darstellung)

Definition: Kreativer Nukleus
Der kreative Nukleus ist der Kern der Kreativität und steht für die kognitiven Abläufe im Individuum, die zur kreativen Einsicht führen: der Auflösung des Bekannten, dem Wechsel und der Lösungssuche nach etwas Neuem.

Ein anschlussfähiges Konzept zur Vorstellung vom kreativen Nukleus ist das Konzept der „Pockets of Creativity (POCs)" nach Seidel (2012), Seidel (2011), Seidel/Müller-Wienbergen/Rosemann (2010) und Seidel (2009). Ausgangspunkt dieses Ansatzes ist die Frage, wie sich aus Geschäftsprozessen kreative Subprozesse bis zur kleinsten Einheit von Kreativität herausfiltern lassen. Gemeint ist damit „der individuelle kreative Prozess, der im Kopf einer kreativen Person stattfindet" (Seidel 2012, S. 10).

POCs sind hier definiert als die kreativen Teile in Abgrenzung zu den nichtkreativen Teilen in einem kreativitätsintensiven Prozess. Sie zeichnen sich aus durch „ihre Ungewissheit als auch durch die Beschränkungen (Constraints), denen sie unterliegen" (ebd., S. 7). Diese Beschränkungen durch Vorgaben beeinflussen das kreative Produkt, den Prozess und die Ressourcen.

> „Constraints beschreiben folglich den Rahmen, in dem kreativ gearbeitet wird. Dieser Rahmen wird gesetzt (a) durch das, was benötigt wird (d. h., die Anforderungen an das kreative Produkt) und (b) was verfügbar ist (d. h., die Fähigkeiten der Mitarbeiter und die verfügbaren Ressourcen). Constraints beschreiben damit, was über eine Pocket of Creativity bekannt ist" (ebd., S. 9).

Seidel (ebd.) legt hier also nahe, dass sich POCs – oder „kreative Nuklei" – als die kreativen Teile in einem Prozess mit expliziten Vorgaben konkret beeinflussen lassen (Seidel 2012, S. 14). Dies unterstützt meine aus der Kreativitätsforschung abgeleitete These, dass Kreativität in Abhängigkeit zur Steuerungsinensität zu sehen ist (vgl. Kapitel 3.2).

Die Frage nach der Messbarkeit von Kreativität ist damit allerdings noch nicht geklärt – und lässt sich hier auch nicht abschließend beantworten. Sinnvoll wäre eine Skalierung von Kreativität für den jeweiligen Untersuchungsgegenstand, die sich aus den „4 P's of Creativity" (vgl. Kapitel 3.1) zusammensetzt:

- Mit welchen kreativen Eigenschaften sind die beteiligten *Personen* ausgestattet und wie viele gibt es davon?
- Wie kreativ sind die *Produkte*?
- Wie sind die kreativen *Prozesse* aufgesetzt?
- Wie kreativitätsbewusst ist das gesamte *Umfeld*?

Hier ergibt sich für die Entwicklung von Formatinnovationen ein neuer Forschungsansatz (vgl. Kapitel 7.2). Für meine Betrachtung genügt zunächst die Vorstellung, dass es ein unterschiedliches Ausmaß an Kreativität gibt, das für die Entwicklung von Formatinnovationen notwendig ist. Dieses „Viel" oder „Wenig" an Kreativität setzt sich zusammen aus den am *Produkt* beteiligten *Personen*, den *Prozessen* und den Bedingungen in der umgebenden Organisation (*Umfeld*).

6.1.2 Phasenabhängige Steuerung und Strukturierung

Im Verlauf eines Innovationsprozesses wird von einem sich verändernden Ausmaß an Kreativität ausgegangen. Je weiter der Prozess voranschreitet, desto weniger Kreativität ist dafür notwendig (vgl. Kapitel 5.1). Umgekehrt dazu verhalten sich die Strukturierung und Steuerungsintensität: Am Prozessanfang ist eher wenig Steuerung zu empfehlen, am Prozessende mehr (vgl. Abbildung 6.2).

Die Untersuchung von Lühring (2007, S. 141) unterstützt diese These: Er betrachtet die Strukturdimensionen Spezialisierung, Zentralisierung, Formalisierung und Kommunikationsstruktur in Abhängigkeit von den Anforderungen der Innovationsphasen und stellt fest: Je weiter sich der Innovationsprozess in Richtung Realisierung bewegt, desto stärker sind die Strukturdimensionen ausgeprägt.

So ist in der Phase der Ideengenerierung mit dem Ziel, möglichst viele kreative Ideen zu schaffen, „die freie und ungebundene horizontale und vertikale Kommunikation" (ebd., S. 142) am wichtigsten. Die Strukturdimensionen Spezialisierung, Zentralisierung und Formalisierung werden eher als hinderlich angesehen. Wenn es an die Bewertung und Auswahl von Ideen geht, die Phase der Ideenakzeptierung, ändert sich das Bild: Hier wirkt sich vor allem ein hohes Maß

6.1 Theorie zur Steuerung von Innovationsprozessen in Abhängigkeit von Phasen und Grad

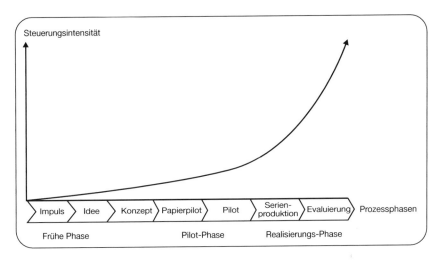

Abbildung 6.2: Die Steuerungsintensität im Verlauf der Prozessphasen (eigene Darstellung)

an Zentralisierung positiv aus. Die Formalisierung wird wichtig, Kommunikation bleibt es. Der Spezialisierungsgrad gewinnt leicht an Bedeutung. In der Phase der Ideenrealisierung, bei der es um die „problemlose Umsetzung der ausgewählten Ideen in die unternehmerische Praxis" (Lühring 2007, S. 141) geht, steigt der Grad der Formalisierung noch einmal an, „weil die Aktivitäten der Mitarbeiter in zunehmenden Maße mündlich oder schriftlich festgelegten Regeln folgen können" (ebd., S. 141). Die Spezialisierung steigt, die Zentralisierung verliert an Bedeutung, ebenso die Kommunikation, die in dieser Phase auch stärker formell ablaufen sollte.

Aus dieser Betrachtung wird deutlich: *Eine* Struktur passt nicht ideal auf alle Phasen eines Innovationsprozesses. Jede Phase hat ihre eigenen Ansprüche, die einen „Wechsel von einer eher ‚lockeren' zu einer eher ‚straffen' Strukturierung" (ebd., S. 143) nahelegen. Während die frühe Phase allgemein eine eher lockere Struktur erfordert, braucht die Pilot-Phase und noch mehr die Phase der Produktion eine straffe Organisation. Dass diese Hypothese des „loose-tight-structuring" (Johne 1984, S. 212) in der Praxis Innovationserfolge bringt, konnte allerdings bislang nicht belegt werden.

6.1.3 Steuerung von Prozessen in Abhängigkeit vom Innovationsgrad

Kommen wir zur Steuerung von Innovationsprozessen in Abhängigkeit vom Innovationsgrad. Die Innovationsintensität ist geprägt vom Ausmaß an Neuem und damit abhängig von Kreativität (vgl. Kapitel 2.5). Aus der Kreativitätsforschung lässt sich die These ableiten, dass hohe Kreativität von geringer Steuerung abhängig ist (vgl. Kapitel 3.2.5). Daraus folgt, dass eine geringe Steuerungsintensität und ein hoher Innovationsgrad korrelieren. Bei abnehmendem Innovationsgrad sinkt die Kreativität und steigt die Steuerungsintensität (vgl. Abbildung 6.3).

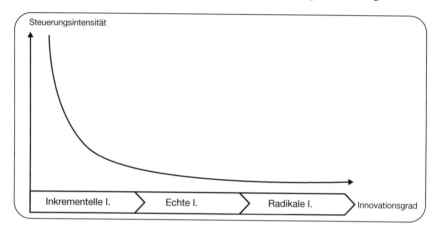

Abbildung 6.3: Innovationsgrad und Steuerungsintensität (eigene Darstellung)

Wie Prozesse in Abhängigkeit vom Innovationsgrad strukturiert werden können, erörtern Verworn/Herstatt (2007b, S. 116 ff.). Die Basis ihres Ansatzes zur Prozessgestaltung der frühen Phase bildet das Ausmaß der Unsicherheit von Innovationsprojekten: je höher der Innovationsgrad, desto größer die Ungewissheiten aufgrund fehlender Informationen. Sie gehen dabei von der „Unsicherheitsmatrix" nach Lynn/Akgün (1998, S. 13) aus, die sich aus technischer Unsicherheit und Marktunsicherheit ergibt.

Hier sind bei einer radikalen Innovation (z. B. Weltneuheiten, Diversifikationen) Marktunsicherheit und technische Unsicherheit hoch. Technische Innovationen (z. B. customized Produkte, technischer Sprung) zeichnen sich durch hohe technische Unsicherheit und niedrige Marktunsicherheit aus; Marktinnovationen (z. B. Penetration neuer Märkte mit bestehenden Produkten) hingegen durch hohe Marktunsicherheit und niedrige technische Unsicherheit. Bei inkrementellen Innovationen (z. B. Produktverbesserungen, Erweiterung von Produktlinien) ist

sowohl die Unsicherheit bezüglich des Marktes als auch die technische Unsicherheit niedrig (Verworn/Herstatt 2007b, S. 116; Lynn/Akgün 1998, S. 13).
Für die verschiedenen Innovationsgrade geben Verworn/Herstatt (2007b, S. 116 ff.) konkreten Empfehlungen zur Strukturierung des Prozesses in der frühen Phase:

- Inkrementelle Innovationen

    Inkrementelle Innovationen zeichnen sich dadurch aus, dass „das Ergebnis der Innovation mit höherer Sicherheit prognostizierbar" (Hauschildt/Salomo 2011, S. 315) ist. „Das Problem lässt sich präziser abgrenzen, klarer strukturieren. Die Generierung von Alternativen ist mit geringerer Unsicherheit belastet. Die Sekundärwirkungen in anderen betrieblichen Bereichen lassen sich absehen" (ebd., S. 315). Dafür empfehlen Verworn/Herstatt (2007b, S. 131) „Ansätze zur Systematisierung des Innovationsprozesses und zur Steigerung der Effizienz".

    Als Modell für den Prozessverlauf eignet sich ihnen zufolge der „State-Gate-Prozess der 2. Generation" nach Cooper (1988, S. 243). Als einfaches, lineares Phasenmodell ermöglicht es Klarheit über den Ablauf des Innovationsprozesses sowie messbare Ziele an jedem Phasenübergang (vgl. Abbildung 6.4).

    Ein weiterer Ansatz, um inkrementelle Innovationen effizient zu gestalten, ist das „Concurrent Engineering" oder auch „Simultanous Engineering". Es bezeichnet den parallelen Ablauf von einzelnen Prozessen bei der Produktentwicklung (Verworn/Herstatt 2007b, S. 122; Swink 1998, S. 104). Durch die Gleichzeitigkeit von Aktivitäten und den verstärkten Austausch von Informationen zwischen den Funktionen lassen sich die Entwicklungsdauer verkürzen, damit die Kosten senken, und sowohl der Prozess als auch das Produkt verbessern (Verworn/Herstatt 2007b, S. 122 f.). Concurrent Engineering stellt allerdings hohe Anforderungen an die Mitarbeiter. Mehrere Aufgaben müssen von unterschiedlichen Abteilungen gleichzeitig erledigt werden. Dabei muss gesichert sein, dass die Kommunikation und Koordination funktionieren. Die Prozesse und Ergebnisse hängen voneinander ab, zudem gibt es bei Innovationen immer ungesicherte und fehlende Informationen. Wenn in diesem Zusammenhang Fehlentscheidungen getroffen werden, wirken diese sich auf mehr als einen Bereich aus (ebd., S. 123). Bei hochinnovativen Prozessen, also komplexen Aufgaben, die in hoher Abhängigkeit zueinander stehen, ist es damit nur in begrenztem Maße sinnvoll, Aktivitäten gleichzeitig ablaufen zu lassen (ebd., S. 124; Ohms 2000, S. 360).

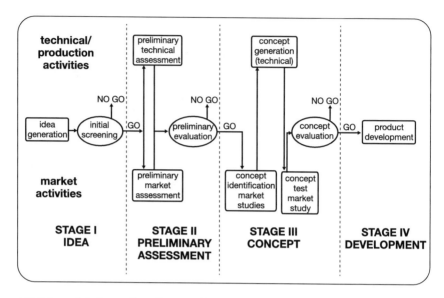

Abbildung 6.4: Stage-Gate-Prozess für die frühe Phase nach Cooper (1988, S. 243)

Der dritte Ansatz, der sich für niedriginnovative Prozesse eignet, ist das „Front-Loading" (Thomke/Fujimoto 2000, S. 137). Es bezeichnet die Vorverlagerung von Aktivitäten, um Entwicklungszeit zu sparen und vom Wissen aus früheren Projekten zu profitieren (Verworn/Herstatt 2007b, S. 119). Front-Loading wird bei Projekten als sinnvoll erachtet, die es in ähnlicher Form im Unternehmen schon gab, also bei inkrementellen Innovationen (ebd., S. 126).

- Radikale Innovationen

Radikale Innovationen am anderen Pol der Neuigkeits-Skala sind viel schwieriger bis gar nicht zu steuern.

> „In diesem Fall ist das Problem weder konstruiert noch strukturiert. Die Alternativen müssen völlig neu hervorgebracht werden. Prognosen über ihre Zielerfüllungsbeiträge liegen nicht vor. Unsicherheit verhindert Bestimmung von Arbeitsbelastungen und damit Zeitschätzungen. [...] Umwege und Irrwege im Innovationsprozess sind wahrscheinlich" (Hauschildt/Salomo 2011, S. 316).

Für radikale Innovationen empfehlen Verworn/Herstatt (2007b, S. 131) daher ein lernorientiertes Vorgehen, also schlichtweg: ausprobieren und testen. Der „Probe-and-Learn-Prozess" nach Lynn/Monroe/Paulson (1996, S. 27) beschreibt den Ansatz, frühe Produktversionen oder Produkte in Probemärkten einzuführen, daraus zu lernen und sie erneut im Markt zu testen. „Der Schwerpunkt liegt auf lernbasiertem Wissenszuwachs und nicht auf Prozesseffizienz" (Verworn/Herstatt 2007b, S. 120).

Sind radikale Innovationen von neuen Technologien getrieben, empfiehlt sich eine vorgeschaltete Technologieentwicklung. Erst wenn die technischen Unsicherheiten beseitigt sind, geht es in die eigentliche Produktentwicklung (ebd., S. 126).

- Innovationen mittleren Grades

Innovationen mittleren Grades bezeichnen hier alle Innovationen, die zwischen den inkrementellen und radikalen liegen und entweder neu am Markt sind oder sich durch technische Neuheiten auszeichnen. Beide können auf schon vorhandenem Wissen aufbauen. Die Empfehlungen für Innovationen mittleren Grades sind anhängig davon, welche und wie viele Faktoren bekannt oder unbekannt sind.

Herstatt/Verworn empfehlen neben Probe and Learn, Concurrent Engineering und Front-Loading den „State-Gate-Prozess der 3. Generation" nach Cooper/Edgett/Kleinschmidt (2002, S. 22 f.):

Hier sind die Prozessabschnitte in der frühen Phase nicht strikt voneinander abgetrennt, es gibt weniger festgelegte Meilensteine und Strukturen. Eine „discovery"-Phase erlaubt mehr Freiräume zur Ideengenerierung (vgl. Abbildung 6.5).

> „Die Ideen werden von einer zentralen Person gesammelt und am ersten Gate von einem interdisziplinären Team bewertet. Die Personen, die Ideen eingereicht haben, erhalten schriftliches Feedback zu ihrer Idee. Wenn eine Idee das erste Gate erfolgreich passiert, wird die Idee von einem kleinen Team ausgearbeitet. Am zweiten Gate gescheiterte Ideen werden gespeichert, so dass keine Ideen verloren gehen, die vielleicht nur zum momentanen Zeitpunkt nicht passend sind. [...] In der zweiten Phase wird ein Business-Case erstellt, und nach dem dritten Gate geht der [...] Innovationsprozess in den Entwicklungsprozess über" (Verworn/Herstatt 2007b, S. 118 f.).

6.1.4 Theorie des Grad-Phasen-Modells

Die Betrachtungen aus der betriebswirtschaftlichen Innovationsforschung zum Einfluss von Phasen und Innovationsgrad auf die Steuerung von Innovationspro-

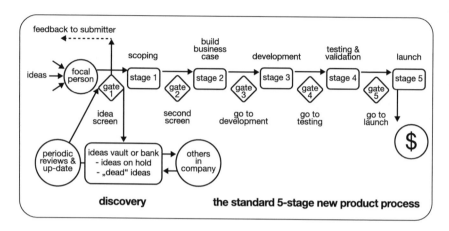

Abbildung 6.5: Fünfphasiger Stage-Gate-Prozess mit „discovery"-Phase nach Cooper/Edgett/Kleinschmidt (2002, S. 22 f.)

zessen unterstützen meine Theorie des Grad-Phasen-Modells. Mein Ziel ist es, ein Management für die Entwicklung von Formaten zu ermöglichen, das den Forderungen des neuen Fernsehens nach Bewegtbildprodukten unterschiedlichster Art gerecht wird. Das Grad-Phasen-Modell liefert die theoretischen Grundlagen, um die in den nachfolgenden Kapiteln abgeleiteten Empfehlungen für die Praxis zu verstehen und den jeweiligen Situationen entsprechend anwenden zu können.

Die Theorie des Grad-Phasen-Modells basiert zunächst auf der Annahme, dass der Innovationsgrad in Abhängigkeit zur Kreativität zu sehen ist (vgl. Kapitel 2.5). Je höher der Innovationsgrad ist, desto größer ist auch das Ausmaß an Neuem. Je mehr Neu-Sein erforderlich ist, desto größer ist der Bedarf an Kreativität als der Fähigkeit, etwas Neues zu schaffen. Je höher die Innovationsintensität ist, desto mehr Kreativität ist dafür erforderlich. Eine inkrementelle Innovation braucht wenig, eine radikale viel Kreativität (vgl. Abbildung 2.2).

Um hohe Kreativität hervorzurufen, braucht es viel Freiheit und damit wenig Struktur und Steuerung (vgl. Kapitel 3.2.5). Eine hohe Steuerungsintensität führt hingegen zu einem verminderten Entfalten von Kreativität (vgl. Abbildung 3.4).

In den frühen Phasen Impuls, Idee und Konzept wird viel Neues erwartet (vgl. Kapitel 5.1). Sie sind demnach stark von Kreativität geprägt. Mit dem Prozessverlauf nimmt der Bedarf an Kreativität als Fähigkeit, etwas Neues zu schaffen, ab (vgl. Abbildung 5.1). Umgekehrt dazu verhält sich die Steuerungsintensität (vgl. Kapitel 6.1.2): Am Prozessanfang ist es besser, wenig zu steuern. Mit dem Prozessverlauf ist die Intensität zu erhöhen (vgl. Abbildung 6.2). Das heißt für den Zusammenhang von Innovationsgrad und Steuerungsintensität (vgl. Kapitel 6.1.3): Bei zunehmendem Innovationsgrad steigt die Kreativität und verringert sich die Steuerungsintensität (vgl. Abbildung 6.3).

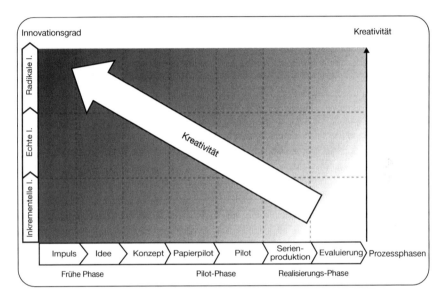

Abbildung 6.6: Kreativität in Abhängigkeit zu Innovationsgrad und Prozessphasen (eigene Darstellung)

Im letzten Schritt zum Grad-Phasen-Modell setze ich Prozessablauf und Innovationsgrad durch das Ausmaß an Kreativität zueinander in Beziehung (vgl. Abbildung 6.6). Dies erlaubt Schlüsse auf die Steuerungsintensität von Innovationen in Abhängigkeit von Innovationsgrad und Prozessphasen. Dabei ist die meiste Kreativität am Prozessanfang von hochinnovativen Projekten zu erwarten. In den Abbildungen 6.6 und 6.7 ist das erhöhte Ausmaß von Kreativität dunkel dargestellt.

Viel Kreativität erfordert größtmögliche Freiheit, also minimale Steuerung. Am wenigsten Kreativität braucht es am Ende des Innovationsprozesses bei niedriginnovativen Projekten. Sie gleichen Routinen. Dazwischen gibt es die unterschiedlichsten Abstufungen – in Abbildung 6.6 und 6.7 in Grautönen dargestellt –, die sich an Grad und Phase orientieren und der Logik folgen: Je mehr Neues erwartet wird, desto mehr Kreativität ist erforderlich. Je weniger Neues erwartet wird, desto mehr funktionieren klassische Steuerungsinstrumente (vgl. Abbildung 6.7).

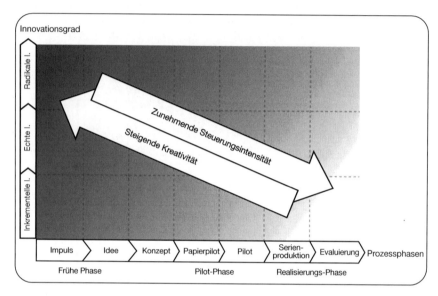

Abbildung 6.7: Das Grad-Phasen-Modell (eigene Darstellung)

6.1.5 Innovationsgrad als Zielvorgabe

Ist die Steuerung von Innovationsprojekten abhängig von ihrem Neuigkeitsgrad, dann ist es sinnvoll, so früh wie möglich zu wissen, ob es sich um eine inkrementelle, eine echte oder um eine radikale Innovation handelt. Dabei stellt sich die Frage, ob sich der Innovationsgrad schon am Anfang des Prozesses vorhersehen lässt – schließlich handelt es sich hier um Abläufe, deren Ergebnis schwer vorherzusagen ist.

Leicht ist es nicht, ein Innovationsprojekt gleich zu Beginn richtig einzuschätzen, wie eine Studie von Schlaak (1999) zeigt: 44 Prozent der von ihm betrachteten Projekte wurden zunächst als weniger innovativ eingestuft, als sie es am Ende tatsächlich waren. Schlaak schließt daraus, dass radikale Innovationen zunächst nicht geplant werden, sondern im Entwicklungsprozess entstehen. „Vielmehr können die im Verlauf des Innovationsprozesses durch die Projekte gewonnenen Erkenntnisse die Unternehmen dazu veranlassen, das Produkt innovativer zu gestalten" (Schlaak 1999, S. 243). Hauschild/Salomo (2011, S. 214) interpretieren diesen Sachverhalt als das Ergebnis von unzureichender Problemdefinition: „Offenbar hat man diese Ausweitung des Problems am Anfang nicht gesehen."

Angesichts dessen gilt es tatsächlich zu hinterfragen, ob man Innovationen überhaupt ihrem Grad nach planen und den passenden Prozess dazu gestalten kann oder ob das der DNA von Innovationen widerspricht. Meiner Meinung nach lässt sich ein bestimmter Innovationsgrad zumindest bewusst zum Ziel machen – mit allen Einschränkungen, die eine Zieldefinition bei Innovationen mit sich bringt (vgl. Kapitel 5.1.3.2). Es gilt dabei, das Ziel – den Innovationsgrad – immer wieder zu hinterfragen und im Prozess anzupassen.

Zum Abschluss jeder Phase sollte geprüft werden: Ist das geplante Format noch inkrementell-neu wie geplant, oder stellt sich heraus, dass es sich eher um eine echte Innovation handelt. Entwickelt sich eine simple Me-too-Idee zu einem radikal-neuen Format? Wenn dem so ist, muss es im Prozessverlauf eine Zielanpassung geben, um die Steuerung optimal zu gestalten und nicht ein möglicherweise zu enges Korsett zu schnüren oder das Risiko falsch einzuschätzen.

Mit dem Innovationsgrad als Ziel und einer Hinterfragung dieses Ziels am Ende jeder Phase ist bei der Steuerung Struktur und Flexibilität im Innovationsprozess gewährleistet. Das geplante Ausmaß der Neuheit ist vorgegeben und damit ein Rahmen gesetzt für das Ausmaß an Kreativität, an Unsicherheit und an Risiko. Mit diesen Parametern lassen sich aufbau- und ablauforganisatorische Varianten für den gesamten Prozess im Vorfeld eingrenzen. Wie diese für die Entwicklung von inkrementellen, echten und radikalen Formatinnovationen in der Praxis aussehen und welche weiteren konkreten Empfehlungen sich daraus ergeben, zeigen die nächsten Kapitel. Darin werde ich aus der Theorie des Phasenmodells Handlungsoptionen für ein gezieltes Innovationsmanagement in Abhängigkeit der drei Innovationsgrade geben.

6.2 Effizienz vor Kreativität: inkrementelle Formatinnovationen

Inkrementelle Formatinnovationen sind gekennzeichnet durch einen geringen Neuigkeitsgrad. Sie orientieren sich an schon bestehenden Sendungen und grenzen sich von diesen Vorbildern nur durch wenige Merkmale ab. Der Grundcharakter des Vorbildes ist kaum verändert und bleibt zu erkennen. Als „neu" sind inkrementelle Formatinnovationen trotzdem zu bezeichnen: Sie sind mehr als ein reines Imitat, denn mindestens ein deutlich verändertes Element macht sie zu einem neuen Produkt (vgl. Kapitel 2.5.3).

Formate mit wenigen neuen Elementen haben kein gutes Image. Für Fernsehunternehmen ergibt es aber durchaus Sinn, nicht den großen Innovationswurf zu wagen. Die Orientierung an bestehenden Formaten ist meist der Versuch, den Erfolg eines schon bestehenden Formates zu wiederholen. „Innovationsfolger" profitieren von den Erfahrungen der „Innovationsführer". Sie müssen weniger Zeit und Geld in die Entwicklung investieren als die Pioniere der Branche (Horsch 2003, S. 73 ff.).

Diese „Second-to-Market-Strategie" wird aus rein ökonomischer Sicht auch für Fernsehformate als vorteilhaft eingeschätzt: Das Risiko scheint sowohl für Sender als auch für Produzenten geringer als bei radikalen Innovationen (Zabel 2009, S. 390). Ein Format, das sich mit wenigen Änderungen an einem erfolgreichen Vorbild orientiert, läuft weniger stark Gefahr zu scheiten als eine völlig neue Idee. Mehr noch: Mit einer verbesserten Variante des Originals könnte der Pionier sogar noch überholt werden.

Während Sender – auch wenn sie damit Erfolg haben – oft von ihren Kunden, den Zuschauern und Werbekunden, kritisiert werden, immer nur das Gleiche zu machen, haben Produzenten dieses Imageproblem weniger. Ihren Kunden, den Sendern, geht es bei den produzierenden Dienstleistern nicht nur um Innovationskraft: „Der Ruf wird nur zu einem geringen Teil über kreative und innovative Produktionen etabliert, sondern vielmehr über den Nachweis der Fähigkeiten, ein erfolgreiches Produkt Kosten sparend zu realisieren" (ebd., S. 390).

Ein überschaubares Risiko für Sender und Produzenten bei einem geringen Einsatz von Ressourcen für die Entwicklung – auf inkrementelle Innovationen zu setzen, scheint eine sinnvolle Strategie zu sein. Aber sie hat einen entscheidenden Nachteil: Irgendwann ist der Markt gesättigt, der Format- oder Genretrend vorbei, ein weiteres Me-too-Format wird nicht mehr angenommen. Zabel sieht die Existenz von diesen „Programmwellen" als bestätigt (ebd., S. 101). Wann diese Wellen brechen und abebben, ist schwer vorherzusagen. Manche Trends wie „Kochen" halten sich über viele Jahre, und es kommen immer neue Formate hinzu, die erfolgreich sind. Andere Trends wie z. B. „Auswandern" übersteigen schneller den Zenit, Neustarts floppen und nur wenige starke Marken überleben.

Setzen Sender und Produzenten auf inkrementelle Innovationen, müssen sie vor allem eins sein: schneller als die anderen. Mit einer „Fast-Second-Strategie" kann man Mitbewerbern zuvorkommen und dann noch möglichst lange vom Trend profitieren (ebd., S. 390). Dabei helfen vor allem Routine, Handwerk, Können und ein effizientes Management der Prozesse. Kreativität spielt eine vergleichsweise geringe Rolle: Das Fernsehen wird nicht neu erfunden, sondern nur um eine Variante des Bestehenden bereichert.

6.2.1 Impulse zu inkrementellen Innovationen

Will man bewusst ein niedriginnovatives Format schaffen, ist es aus meiner Sicht sinnvoll, das Fuzzy Front End so früh wie möglich zu greifen und aus der Entwicklung einen effizienten, geordneten Prozess zu machen. Für Innovationen dieses Grades wird ein linearer Verlauf mit klarer Zielsetzung, Meilensteinen und Timings empfohlen (vgl. Kapitel 6.1.3). Steuert man den Prozess von Anfang an, lassen sich die Vorteile eines geringen Innovationsgrades voll auszuschöpfen: Die Entwicklung ist nicht aufwendig, vieles ist bekannt und vorhersehbar, das Risiko damit gering.

Das legt nahe, den Anstoß für ein inkrementell-neues Formates strategisch zu planen – ich gehe hier von einer Senderinitiative aus. Die Idee für ein niedriginnovatives Format kann natürlich auch durch einen spontanen Einfall, einen kreativen Impuls, angestoßen werden. Kreative Impulse können jede Art von Innovation hervorbringen. Versucht man aber die Ideenfindung an einem konkreten Bedarf zu orientieren und so in eine bestimmte Richtung zu lenken, kann von einem kreativen Impuls nicht mehr die Rede sein, sondern von einem strategischen (vgl. Kapitel 5.1.1.1).

Mit einem strategischen Impuls kann die frühe Phase der Entwicklung effizient geplant werden. Einschränkende Vorgaben erlauben schon eine Vorstellungen vom Endergebnis, auch wenn weder eine konkrete Idee noch ein Konzept vorliegen. Zudem gibt es Erfahrungen in der Umsetzung mit ähnlichen Produkten, die Prozessschritte sind planbar, der Abstimmungsbedarf ist vergleichsweise übersichtlich. Mit den im Vergleich zu höhergradigen Innovationen wenigen unbekannten Größen lassen sich inkrementelle Innovationen nahezu wie (kreative) Routine-Prozesse behandeln. Dafür kann ein strukturierter Ablauf wie in Abbildung 6.8 weitgehend vorgegeben sein; Meilensteine und Timings lassen sich definieren.

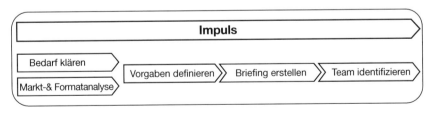

Abbildung 6.8: Impuls für inkrementelle Innovationen (eigene Darstellung)

Allem voran steht dabei die Klärung, was an Neuem tatsächlich gebraucht wird. Der Bedarf richtet den weiteren Prozess aus. Parallel dazu – oder als ständige Aufgabe – erfolgt die Beobachtung von Markt und Trends sowie die Analyse konkreter Formate, die als Vorbild dienen. Die daraus entwickelten Vorgaben werden zu Briefings formuliert und die entsprechenden Akteure dafür identifiziert (vgl. Abbildung 6.8).

6.2.1.1 Vorgelagerte Markt- und Formatanalyse

Innovation braucht Kreativität, das ist unumstritten. Will man aber bewusst wenig Neues, sollte man sich auf das Bekannte und Vorhersehbare fokussieren und dies für eine effiziente Umsetzung mit geringem Risiko nutzen.

Inkrementelle Formatinnovationen haben den Vorteil, dass man schon viel über sie weiß, auch wenn sie noch gar nicht entwickelt sind. Sie orientieren sich an einem oder mehreren Vorbildern, über die konkrete Aussagen gemacht werden können. Im Sinne des Front-Loadings (vgl. Kapitel 6.1.3) helfen die Erkenntnisse aus früheren Projekten, den neuen Entwicklungsprozess von Anfang an kürzer und effizienter zu gestalten. Auf Basis dieser Informationen lassen sich zudem konkrete Vorgaben entwickeln, um die Ideenfindung zu steuern.

Durch kontinuierliche oder gezielte Marktbeobachtungen können nationale und internationale Trends ebenso identifiziert werden wie konkrete Formate, die es als Vorbild zu nehmen lohnt. Interessant für eine gezielte Planung von Me-too-Projekten sind Pionier-Innovationen, die erfolgreich sind, einen neuen Trend erst gesetzt haben und von denen es noch wenige Nachahmer-Formate gibt. Existieren schon Spin-offs, gilt es zu analysieren, wie sich die Marktanteile entwickeln, ob ein Trend den Zenit seines Lebenszyklus überschritten hat, und ob es andere Sender und Produzenten gibt, die bereits an dem Thema arbeiten.

Im nächsten Schritt gilt es, die möglichen Formatvorbilder nach ihrem Inhalt und ihrer Funktionsweise zu analysieren und auf diese Weise so viel wie möglich von ihnen zu lernen. Zur Analyse von Formaten liefern die in Kapitel 5 beschriebenen Entwicklungsleitfäden eine Orientierungshilfe (vgl. Abbildung 5.2). Mit der Betrachtung der einzelnen Bestandteile sind weitergehende Fragen verbunden:

Welche Elemente funktionieren wie und warum?
Was funktioniert nicht?
Was macht den Erfolg aus?
Wo kann und muss man Verbesserungen vornehmen?
Welche Elemente müssen bleiben, welche verändert werden?
Kann man erfolgreiche Elemente verschiedener Formate neu kombinieren?

Schon mit der Analyse und den sich daraus ergebenden Fragen können neue Formatideen entstehen. Schließlich reicht es bei inkrementellen Formatinnovationen oft, ein formatierendes Element zu verändern, um etwas Neues zu schaffen. Ziel an dieser Stelle des Prozesses ist es allerdings zunächst, aus dem Bestehenden so viel wie möglich zu lernen. Dies bietet die Chance, nicht nur das Positive zu übertragen, sondern die Anfangsfehler des Pioniers zu erkennen und bei einem Me-too-Format zu eliminieren.

Neben der inhaltlichen Analyse liefert die Betrachtung des Produktionsprozesses wertvolle Erkenntnisse für die Entwicklung und Produktion einer inkrementellen Formatinnovation. Möglich ist das, wenn die Vorlagen oder Formate in ähnlicher Produktionsweise im gleichen Sender oder Produktionsunternehmen hergestellt wurden. Anhand der schon durchlaufenen Prozesse lassen sich Abläufe für das neue Format definieren und vor der Entwicklungsphase optimiert planen.

6.2.1.2 Vorgaben und Briefing

Die Analyse aller bekannten Faktoren hilft bei der Konkretisierung der Vorgaben für die Entwicklungsarbeit. Wie genau das neue Format aussehen wird, lässt sich vor Start des Prozesses zwar nicht vorhersagen. Aber es lassen sich Leitplanken definieren, welche die unzählig vielen Möglichkeiten kreativer Produkte einschränken: Sie geben vor, was das Neue *nicht* sein soll. Und das, was auf jeden Fall erfüllt sein *muss*.

Das Finden neuer Ideen wird durch Vorgaben eingeschränkt. Diese „Constraints" (Seidel 2012, S. 9) setzen der Kreativität Grenzen – sie kann sich nicht mehr frei entfalten –, was sich auf den Innovationsgrad auswirkt (vgl. Kapitel 6.1.1). Finden die Einschränkungen in großem Maße schon am Anfang der frühen Phase statt, die eigentlich von Kreativität geprägt ist, sind theoretisch keine bahnbrechend neuen Ideen zu erwarten – was in diesem Falle auch nicht geplant ist.

Constraints können allgemein durch die Beschränkung von Ressourcen gesetzt werden. Gibt es wenig Zeit, wenig Geld und nicht das entsprechende Personal für die Entwicklung, kann sich Kreativität nicht in einem hohem Maße entfalten. Ein vorgegebenes Budget engt den Spielraum für neue Formate erheblich ein. So steht zum Beispiel bei Formaten am Nachmittag, zu Zeiten von geringen Reichweiten, weniger Geld zur Verfügung als in der Primetime. Das schließt ganze Genres aus, aber auch bestimmte Erzählweisen, Protagonisten und nicht zuletzt Qualitätsansprüche.

Vorgaben können sich aber auch konkret auf das entstehende Produkt beziehen und die Entwicklung so in die gewünschte Richtung lenken. Inkrementelle

Formatinnovationen folgen per Definition einem Vorbild: Lasst uns etwas Ähnliches machen! Konkreter lässt sich das Ziel definieren, wenn man sich auf die einzelnen Elemente eines Formates bezieht (vgl. Abbildung 5.2). Je präziser die gewünschten Parameter benannt werden, umso eindeutiger stehen die Leitplanken für die Entwicklung fest:

> *Welches Genre soll bedient werden?*
> *In welchem Themenfeld bewegen wir uns?*
> *Gibt es Vorstellungen zu Protagonisten oder Stars, zu Gestaltung und Dramaturgie?*
> *Mit welchen Kreativen kann das erreicht werden?*

Aus den Vorgaben kann das Briefing für die beteiligten Akteure entwickelt werden. Hier ist festgelegt, was das neue Format zu erfüllen hat und wo sich der Spielraum für die Kreativität eröffnet.

In der Regel fungieren Sender als strategische Impulsgeber (vgl. Kapitel 5.1.1.1). Sie entwickeln aus Markt- und Formatanalysen ihren Programmbedarf und formulieren ihn mehr oder weniger konkret. Produzenten orientieren sich an diesen Vorgaben. Mit der Formulierung des Briefings ist die Phase eines strategischen Impulses für eine inkrementelle Formatinnovation weitgehend abgeschlossen. Alle wichtigen Vorarbeiten für den Anstoß der Ideenentwicklung sind gemacht, der Rahmen, in dem diese stattfinden soll, ist festgelegt.

Bleibt eine wichtige Vorgabe, bevor die Ideenphase starten kann: Wer sind die beteiligten Personen?

6.2.1.3 Routinierte Akteure und Projektmanager

Inkrementelle Innovationen haben nicht den Anspruch, den Markt zu revolutionieren. Sie erfordern von allen Beteiligten Routine, handwerkliches Können und Erfahrung mit einem ähnlichen Produkt – vielleicht sogar mit der Vorlage. Versucht man ein Profil für die idealen Akteure zur Entstehung inkrementeller Innovationen zu erstellen, lässt sich die These wagen: Professionalität vor Kreativität. Es geht um Effizienz und Handwerk, um Routinen und Projektmanagement. Dafür eignen sich eher routinierte „kreative Arbeiter" als experimentierfreudige „Künstler".

Wichtig sind analytisches Denken, risikoaverses Verhalten und konservatives Handeln. Orientiert man sich an den Motivationsmustern der Theorie der kontextabhängigen Kreativität (Förster/Friedmann 2003), scheint hier Motivation im Sinne des Präventionsmodus sinnvoll (vgl. Kapitel 3.2.3). Bei Entwicklungen eines geringen Innovationsgrades kann durchaus mit (Zeit-)Druck und straffer Struktur gearbeitet werden. Aspekte, die den Promotionsmodus fördern wie Freiheit, Sicherheit und positive Motivation können in den Hintergrund treten.

Inkrementelle Formatinnovationen erfordern Projektmanagement auf Senderseite. Der Projektleiter muss das Entwicklungsprojekt mit komplexen, parallel laufenden Prozessen effizient auf- und umsetzen können.[1] Die Kompetenzen eines rein inhaltlich arbeitenden oder ausschließlich kreativ denkenden Redakteurs reichen nicht weit genug: Neben den senderinternen Schnittstellen muss die Zusammenarbeit mit den Kollegen auf Seiten der Produktionsunternehmen abgestimmt sein (vgl. Kapitel 4.3).

Gibt es den vom Sender angeregten strategischen Impuls, den Erfolg eines bestimmten Formates zu wiederholen, sollte es das Ziel sein, Fachkompetenz und Erfahrungswissen so stark es geht zu bündeln. Man wird senderintern diejenigen Redakteure und Producer hinzuziehen, die viel Erfahrung mit einem ähnlichen Format oder dem Vorbild haben. Gibt es keine interne Kompetenz im gewünschten Bereich, holt man sich Hilfe von außen.

Erfahrung und Effizienz sind auch die wichtigsten Kriterien bei der Auswahl der Netzwerkpartner, allen voran der Produktionsfirma. Hier kann sogar fehlende Kompetenz im Sender kompensiert werden. Hat ein Produktionsunternehmen das Vorbild oder etwas Ähnliches entwickelt oder zumindest hergestellt, kann vom gesamten Projektnetzwerk profitiert werden. Es gibt „Best Practice" aus vorherigen Produktionen, eingespielte redaktionelle und produktionelle Abläufe sowie ein Netzwerk an spezialisierten Regisseuren, Autoren und Kameraleuten. Der richtige Produzent erlaubt Zugang zu einem Pool an Kreativen (vgl. Kapitel 4.3.3). Nicht ohne Grund hat RTL2 nach dem Erfolg von „Berlin Tag & Nacht" die bewährte Produktionsfirma *Filmpool* mit dem daran angelehnten Format „Köln 50667" (seit 2013) beauftragt.

Weniger effizient und auf jeden Fall riskanter ist es, einen Produzenten zu beauftragen, der mit einem ähnlichen Format oder dem gleiche Genre noch keinerlei Erfahrung gesammelt hat. Er wird zwar möglicherweise passende Ideen haben, doch ihm fehlen die Informationen über Machbarkeit und Umsetzung. Damit wäre das angestrebte Format für ihn und seine Organisation keine inkrementelle Innovation. Er würde unter erschwerten Bedingungen arbeiten, denn er sähe sich innerbetrieblich vor ganz neue Herausforderungen gestellt (vgl. Kapitel 2.4.3). Lösbar sind diese – z. B. durch den Zukauf von Kompetenzen und mit der Zusammenstellung eines neuen Teams – aber nur mit erhöhtem Aufwand und Produktionsrisiko.

---

[1] Diese radikale Forderung stellt das Bild des klassischen Redakteurs ein Stück weit infrage. Vor allem in privaten Sendeanstalten hat sich für dieses neue Berufsbild schon weitgehend der Begriff des „Producers" bzw. „Executive Producers" oder „Programm Managers" durchgesetzt.

6.2.2 Strukturierte Ideenfindung

Mit einem aufgegriffenen Impuls beginnt der nächste Abschnitt des Innovationsprozesses, die Ideenphase. Ziel ist es hier, eine Grundidee für ein Format zu formulieren, in diesem Falle eine inkrementelle Formatinnovation. Die Phase gilt als abgeschlossen, wenn ein Ideenpapier als Meilenstein vorliegt.

Die Ideenphase ist die kreativste Phase im gesamten Entwicklungsprozess, hier geht es um das Finden neuer Ansätze, um Inhalte und um das, was das Format ausmacht. Dies gilt auch für inkrementelle Innovationen, bei denen insgesamt die kreativen Anteile geringer sind als bei Innovationen mit einem höheren Innovationsgrad. Bei niedriginnovativen Formaten steht die effiziente Steuerung der Prozesse bis zum Ideenpapier im Vordergrund. Es geht darum, möglichst schnell die passende Idee zu finden. Dafür lassen sich die ersten Arbeitsabschnitte klassischer Produktplanungsprozesse in der frühen Phase auf die Formatentwicklung übertragen (vgl. Abbildung 6.9).

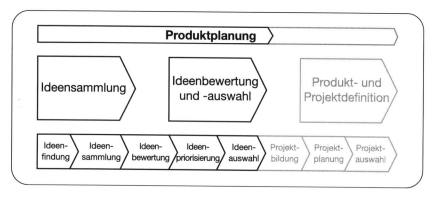

Abbildung 6.9: **Produktplanungsprozess in Anlehnung an Schachtner (1999, S. 81)**

Die Ideenfindung ist der Arbeitsabschnitt, in dem das Neue entsteht. Um Kreativität effizient zu gestalten, ergibt es Sinn, mehrere Personen oder Organisationen gleichzeitig an neuen Ideen arbeiten zu lassen. In der Praxis der kreativen Industrie hat sich dafür das Ausschreiben von „Pitches" bewährt. Pitches sind kreative Wettbewerbe, bei denen verschiedenen Unternehmen oder Einzelpersonen nach Vorgaben eines Kunden Ideen erarbeiten. Gerade wenn sich für die Entwicklung bestimmter Formate mehrere Produzenten mit vergleichbaren Qualifikationen anbieten, gewährleistet der Wettbewerb zwischen kompetenten Konkurrenten, dass es verschiedene gute Ideen und Ansätze gibt, aus denen die besten ausgewählt werden können.

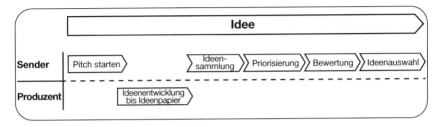

Abbildung 6.10: Die Prozesse der Ideenphase (eigene Darstellung)

Wie in Abbildung 6.10 dargestellt, ist die Grundlage für den Pitch das Briefing des Senders. Als Auftraggeber spielt er die führende Rolle im Formatentwicklungsprozess und steuert ihn. Das Briefing gibt den Rahmen für die Entwicklungsarbeit vor: die inhaltlichen Vorgaben für Format, Art der gewünschten Präsentation, aber auch Budgetvorgaben sowie Abgabefristen, Termine für Entscheidungen und oft auch schon das Timing für die gesamte Produktion bis hin zum gewünschten Ausstrahlungstermin.

Auf Basis des Briefings fängt die kreative Arbeit der Ideenfindung bis zum fertigen Ideenpapier an, die mit dem Pitch an die Produzenten delegiert ist. Hier werden Ideen generiert, verworfen, neu gedacht, verbessert und so weit entwickelt, bis ein dem Briefing entsprechendes Ideenpapier vorliegt. Der Teilprozess der Ideenfindung bei den Kreativen in den Produktionsunternehmen verläuft dabei von der Ideenfindung und Sammlung über die Bewertung, Priorisierung bis zur Auswahl der Idee, die dann dem Sender präsentiert wird.

Ist der Pitch zu Ende, werden die Ergebnisse der verschiedenen Produzenten beim Sender gesammelt. Jetzt geht es auf Kundenseite an die Bewertung, Priorisierung und Auswahl einer oder mehrerer neuer Ideen, an denen weitergearbeitet wird. Entscheidungen über Innovationen zu treffen gilt allgemein als schwer, da bei Neuem Informationen zwangsläufig fehlen. Anders bei inkrementellen Innovationen: Es gibt klar definierte Vorgaben, die den Entscheidungsspielraum einschränken.

6.2.3 Parallelisierung in der Konzeptphase

Liegen – zum Beispiel nach einem Pitch – eine oder mehrere Ideenpapiere vor, die den Vorgaben entsprechen, geht es in die Konzeptphase. Ziel ist es, die Idee(n) so weit auszuformulieren, dass neben allen relevanten inhaltlichen, formatierenden und gestalterischen Elementen auch die Möglichkeiten der Auswertung des entstehenden Produktes umrissen sind. Auf dieser Basis wird eine Entscheidung getroffen, ob Geld für die Weiterentwicklung investiert wird (vgl. Kapitel 5.1.3). Es stehen also zwei unterschiedliche Aufgaben an: Zum einen die inhaltliche und gestalterische (Weiter-)Arbeit am Konzept im Hinblick auf seine Umsetzung, die auf Seiten des Produzenten anzusiedeln ist. Zum anderen die Planung des Produktes und seine Verwertung, um die sich der Sender kümmern muss (vgl. Abbildung 6.11).

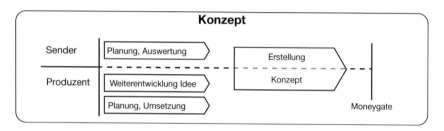

Abbildung 6.11: Die Konzeptphase bis zum Moneygate (eigene Darstellung)

Bei inkrementellen Formatinnovationen geht es, wie mehrfach gesagt, um Schnelligkeit und Effizienz. Damit ist es sinnvoll, frühzeitig andere betriebliche Bereiche oder Netzwerkpartner zu involvieren – und zwar in einem umfangreicheren Ausmaß als im Konzept-Leitfaden (vgl. Kapitel 5.1.3.1) beschrieben. Je früher sie einbezogen sind, desto eher können sie, wie im Concurrent-Engineering-Ansatz empfohlen, parallel mit der Planung und Erledigung ihrer Arbeiten beginnen und schon Aufgaben angehen, die grundsätzlich erst in die Phase des Papierpiloten fallen würden.

Während auf Redaktionsseite noch an den inhaltlichen Elementen des Konzepts gearbeitet wird, beginnen z. B. die Castings, die Herstellungsabteilung kalkuliert die Kosten, die Marktforschung fertigt Detailanalysen an, die Rechtsabteilung checkt Lizenzverträge und kümmert sich um den Titelschutz, die Marketing- und Presseabteilung entwickelt Logo-Ideen. Ist das Konzept final abgenommen und der Startschuss gegeben, kann sofort die Umsetzung beginnen und der Markteintritt vorbereitet werden.

Zwar ist an dieser Stelle das erste Moneygate noch nicht passiert und die Arbeit vieler könnte ins Leere laufen, nämlich dann, wenn der Innovationsprozess gestoppt wird. Bei wenig innovativen Formaten ist das allerdings nicht zu befürchten. Hier erlaubt schon die Idee eine konkrete Vorstellung vom Endergebnis. Es gibt eine Vorlage, an der man sich orientieren kann, und Vorgaben, die eine Entscheidungsfindung erleichtern.

Eine Parallelisierung von Aufgaben lässt sich bei der inkrementellen Formatentwicklung so weit betreiben, dass die Abschnitte Idee, Konzept und sogar die Phase der Pilotierung verkürzt und/oder gleichzeitig erfolgen können. Wenn es schnell gehen muss und Klarheit über Produktion und Produzent herrscht, kann eine Idee die Konzeptphase überspringen und dann vom Papierpiloten – ohne Pilotfolge – direkt in die Serienproduktion gehen. Voraussetzung dafür: Es gibt eine deutliche Vorlage, von der nur wenig abgewichen wird, und die Umsetzung übernimmt ein erfahrener Produzent mit einem routinierten Team.

Die Vorverlegung und Parallelisierung von Aufgaben legt zudem nahe, die geplante inkrementelle Innovation schon sehr früh in ein Projekt zu überführen – und nicht erst am Ende der Konzeptphase. Vorteil der Projektbildung ist es hier, dass die früh einbezogenen inter- und intraorganisationalen Schnittstellen verlässlich koordiniert werden und ein Ansprechpartner für alle definiert ist. Zudem werden die Abläufe aus dem oft schwerfälligen Regelbetrieb der Sender-Organisation herausgelöst und beschleunigt. Schon mit dem Impuls, mit der Bedarfsanalyse, kann ein Projekt aufgesetzt werden, das mit der Ausstrahlung endet.

6.2.4 Ausblick auf den weiteren Prozessverlauf: Routine und Prozessverkürzung

Mit der Abnahme des Konzeptes endet die frühe Phase und die Pilotierung beginnt. Ziel ist es hier grundsätzlich, einen Sendungs-Prototypen zu erstellen. Ein Pilot erlaubt Aufschluss darüber, ob das Konzept inhaltlich „aufgeht" und ob es sich produktionell umsetzen lässt. Der Probedurchlauf liefert Erkenntnisse für eine (mögliche) Staffelproduktion.

Bei inkrementellen Formatinnovationen gibt es nicht viel Neues, was ausprobiert werden muss: Die neuen Elemente als unbekannte Größen sind überschaubar. Das Ergebnis ist in der Regel gut vorstell-, damit planbar und weitgehend routiniert zu bearbeiten. Hier stellt sich die Frage, ob eine Pilotierung überhaupt notwendig ist, und wenn ja, in welcher Form. Die Erstellung eines Piloten kostet Geld und Zeit. Bei inkrementellen Innovationen geht es aber vor allem darum, schnell und effizient zu sein – ohne das Risiko einzugehen, dass die inhaltliche und die produktionelle Qualität leiden. Es gilt sorgfältig abzuwägen, ob es schwer kalkulierbare, neue inhaltliche und herstellerische Elemente gibt, die nur mit einem Piloten getestet werden können. Je weniger neue Elemente vorhanden sind, desto weniger Risiko, desto geringer die Notwendigkeit, in eine aufwendige Pilotierung zu investieren.

In der Praxis hat es sich bewährt, keinen klassischen, nicht-sendefähigen Piloten zu beauftragen, sondern eine sendefähige, für die Ausstrahlung geplante Folge zu produzieren, die von der eigentlichen Staffelproduktion abgesetzt ist. Eine Staffel für ein inkrementell-neues Format kann auch direkt nach dem Konzept beauftragt werden, wenn die erste Folge die Funktion eines Piloten übernimmt. Entwicklung und Realisation, Innovations- und Routineprozess, gehen in diesem Fall fließend ineinander über.

Vorteil dieser Vorgehensweise: Es entstehen kaum weitere Entwicklungskosten. Auch wenn eine sendefähige Pilotfolge oft etwas höher budgetiert ist als eine reguläre Staffelfolge, kann sie durch die Ausstrahlung verwertet werden. Die (Pilot-)Folge sollte dabei zeitlich so weit von der Staffelproduktion abgesetzt sein, dass die Erkenntnisse für weitere Folgen umgesetzt werden können. Gibt es kleinere inhaltliche und produktionelle Mängel, lässt sich diese erste Folge in der Staffel „verstecken". Wenn die Folgen in sich dramaturgisch abgeschlossen sind und inhaltlich nicht aufeinander aufbauen, wird die zuerst produzierte Folge selten als erstes ausgestrahlt. Bei aller Routine sollte man sich dennoch des Restrisikos bewusst sein, dass sich die als sendefähig geplante (Pilot-)Folge nach der Produktion als nicht-sendefähig erweist.

Wie schon im vorherigen Kapitel beschrieben, ist es bei inkrementellen Innovationen möglich, die Veröffentlichung und die begleitenden Maßnahmen dazu so früh wie möglich zu beginnen, um einen zügigen Markteintritt zu gewährleisten. Mit der Produktion einer ersten Folge, die bei inkrementellen Innovationen mit hoher Wahrscheinlichkeit veröffentlicht werden kann, tritt das Management der Schnittstellen der format-unterstützenden Abteilungen in den Vordergrund. So kann die Zeit, bis das Produkt an den Start gebracht wird, so kurz wie möglich gehalten werden.

Wann aber sollte das Ergebnis evaluiert werden? Im Vergleich zu Formaten mit höherem Innovationsgrad halte ich eine Erfolgsbewertung von inkrementell-neuen Formaten kurz nach dem Sendungsstart für sinnvoll. Es ist davon auszugehen, dass die Umsetzung schnell auf dem gewünschten qualitativen Niveau ist. Zu welchem Zeitpunkt allerdings sich eindeutig feststellen lässt, ob ein Format ein Quotenerfolg ist, bleibt wie bei allen neuen Formaten schwierig.

Es ist zu vermuten, dass die Zuschauer ein Format, das überwiegend Bekanntes enthält, schnell für sich entdecken. Sie müssen sich nicht an etwas Neues gewöhnen. Startet ein Format schlecht, ist es kaum damit zu rechtfertigen, dass das Publikum das Neue erst schätzen lernen muss. Man könnte demnach die These aufstellen, dass es eher selten zu erwarten ist, dass die Quoten im Verlauf der Staffel noch stark ansteigen. Ein aktuelles Beispiel dafür ist „Berlin Models" (RTL, 2014/2015). Das Me-too-Produkt von „Berlin Tag & Nacht" startet mit

Quoten von 7,2 Prozent in der für den Sender relevanten Zielgruppe der 14- bis 59-Jährigen und lief im weitern Verlauf immer schlechter – bis auf für RTL katastrophale Werte unter sechs Prozent. Die Sendung wurde nach drei Monaten aus dem linearen Programm genommen.

Startet ein Format mit wenig neuen Elementen gut, muss das keinen dauerhaften Erfolg bedeuten. Hat ein Trend seinen Zenit überschritten, kann ein weiteres Me-too-Format trotz gutem Start sehr schnell zum Flop werden, wie z. B. beim täglichen Renovierungs-Format „WohnSchnellSchön" (RTL2, 2014). Die erste Folge lief mit 9,4 Prozent höchst erfolgreich und weit über Senderschnitt. Mit jedem Tag schwanden die Zuschauer. Nach einer Woche lagen die Werte bei 3,8 Prozent in der Zielgruppe der 14- bis 49-Jährigen. Insgesamt kam die erste Staffel nach acht Wochen auf einen durchschnittlichen Marktanteil von 4,7 Prozent.

6.2.5 Zusammenfassung und Empfehlungen für inkrementelle Formatinnovationen

Inkrementelle Formatinnovationen haben zwar kein gutes Image beim Publikum, für Sender und Produzenten ergeben sie jedoch wirtschaftlich Sinn: Es muss wenig in die Entwicklung investiert werden, das Risiko ist insgesamt überschaubar. Um mit einem Me-too-Format erfolgreich zu sein, sollte der Innovationsprozess klar strukturiert und möglichst zügig ablaufen. Meilensteine und Timings schaffen Klarheit für alle Beteiligten. (Zeit-)Druck und straffe Struktur stören die intrinsische Motivation der am Format Arbeitenden. Zeitraubende – in diesem Fall unerwünschte – kreative Ausflüge werden verhindert. Das Ergebnis ist vorhersehbar: wenig neu und wenig riskant.

Konkret ergeben sich daraus folgende Empfehlungen für die Organisation der frühen Phase bei inkrementellen Formatinnovationen:

1. Inkrementelle Formatinnovationen lassen sich in einem strukturierten Prozess klar steuern.
2. Den strategischen Impuls für inkrementelle Formatinnovationen liefern Markt-, Bedarfs- und Formatanalyse: Sie stoßen den Prozess an und legen den Grundstein für seinen Verlauf.
3. Frühzeitig gesammelte Informationen helfen, die weitere Entwicklung schneller und besser zu gestalten.
4. Vor der eigentlichen Formatentwicklung sind Vorgaben und Briefings zu definieren.

5. Pitches und ein klarer Auswahlprozess der Ideen sorgen für effiziente Kreativität.
6. Die Parallelisierung von Aufgaben verkürzt den Innovationsprozess und ist in allen Phasen sinnvoll, vor allem aber in der Konzeptphase.
7. Frühzeitige Projektbildung sorgt für Struktur und Koordination.
8. Die Pilotierungsphase lässt sich verkürzen: Eine abgesetzte erste Folge einer Staffelproduktion kann die Funktion eines klassischen Piloten übernehmen.
9. Projektleiter mit Managementqualitäten sind ausschließlich kreativ arbeitenden vorzuziehen.
10. Bei der Auswahl des Produzenten ist auf routinierte und bewährte Akteure zu setzen.

6.3 Strukturierte Kreativität: echte Formatinnovationen

Echte Formatinnovationen sind definiert als Sendungen, die eine deutliche inhaltliche Neuerung aufweisen, eine neue formatierende Grundidee. In Abgrenzung zu einer inkrementellen Formatinnovation heißt das: Es gibt ein originäres Alleinstellungsmerkmal, eine neue Formatidee, die als solche klar erkennbar ist – trotz möglicher bekannter und adaptierter Elemente (vgl. Kapitel 2.5.4).

Wie im vorherigen Kapitel dargelegt, ist es zu einem großen Teil planbar und überschaubar riskant, inkrementelle Formatinnovationen auf den Markt zu bringen, die erfolgreich sein können. Zabel (2009, S. 390) hat in einer Untersuchung zum Wettbewerb im deutschen TV-Produktionssektor festgestellt, dass es rein ökonomisch gesehen sinnvoller scheint, zu imitieren und zu adaptieren. Dies ist ein nachvollziehbarer Grund für Produzenten und Sender, eher mit Bekanntem und zumindest im Ausland Erprobten anzutreten. Was könnte sie aber dazu motivieren, die Pionierrolle zu übernehmen und etwas wirklich Neues zu entwickeln?

Adaptionen bedeuten trotz aller Planbarkeit nicht automatisch Erfolg. Ist der Markt mit einer Programmfarbe gesättigt, muss es etwas Neues geben. Und einer muss es wagen, der Erste auf dem Markt sein. Das Risiko kann sich lohnen: Echte Innovationen sind vor allem für Sender ein wichtiger Imagefaktor. Im Umkehrschluss gilt „eine zu große Zahl von Imitationen als imageschädigend" (ebd., S. 390). Gerade bei „publizistisch prägnanten Programm-Events" sind echte Innovationen gewünscht. „Mit ihnen soll das Senderimage dynamisiert werden, die Innovationen gelten in diesen Fällen als Ausweis der Qualität und Kreativität" (ebd., S. 390).

Eine eher journalistische und künstlerische Motivation, etwas Neues zu schaffen, schreibt Zabel (2009, S. 390) noch einigen Produzenten zu. Diese folgen einer „intrinsisch motivierten Pionierstrategie" und sehen „Innovation als Selbstzweck" und sich selbst als Künstler, die etwas Neues schaffen wollen.

Vor allem aber sind echte Innovationen – wenn sie funktionieren – aus ökonomischen Gründen äußerst attraktiv. Schafft man es, ein neues Format mit einzigartigen Ideen oder Programmelementen zu entwickeln, können Sender und Produzenten über einen langen Zeitraum davon profitieren. Besonders gewinnbringend ist es, wenn das Neue an etwas Einzigartiges geknüpft ist, zum Beispiel an einen bestimmten Künstler, der exklusiv gebunden werden kann. Eine schnelle Adaption oder ein „Formatklau" wird damit deutlich erschwert (ebd., S. 389).

6.3.1 Rahmenbedingungen und Anregungen für Impulse

Als Innovationen mittleren Grades benötigen echt-neue Formate einen höheren Anteil an Kreativität als inkrementelle Innovationen. Bevor es dazu aber einen konkreten Impuls geben kann, müssen die Rahmenbedingungen dafür gegeben sein. Ohne eine auf Innovationen ausgerichtete Organisation werden es neue Ideen schwer haben, zu echten Innovationen zu werden. Um Impulse zu geben und sie zuzulassen, müssen Unternehmen „innovationsbewusst" (Hauschildt/Salomo 2011, S. 58) handeln (vgl. Kapitel 4.1.2).

Sie müssen Freiräume für Kreativität erlauben und trotzdem genügend Struktur bieten, um Innovationen zu institutionalisieren. Offenheit für Neues – egal ob die Impulse und Anregungen von intern oder extern kommen – ist wichtig. Wer neue Wege geht, muss belohnt werden und nicht bestraft, wenn er einen Fehler macht. Scheitern sollte in einem innovationsbewussten Unternehmen möglich sein.

6.3.1.1 Bedeutung der richtigen Personen

„First [get] the right people on the bus", so lautet eine der wichtigsten Botschaften des Management-Bestsellers „Good To Great" (J. Collins 2001, S. 41). Das gilt für alle Unternehmen – für Formate als Produktinnovationen hat diese Forderung eine besondere Bedeutung: Ohne individuelle kreative Leistungen können sie nicht geschaffen werden (vgl. Kapitel 3.1.2). In der Innovationsforschung gilt es als belegt, dass der Projektleiter neben dem innovationsbewussten Unternehmen der Schlüssel zum Erfolg ist (Hauschildt/Salomo 2011, S. 92). Habann (2010, S. 220) bestätigt in seiner Untersuchung der Erfolgsfaktoren von Medieninnovationen die Bedeutung des Projektleiters.

Während bei niedriginnovativen Formaten eher die strategischen, routinierten „kreativen Arbeiter" als ideale Besetzung identifiziert wurden, sind bei echten Innovationen andere Fähigkeiten gefragt: unkonventionelle, verantwortungsbewusste und konfliktfähige Persönlichkeiten, die neue Möglichkeiten erkennen, sie durchsetzen wollen und können (vgl. Kapitel 4.1.2).

Die Erkenntnisse aus der Kreativitätsforschung liefern konkrete Hinweise, was die „richtigen Leute" ausmacht, um echt-neue Formate zu entwickeln (vgl. Kapitel 3.2):

1. Der ideale kreative Mitarbeiter muss lieben, was er tut. Nichts steigert die intrinsische Motivation mehr als echte Leidenschaft für die Aufgabe.
2. Unerlässlich sind Persönlichkeitsmerkmale wie persönliche Autonomie, Selbstdisziplin, Beharrlichkeit, Durchsetzungsstärke, Frustrationstoleranz und Risikobereitschaft. Ein idealer Kreativer muss sich in dem, was er tut, sicher sein, bereit sein, lange und beharrlich an einer Aufgabe zu arbeiten und gegen Widerstände für seine Sache zu kämpfen.
3. Motivation und Persönlichkeit allein reichen allerdings nicht, wenn es um professionelle kreative Arbeit geht. Wollen und Kämpfen muss gepaart sein mit Können und Wissen: Kreativität setzt entsprechende kognitive Strukturen und (Fach-)Kenntnisse voraus – aber auch das Wissen um das Umfeld. Schließlich muss das Neue erkannt und durchgesetzt werden. Gerade beim Entwickeln neuer Formate braucht es Experten, die wissen, wie Fernsehen funktioniert.
4. Erfahrung und Wissen sind für die Formatentwicklung essentiell. Wenn jedoch wenig routinierte, junge Menschen nicht gefördert und ihre unkonventionellen, „frischen" Ideen nicht zugelassen werden, läuft das Unternehmen Gefahr, die entscheidenden radikalen Entwicklungssprünge zu verpassen.

6.3.1.2 Vorgaben für echte Formatinnovationen

Ziel der Impulsphase ist es, eine Idee anzustoßen, eine Idee zu etwas Neuem. Da das Neue in diesem Moment noch nicht bekannt ist, ist es im Vergleich zu inkrementellen Innovationen schwierig, einen klaren Weg dahin vorzugeben. Gibt es zu viele Vorgaben, wird nichts Neues entstehen, und das ist in diesem Falle nicht gewünscht. Es braucht also mehr Kreativität, weniger Steuerung, mehr Freiheit. Doch das heißt nicht, dass man den Impuls zu etwas Neuem allein dem Zufall überlassen muss.

Gehen wir vom strategischen Impuls aus: Es gibt das unternehmerische Ziel, etwas (echt) Neues zu schaffen. Nicht geplant ist, das Fernsehen radikal neu zu erfinden. Echte Formatinnovationen können eine Variation von etwas Bekanntem sein und trotzdem neu. So ist zum Beispiel „The Voice of Germany" (ProSieben / Sat.1, seit 2011) ein Gesangswettbewerb und folgt weitgehend den bekannten Dramaturgien des Genres „Castingshow". Und doch ist das Format durch die Abwandlung einiger Elemente zu etwas Neuem geworden, das einem Genre, das sich eigentlich schon überlebt hat, wieder Aufschwung beschert und als Vorbild für weitere Formate wie „The Taste" (Sat.1, seit 2013) dient (vgl. Kapitel 2.5.4).

Wie bei inkrementellen ist es auch bei echten Innovationen sinnvoll, einen Rahmen für die Entwicklung zu stecken. Dieser sollte die Kreativität nicht zu stark einschränken, sondern auf ein Ziel fokussieren. Vorgaben können sich für die Entwicklung neuer Formate durch ökonomische Zwänge – beispielsweise durch ein festes Budget – ergeben, durch die Bindung an einen bestimmten Künstler, einen Genre- oder Thementrend, einen vakanten Slot oder eine gewünschte Zielgruppe.

Vorgaben können aber auch, wie bei niedriginnovativen Formaten, bewusst zum Austarieren von Kreativität eingesetzt werden, z. B. durch einen Zeitrahmen, die Anzahl der Menschen, die mit der Aufgabe betraut werden, und was ihnen als Hilfsmittel wie Workshops und methodische Unterstützung zur Verfügung gestellt wird. Wichtig dabei ist es im Gegensatz zu inkrementellen Innovationen, die Vorgaben nicht zu eng zu stecken, um Neues noch zuzulassen und ein komplett erwartbares Ergebnis zu vermeiden.

Wie Vorgaben und kreative Freiheit für echte Innovationen miteinander verbunden werden können, zeigt Amazon bei der Produktion von Serien für die Online-Videothek *Prime*. Datenanalysen zu den Kunden liefern genaue Eckdaten für das, was am Markt gewünscht wird. Daraus kann der Rahmen gesteckt werden, in dem die Entwicklung stattfindet. Bei der eigentlichen Umsetzung haben die ausgewählten Regisseure dann absolute künstlerische Freiheit.

6.3.1.3 Förderung kreativer Impulse

Kreativität spielt bei echten Formatinnovationen eine weitaus wichtigere Rolle als bei inkrementellen. Dem kreativen Impuls als Anstoß für eine neue Idee kommt dabei eine größere Bedeutung zu. Für diesen „inneren Stimulus" spielt eine intrinsische Motivation die entscheidende Rolle (vgl. Kapitel 3.2.2).

Die Anregung für eine neue Formatidee wird dabei nie aus dem Nichts entstehen – auch wenn nicht nachvollzogen werden kann, wie es dazu gekommen ist. Betrachtet man die kleinste Einheit eines kreativen Prozesses, den kreativen Nukleus, wird deutlich, dass es sich bei Kreativität um kognitive Prozesse handelt, die aus der Auflösung von Bekanntem, dem Wechsel und der Neuzusammensetzung entsteht (vgl. Kapitel 6.1.1). Für diese individuellen Prozesse braucht es kognitive Strukturen sowie tief verankertes Wissen, aber auch neue Informationen.

Um zu gewährleisten, dass Impulse für neue Formate überhaupt entstehen können, muss der kognitive Apparat „gefüttert" werden. Dies passiert ständig mit jeder neuen Wahrnehmung und jeder gemachten Erfahrung. Alles kann theoretisch Impuls für eine Idee sein. Wahrscheinlicher kommt es zu Anregungen durch das bewusste Sammeln von (Fach-)Wissen, zum Beispiel durch den Besuch von Fachmessen, Screenings und Kongressen, durch Marktbeobachtungen, Branchenlektüre und Weiterbildungen.

Ganz konkret können Ideen durch methodische Unterstützung angestoßen und gefördert werden, durch den gezielten Einsatz von Kreativitätstechniken. Allgemein eignen sich für Situationen, in denen ein hohes Ausmaß an Kreativität erforderlich ist, intuitive Methoden wie z. B. Reizwortanalyse, Bisoziation und Synektik. Aber auch analytisch-systematisierende Methoden können gezielte Impulse für Ideen geben (vgl. Kapitel 3.3.3). Ein Stück weit kann Kreativität damit geplant und gesteuert werden. Die Grenzen zwischen strategischem und kreativem Impuls werden unscharf.

6.3.1.4 Methodischer Ideenanstoß: Formatbaukasten

Obwohl Kreative bei Sendern und Produktionsfirmen Profis darin sind, ständig Neues zu generieren, funktionieren sie nicht wie Maschinen, die automatisch Output produzieren. Sie brauchen Impulse, die Kreativitätstechniken liefern können.

In der Praxis lässt sich beobachten, dass die gezielte und systematische Entwicklung von Ideen in den wenigsten Unternehmen stattfinden – und wenn doch, dann fehlen spezielle Techniken für die Formatentwicklung. Ich möchte hier eigene Methoden vorstellen, die auf bestehenden, analytisch-systematischen Techniken basieren. Sie sind für eine gezielte Generierung vieler Ideen für neue Formate einsetzbar und leisten damit mehr als allgemeine Methoden zur Ideenfindung. Sie haben das Potential, Ideen für neue Formate von geringem bis mittlerem Innovationsgehalt anzustoßen, und können auch bei der Weiterentwicklung von Ideen eingesetzt werden. Die Methoden sind von den Mechaniken der Morphologischen Matrix und der Osborn-Checkliste (vgl. Kapitel 3.3.2) abgeleitet. Sie können in Gruppen angewendet werden, aber auch bei der individuellen kreativen Arbeit. Sie helfen, systematisch eine große Anzahl an Formatideen zu generieren, und erweitern den Blick, um jenseits der Systematiken von neuen Impulsen zu profitieren. Dabei sind sie auch als Anregung zu verstehen, sich bekannter Heuristiken zu bedienen, um in der Verbindung von Intuition und System neue Ideen und Variationen hervorzubringen.

Mit dem „Formatbaukasten" bezeichne ich eine von mir entwickelte Technik, die auf der Methode der Morphologischen Matrix, also der Zerlegung, Variation und Neukombination basiert. Der Formatbaukasten nutzt die Gliederung in Formatelemente, wie sie in den Leitfäden für Ideenpapiere, Konzepte und Papierpiloten beschrieben worden sind (vgl. Abbildung 5.2). Nach diesem Prinzip lassen sich unterschiedliche Fragestellungen, die sich im Prozess der Formatentwicklung ergeben, bis ins Detail systematisch diskutieren.

Die erste Variante des Formatbaukastens unterstützt den kreativen Prozess, wenn es mindestens eine Vorgabe gibt. Diese Einschränkung hilft, Ideen zielgerichtet zu finden, z. B. zu einem bestimmten Thema wie „Hochzeit", „Vater-Sohn-Konstellation", „Rassismus", „Flüchtlinge" etc.

1. Im ersten Schritt werden dabei abgrenzbare Parameter eines Formates bestimmt. Also: Was sind die den Inhalt bestimmenden Elemente des Formates? Nach dem Leitfaden für Ideenpapiere können sie definiert werden als:

- (Grund-)Idee
- Dramaturgie
- Protagonisten
- Gestaltung

2. Im nächsten Schritt gilt es festzulegen, in welchem Kontext diese Elemente auftreten können. Für eine erste Ideenfindung können dafür beispielsweise unterschiedliche Genres definiert werden:

- Magazin
- Dokusoap
- Dokumentation
- Quiz
- Spielshow
- Casting

3. Schließlich werden die inhaltlichen Elemente mit den Genres kombiniert. Für jede Kombinationsmöglichkeit gilt es, mindestens eine Idee zu finden (vgl. Abbildung 6.12).

Bei einer zweiten Variante des Formatbaukastens gehe ich davon aus, auf der Basis eines bestehenden Formates etwas Neues zu entwickeln. Zum Beispiel soll

	Magazin	Doku-Soap	Dokumentation	Quiz	Spielshow	Casting
Idee						
Dramaturgie						
Protagonisten						
Gestaltung						

Abbildung 6.12: Der Formatbaukasten (eigene Darstellung)

eine erfolgreiche Sendung zu einer neuen inspirieren. Eine weitere Einsatzmöglichkeit dieser Variante ist es, für ein wenig erfolgreiches Format Zusatzideen zu generieren, mit denen es doch noch zünden könnte. Die Methode eignet sich auch dazu, eine Formatidee von einem auf ein ganz anderes Medium zu übertragen. Die Ergebnisse dieser Methode sind vermutlich keine radikalen Neuerungen, sondern eher inkrementelle oder echte Formatinnovationen – je nachdem, wie stark das Ergebnis vom Original abweicht.

1. In einem ersten Schritt wird das bestehende Format in seine Elemente zerlegt, so wie sie im Leitfaden vorgeben sind.
2. Im zweiten Schritt werden mögliche Ziel-Varianten vorgeben, z. B.:
   - mehr Unterhaltung
   - mehr Anspruch
   - anderer Slot (geeignet für den Vorabend, Daytime)
   - andere Frequenz (täglich, wöchentlich)
   - breitere Zielgruppe
   - spitzere Zielgruppe (weiblicher, männlicher, für Kinder)
   - positive Grundhaltung
   - für ein anderes Medium (Kino, Radio, Internet, App, TV)

   Gibt es keine Ideen (oder Vorgaben) für Zielvarianten, können die Fragen der Osborn-Checkliste weiterhelfen (vgl. Kapitel 3.3.2).
3. Schließlich werden die einzelnen Formatelemente mit den neuen Vorgaben kombiniert und Ideen dazu entwickelt.

6.3 Strukturierte Kreativität: echte Formatinnovationen

Die dritte Variante des Formatbaukastens zeigt eine Möglichkeit, aus erfolgreichen Formaten zu lernen. Sie basiert auf der konkreten Analyse ihrer formatierenden Elemente und der Übertragung auf einen anderen Kontext: Was genau macht dieses Format so besonders? Was macht den Erfolg (vermutlich) aus? Kann man das „Rezept" übertragen?

Dabei gilt zu beachten: Ein Format ist mehr als die Summe seiner Einzelteile. Der Erfolg lässt sich nicht allein auf einzelne Elemente zurückführen, sondern liegt meist in deren idealem, oft einmaligem Zusammenspiel begründet. Wie alle vorgestellten systematisierenden Denkspiele kann auch diese Methode nicht nur direkt zur Produktion neuer Formatideen verhelfen, sondern Impulse aus den möglichen Varianten liefern.

1. Die Analyse der formatierenden Faktoren kann sich am Leitfaden orientieren; die Ergebnisse sollten aber konkreter sein. In der Regel können Experten aufgrund ihres Erfahrungswissens auf die erfolgreichen Elemente schließen, Marktforschungen können diese Einschätzungen unterstützen.
2. Im nächsten Schritt werden zu jedem der identifizierten Formatelemente Variationen entwickelt.
3. Schließlich wird jede der Variationen nacheinander mit den verbleibenden Elementen kombiniert.
4. Ist jedes einzelne Element in seinen Variationen mit den übrigen diskutiert worden, können nacheinander zwei oder mehrere Elemente ausgetauscht werden. Je mehr Elemente ersetzt werden, desto weiter bewegt man sich weg von der ursprünglichen Idee und vom bewährten Erfolgsrezept.

Nimmt man beispielsweise das erfolgreiche Format „The Voice of Germany" (ProSieben / Sat.1, seit 2011), lassen sich als besondere formatierende Elemente definieren:

- Gesangs-Casting-Show
- Blind-Audition-Situation
- Konstellation der Jury (Experten, positive Grundhaltung, Coaches, Konkurrenten)

Nun gilt es, Variationen dieser Elemente zu entwickeln und diese als Impuls für neue Ideen zu nutzen:

- Das Casting könnte sich auch auf Tanzen, Kochen, Stylen, Schauspielern, Handwerken, Erfinden oder Wissen beziehen.

- Der Wettbewerb könnte nur durch sehen, schmecken, riechen oder fühlen entschieden werden.
- Das Publikum im Studio könnte entscheiden oder die Zuschauer zuhause könnten via Internet oder App abstimmen. Die Jury könnte sich aber auch selbst bewerten.

Dieses Beispiel zeigt, wie sich Impulse für neue Formate durch den Austausch von Elementen systematisch entwickeln lassen: „Popstars" (RTL2 / ProSieben, seit 2000), „Deutschland sucht den Superstar" (RTL, seit 2002), „Germany's Next Topmodel" (ProSieben, seit 2006), „X-Faktor" (Vox, 2010-2012), „The Voice of Germany" (ProSieben / Sat.1, seit 2011), „The Taste" (Sat.1, 2013), „Die Höhle der Löwen" (Vox, seit 2014), „Keep your Light Shining" (ProSieben, 2014), „Rising Star" (RTL, 2014), „Sing meinen Song" (Vox, seit 2014) – sie alle sind von der Grundidee Variationen immer gleicher Bausteine. Die Ergebnisse sind Produkte mit unterschiedlichem Innovationsgrad – je nachdem, in welchem Umfang einzelne Elemente neu zusammengesetzt und weiterentwickelt wurden.

6.3.2 Organisation der Entwicklung von Ideen für echte Innovationen

Oft ist es nach meiner Erfahrung nicht ein Mangel an Ideen in Sendern oder Produktionsfirmen, der die Entwicklungsarbeit hemmt. Impulse und erste Ansätze gibt es viele, doch den Prozess der Entwicklung gerade in der frühen Phase in die jeweiligen Organisationen einzubinden und den interorganisationalen Austausch zu koordinieren, ist vor allem für große Unternehmen eine herausfordernde Aufgabe.

Pitches zu konkreten Aufgabenstellungen erlauben einen straff organisierten Ideenprozess und sorgen bei inkrementellen Innovationen für eine effiziente Entwicklung. Was aber ist mit den Ideen, die ohne konkreten Auftrag entstehen und die „unkontrolliert" bei den Sendern landen? Manchmal sind es gerade die ungeplanten Ideen aus kreativen Impulsen, die zu hochinnovativen neuen Formaten führen können. Und oft sind es gerade diese Ideen, die im Moment nicht gebraucht, nicht weiterverfolgt und auch nicht archiviert werden. Man kann das als Verschwendung von immateriellen Vermögenswerten sehen.

Ideen sind wertvoll für Unternehmen. Diese Ideen, die überall und jederzeit auftauchen können, müssen den Weg aus den Köpfen Einzelner ins Unternehmen finden, so dass sie gesammelt, bewertet und professionell weiterentwickelt werden können. Die Vorstellung, dass sich jede gute Idee ihren Weg ohne gesteuerten Prozess zum erfolgreichen Format bahnt, ist naiv. Das kann in kleinen organisatorischen Einheiten funktionieren, wie sie oft in Produktionsfirmen zu finden sind, nicht aber bei Sendern und in großen Produktionsunternehmen. Hier braucht es eine besondere Innovationsstruktur, die den Rahmen schafft für einen Ideenprozess, der den Anforderungen bei der Entwicklung von Formaten in der frühen Phase gerecht wird.

6.3.2.1 Motivation für echte Innovationen

Für die Entwicklung eines Ideenprozesses innerhalb einer Innovationsstruktur in Fernsehorganisationen sind bei den Erkenntnissen der Kreativitätsforschung nützliche Hinweise zu finden. Klar ist: Die richtigen Personen, ausgestattet mit ihren Fähigkeiten, ihrem Wissen und ihrer Motivation, sind essentiell für Kreativität. Diese individuellen Merkmale sind von außen nur begrenzt zu fördern (vgl. Kapitel 6.3.1.1). Klar ist aber auch: Ohne die richtige Umgebung wird es Kreativität schwer haben.

Vor allem Motivation als Treiber für neue Ideen ist ein sensibles Thema. Die intrinsische Motivation des Einzelnen, Neues zu entwickeln, daran festzuhalten und es durchzusetzen, kann nur sehr behutsam extrinsisch unterstützt werden. Druck, fehlende Freiheit, Kontrolle und Konkurrenz, Angst vor Fehlern sowie negatives Feedback gelten als kontraproduktiv. Kreativität muss Spaß machen und sich lohnen: Hierzu ist der freie Austausch von Ideen wichtig, der Zugang zu nützlichen Informationen, positives Feedback, Anerkennung und eine hohe Fehlertoleranz (vgl. Kapitel 3.2). Um die intrinsische Motivation im Ideenprozess eher zu stützen als zu stören, gilt es, zu diesen Grundsätzen Folgendes zu beherzigen:

1. Die Ideenfindung und ihre Bewertung sollten immer getrennt voneinander stattfinden. Nur so kann gewährleistet sein, dass sich Kreativität zunächst breit entfaltet, ohne dass „die Schere im Kopf" sie zu früh beschneidet (vgl. Kapitel 3.2.1).

2. Jede Idee sollte auf ihren Urheber zurückzuführen sein. Kreative haben eine besonders enge Bindung zu den Ergebnissen ihrer Arbeit (vgl. Kapitel 3.1.3). Echte intrinsische Motivation kann erhalten werden, wenn Kreative „ihr Baby" auch betreuen dürfen, es weiterentwickeln, dafür kämpfen können – oder zumindest darüber informiert werden, was aus der Idee wird. Nichts kann auf lange Zeit demotivierender wirken, als vom weiteren Entwicklungsprozess abgeschnitten zu sein.

3. Trotz der Bedeutung des kreativen Individuums – der Prozess einer Ideenentwicklung sollte nicht im Alleingang durchgezogen werden. Für neue Ideen ist es sinnvoll, den Input und die Informationen Vieler zu nutzen, um die Beschränktheit des Wissens und der kognitiven Strukturen Einzelner zu

ergänzen und immer wieder neue Impulse zu geben. Individuelle Einzelarbeit und Gruppensitzungen in unterschiedlicher Zusammensetzung sollten sich abwechseln, um Vielfalt zu fördern und neuen Input zuzulassen.

6.3.2.2 Verantwortung, Koordination und Schnittstellen

Auch wenn bei echten Innovationen in der frühen Phase wenig Struktur und viel Freiheit gefordert sind – ohne Koordination wird es vor allem echtes Chaos geben. Je höher der Innovationsgrad ist, desto größer sind die Risiken und das Konfliktpotential, desto mehr Veränderungen sind für das Unternehmen zu erwarten. Die Verantwortung dafür – und damit die Koordination und das Management mittel- und hochinnovativer Formate – kann nur das oberste Führungsorgan übernehmen.

Innovationen müssen „ganz oben" angesiedelt sein, um sie mit dem nötigen Druck vorantreiben zu können. Das bestätigen zahlreiche Studien (Hauschildt/Salomo 2011, S. 79): „Wo es der Innovation an formaler, institutioneller Macht fehlt, ist sie strukturell gegenüber der Routine benachteiligt" (ebd., S. 78).

Das heißt aber nicht, dass Innovation nur noch reine „Chefsache" sein darf und kann. Die einzelnen Ressorts und Abteilungen sind in der Verantwortung, neben ihren Routineaufgaben Neues zu schaffen. Sie sind die Treiber für Neuerungen, die aus ihren Fachgebieten kommen – gerade bei größeren Organisationen. Es muss zudem gewährleistet sein, dass abteilungsübergreifende Interaktion und Kommunikation möglich ist (vgl. Kapitel 6.1.2 und 6.3.3.2). Dafür braucht es zu den hierarchischen Instrumenten der Koordination auch nicht-hierarchische wie das Schnittstellenmanagement, was als charakteristische Organisationsform für Innovationen angesehen wird (ebd., S. 59).

Schnittstellen entstehen an abgegrenzten, gleichgeordneten Teilbereichen einer Organisation, die miteinander interagieren müssen: Sie greifen zum Beispiel auf gemeinsame Ressourcen zurück oder tauschen Leistungen aus. Es gibt keinen gemeinsamen Vorgesetzten – das unterscheidet Schnittstellen von hierarchischer Koordination (ebd., S. 80). Dadurch entstehen Konflikte, bei denen es immer auch um Machtfragen geht (Herzhoff 1991, S. 234 ff.). Schnittstellenmanagement als „Spielart der Koordination soll das Verhalten von Individuen oder Gruppen auf ein gemeinsames Ziel ausrichten. Sie löst oder reguliert Konflikte, in der Regel durch Information und Kommunikation" (Hauschildt/Salomo 2011, S. 81). Bei Innovationsprozessen können dafür z. B. Verbindungspersonen implementiert werden als Mediatoren oder „Anwälte" von Ideen und Projekten. Bei zeitlich befristeten Aufgaben, also bei klar abgegrenzten Projekten, eignen sich Lenkungsausschüsse und Kommissionen (ebd., S. 82 ff.).

6.3.2.3 Innovationsstruktur für Formatentwicklung

Um die Steuerung von Formatinnovationen in großen Senderstrukturen zu verankern und vor allem in der frühen Phase eine Koordination zu ermöglichen, habe ich die folgende Struktur entwickelt (vgl. Abbildung 6.13).

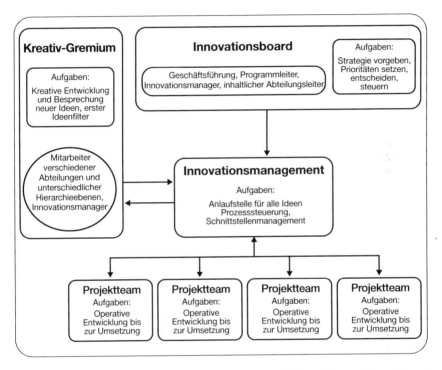

Abbildung 6.13: Innovationsstruktur für Formatentwicklung (eigene Darstellung)

Die „Innovationsstruktur für Formatentwicklung" ist ein aufbauorganisatorisches Modell, das gezielt auf die Bedürfnisse von Fernsehsendern und die charakteristischen Arbeitsweisen zugeschnitten ist. Es ermöglicht das Management von Innovationen unterschiedlichen Grades, vor allem bei mittel- bis hochinnovativen Projekten.

Das Konzept ist entwickelt aus den Anregungen der Kreativitätsforschung und den Erkenntnissen von Hauschildt/Salomo (2011, S. 57) zum innovationsbewussten Unternehmen (vgl. Kapitel 4.1.2). Weiterhin ist es inspiriert von der Innovationsstruktur nach Colman (2012, S. 82) (vgl. Kapitel 4.1.1), den Ansätzen des „loose-thight-structuring" nach Johne (1984, S. 212) und Lühring (2007, S. 142) und von dem erweiterten fünfphasigen State-Gate-Prozess nach Cooper/Edgett/Kleinschmidt (2002, S. 22 f.) (vgl. Kapitel 6.1.3). Schließlich sind nicht zuletzt meine Erfahrungen und Kenntnisse aus der Praxis der Formatentwicklung in die Innovationsstruktur mit eingeflossen.

Für die Strukturierung der frühen Phase von Innovationsprozessen in Fernsehunternehmen empfiehlt sich eine zentrale Struktur als Projektorganisation, die parallel zur Aufbauorganisation funktioniert. Die Linienstruktur tritt zugunsten der Innovationsstruktur in den Hintergrund. Priorität haben nicht die Interessen der einzelnen Abteilungen, sondern das übergeordnete Ziel: innovative Formate für den Sender zu generieren.

Über eine bereichsübergreifende Organisation der Entwicklungsarbeit lässt sich streiten. Die einzelnen Fachabteilungen und Redaktionen behalten sich gerne vor, eine Erstentscheidung darüber zu treffen, ob eine Idee weiterverfolgt werden soll oder nicht. Dies ergibt Sinn bei inkrementellen Innovationen und bei Formatideen, bei denen es klar ist, ob es sich um Fiction, Show, Factual Entertainment etc. handelt. Eine frühzeitige Zuordnung in die branchenüblichen Bereiche der Unternehmensstrukturen ist in Fällen von Innovationen geringen Grades effizient und sinnvoll. Schwieriger wird es bei echten und vor allem bei radikalen Innovationen. Konflikte und Risiken nehmen mit steigendem Innovationsgrad zu. Die Verantwortung sollte also hier aus den Bereichen in die Geschäftsführung oder Programmdirektion übertragen werden (vgl. Kapitel 6.3.2.2).

Eine zentrale Innovationsstruktur kann gewährleisten, dass alle Formatinnovationen über die Ressortgrenzen hinaus erfasst und entsprechend ihres Grades koordiniert werden. Im Verlauf des Prozesses kann entschieden werden, wie und in welchem Umfang die zentrale Innovationsstruktur die Koordination der einzelnen Projekte übernimmt und wann sie die Aufgaben in den Regelbetrieb delegiert. Die zentrale Innovationsstruktur setzt sich zusammen aus folgenden Komponenten:

- Innovationsboard als Entscheidungsinstanz

Als oberste Instanz wird ein Innovationsboard implementiert, wie es Colman (2012, S. 82) vorschlägt. Das Board gibt die Strategie vor, steuert und entscheidet final. Es besteht aus Mitgliedern der Geschäftsführung und der Programmleitung, jeweils einem Verantwortlichen der inhaltlichen Abteilungen oder deren Vertretung in allen Fragen von Entwicklung sowie dem Innovationsmanager.

- Innovationsmanagement für operative Steuerung und Schnittstellenmanagement

  Die Aufgaben des Innovationsmanagers und seines Teams (Innovationsmanagement) reichen weiter als die einer Entwicklungsredaktion. Das Innovationsmanagement übernimmt nicht die kreativ-inhaltliche Arbeit, es ist vielmehr der operative Dreh- und Angelpunkt für den Prozess in der frühen Phase. Hier werden alle Ideen gesammelt und dokumentiert, die Absprache mit dem Innovationsboard und die Arbeit des Kreativ-Gremiums organisiert und alle weiteren notwendigen Schnittstellen koordiniert – solange es noch keine verantwortliche Leitung für einzelne Projekte gibt.

- Kreativ-Gremium als Ideenpromotor

  Das Kreativ-Gremium unterstützt den Prozess in allen inhaltlich-kreativen Fragen und fungiert als erster Ideenfilter in der frühen Phase. Das interdisziplinäre Team setzt sich aus Mitarbeitern verschiedener Hierarchieebenen der Redaktionen und anderen Fachabteilungen zusammen. Es gibt eine feste Besetzung, kombiniert mit wechselnden Teilnehmern, um einerseits Kontinuität zu gewährleisten und andererseits zu fördern, neue Wege zu gehen. Das Team sollte Offenheit und Fehlertoleranz vermitteln – und Motivationen schaffen für alle, die eine Idee haben. Grundsätzlich entscheidet zwar das Innovationsboard darüber, ob Ideen in die nächste Phase befördert werden oder nicht. Doch das Kreativ-Gremium hilft auf dem Weg dahin. Es macht aus meiner Sicht keinen Sinn, mit jeder grob formulierten Idee das Innovationsboard und den Programmchef, den Chefredakteur oder gar den Geschäftsführer zu belangen. Die Ideengeber könnten das als Hindernis empfinden, als zu hohe Schwelle. Zudem ist mit einer Masse an Ideen zu rechnen, deren vernünftige Bewertung schlicht und einfach sehr zeitaufwendig ist. Ist das oberste Management zu früh im Entscheidungsprozess eingebunden, besteht die Gefahr, dass rohe Idee abgelehnt werden, weil die Zeit fehlt, ihr Potential zu erkennen oder zu entwickeln.

6.3.2.4 Ideenprozesse in der Innovationsstruktur

Die Innovationsstruktur für Formatentwicklung bildet den Rahmen, in dem der Ideenprozess verankert ist (vgl. Abbildung 6.13). Er nimmt seinen Weg über die Sammlung von Ideen, ihre Bewertung, Priorisierung und Auswahl (vgl. Kapitel 6.2.2) bis zur Kommunikation.

- Sammlung: Innovationsmanagement

  Das Innovationsmanagement ist die offizielle, erste und zentrale Anlaufstelle für alle neuen Ideen, die von intern oder extern eingereicht werden. Das können Ideen von Produzenten sein, sie können aus dem Markt kommen, aus den Redaktionen oder von jedem beliebigen Mitarbeiter, egal in welchem Bereich er arbeitet. Jede Idee, auch wenn sie rudimentär ist und kaum mehr als ein kreativer Impuls, wird hier gesammelt, dokumentiert und damit in den Innovationsprozess gegeben. Und: An dieser Stelle wird organisiert, dass jeder Ideengeber ein Feedback bekommt, und zwar mit Abschluss jeder Phase des Prozesses.

- Bewertung: Kreativ-Gremium

  Das Kreativ-Gremium bewertet nicht nur alle Ideen, die das Innovationsmanagement gesammelt hat, sondern diskutiert sie so weit, dass schon in der frühen Phase eine Vorauswahl darüber getroffen werden kann, welche Ideen gefördert und wie sie weiterentwickelt werden. Grundlage dafür ist die Innovationsstrategie, die das Board vorgegeben hat. Es ist der erste grobe Filter, mit dem sich mögliche Rohdiamanten aus dem Geröll der vielen internen und externen Einreichungen heraussieben lassen: Welche Idee ist schon so reif, dass sie direkt dem Innovationsboard vorgestellt werden kann? Was ist so unpassend, dass es direkt abgesagt wird? Bei welcher Idee lohnt es sich, den Entwicklungsprozess voranzutreiben und methodisch zu unterstützen?

  Für diesen ersten Schritt der Bewertung muss kein fertiges Ideenpapier vorliegen. Es ist vielmehr die Aufgabe des Kreativ-Gremiums, auch „rohe" Ideen in der frühen Phase ernst zu nehmen und sie im weiteren Prozess bis zur Projektbildung zu unterstützen. Es bewertet, gibt Feedback und Input, bis die Idee in iterativen Schleifen zum fertigen Papier oder später zum Konzept gereift ist. Auf diesem Weg sind neben Kreativität vor allem auch Fachwissen und kreative Routine erforderlich. Sinnvoll ist es deshalb, dass das Kreativgremium Redakteure aus den entsprechenden Bereichen zur Weiterentwicklung mit einbezieht – sofern die Ideen nicht ohnehin direkt aus den Redaktionen kommen. Sie helfen, alle für den Meilenstein notwendigen Elemente zu entwickeln und zu Papier zu bringen.

- Erste Auswahl: Kreativ-Gremium

  Ist das Kreativ-Gremium einverstanden mit der Idee und dem in Zusammenarbeit mit den Redaktionen entwickelten Ideenpapier, bringt der Innovationsmanager diese ins Innovationsboard. Hier wird auf höchster Ebene

6.3 Strukturierte Kreativität: echte Formatinnovationen

darüber entschieden, ob es in die nächste Phase der Entwicklung, die Konzeptphase geht.

- Priorisierung und Entscheidung: Innovationsboard

  Sender haben es in der Regel mit einer Fülle von angebotenen Ideen zu tun. Gibt es viele gute Ideen, müssen Prioritäten gesetzt werden. Dabei geht es nicht nur um die Frage, welche die beste und innovativste Idee ist, sondern welche dem aktuellen Bedarf gerecht wird, also nützlich ist. Eine Formatidee kann gut sein, aber gerade nicht in die Strategie oder ins Sendeschema passen. In der Regel sind die Ressourcen für den Launch neuer Formate begrenzt und müssen gezielt eingesetzt werden: Auf welche Karte setzte man Zeit und Geld, um den größten Nutzen zu erreichen? Welche Ideen werden prioritär behandelt? Aber auch: Welche Ideen sind gut, aber müssen erst mal zurückgestellt werden, um sie zu einem anderen Zeitpunkt erneut zu diskutieren?

  Ideen können sich im Laufe ihre Entwicklung verändern. Mit steigendem Neuigkeitsgrad wird der Prozess immer unübersichtlicher; zeitlicher Horizont und Endergebnis sind unklar. Zudem können sich neue Anforderungen an Ideen durch Strategie- und Bedarfsveränderungen ergeben. Es ist im TV-Geschäft an der Tagesordnung, dass Programmpläne aufgrund von unvorhersehbaren Konkurrenz- und Quotenentwicklungen angepasst werden müssen.

  Das Innovationsboard ist so zusammengesetzt, dass es um die relevanten operativen und strategischen Entwicklungen weiß. Die Mitglieder haben damit sowohl einen Überblick über alle Entwicklungsprojekte als auch über die sich ändernden Bedürfnisse und Anforderungen. Mit diesem Wissen können und müssen sie mit jedem Phasenübergang darüber entscheiden, ob, wie und mit welcher Priorität an einem Thema weitergearbeitet wird.

- Kommunikation der Entscheidung: Innovationsmanagement

  Alle Entscheidungen des Innovationsboardes müssen den Beteiligten in der Innovationsstruktur mitgeteilt werden. Das Innovationsmanagement übernimmt die Aufgabe, die Ideengeber intern und extern sowie das Kreativ-Gremium zu informieren und die nächsten Schritte zu kommunizieren.

- Überführung in Projekte: Innovationsmanagement in Absprache mit Innovationsboard und Bereichsleitern der Primärorganisation

  Mit dem Abschluss der frühen Phase wird die Formatentwicklung in Einzelprojekten weiterverfolgt. Wer diese leitet und wer zum Projektteam gehört, entscheidet das Innovationsboard in Abstimmung mit den Bereichsleitern. Mit dem weiteren Prozessverlauf können die Fachabteilungen zunehmend Verantwortung übernehmen – je nach Innovationsgrad zu einem früheren oder späteren Zeitpunkt. So können inkrementelle Innovationen schnell in die Ressorts delegiert werden. Bei echten und vor allem radikalen Innovationen ist es ratsam, dass das Innovationsboard mit Unterstützung des Kreativ-Gremiums das Projekt bis zum Ende im Sinne eines Lenkungskreises koordiniert und zumindest an den Phasenübergängen berät.

6.3.3 Zeitintensive Konzeptphase echter Formatinnovationen

Die Idee, wie sie auf dem Ideenpapier skizziert ist, muss in der Konzeptphase so weit entwickelt werden, dass darüber entschieden werden kann, ob in die weitere Entwicklung investiert wird (vgl. Kapitel 5.1 und 5.1.3). Aus einer Idee ein Konzept für eine echte Innovation zu machen, ist komplexer und herausfordernder als bei niedriginnovativen Formaten. Nicht nur *ein* Element muss neu kreiert werden, sondern *mehrere*. Gibt es eine Vielzahl neuer Elemente, heißt das, es gibt auch mehr unbekannte Größen. In der Kombination steigt die Komplexität exponentiell, denn ein Format ist mehr als die Summe seiner Teile. Das *Mehr* an Kreativität und Komplexität hat Folgen für die Konzeptphase: Sie braucht mehr Zeit, eine besondere Form der Koordination und einen verantwortungsbewussten Umgang mit Unsicherheiten und Risiken.

6.3.3.1 Risiko und Risikotransparenz

Gute Konzepte für echte Formatinnovationen gibt es selten auf die Schnelle. Die Regel sind Entwicklungsschleifen, bei denen es zwangsläufig auch Irrwege und Sackgassen geben kann. Wie lange ein Schaffensprozess dauert, ist schwer vorherzusagen (vgl. Kapitel 3.1.2). Bei mittel- und hochinnovativen Formaten spielt zwar der Faktor Zeit bis zur Veröffentlichung keine ganz so entscheidende Rolle wie bei inkrementellen Innovationen. Hier geht es mehr um die Chance, bei Erfolg mittel- und langfristig zu profitieren. Doch Zeit verursacht Kosten – in der Konzeptphase aber gibt es in der Regel noch kein Budget. Kann hier die zeit- und damit kostenintensive Leistung für die Entwicklung von echten Formatinnovationen in dieser Phase des Prozesses überhaupt erbracht werden?

Meist ist es der Produzent als kreativer Dienstleister, der dafür in Vorleistung geht. Produzenten klagen darüber, dass Formatentwicklungen nicht oder nicht ausreichend finanziert sind – vor allem, weil der Entwicklungsprozess immer öfter abgebrochen wird. Bis in die 90er-Jahre wurden z. B. die meisten entwickelten Drehbücher realisiert, heute sind Abbrüche an der Tagesordnung. Die Kosten dieser nicht-realisierten Projekte werden von den Sendern nicht bezahlt und können über die gleichbleibende Handlungskostenpauschale (HU) kaum abgedeckt werden (Castendyk/Goldhammer 2012, S. 100 f.). Von vollfinanzierten Auftragsproduktionen könne keine Rede mehr sein (ebd., S. 100 f.). Damit ist es für den Produzenten ein Risiko, in ein Konzept zu investieren. Kommt es nicht zu einer Beauftragung, war das Investment umsonst.

Um dieses Risiko für den Produzenten zu mindern und damit die sorgfältige Ideen- und Konzeptentwicklung zu fördern, scheint es sinnvoll, dass bei Innovationen höheren Grades ein frühes Entwicklungsbudget vom Auftraggeber, dem Sender, bereitgestellt wird. Eine Alternative ist es, dem Produzenten Formatrechte zu überlassen und nicht auf ein Total-Buy-out zu bestehen, so dass sich die Entwicklung auf lange Sicht auszahlt.

Generell aber müssen sich sowohl Produzent als auch Sender darüber im Klaren sein, dass echte Innovationen für beide Seiten riskant sind. Nach Schätzungen aus der Literatur sind rund 30 bis 50 Prozent der am Markt eingeführten Innovationen nicht erfolgreich (Reichwaldt/Schaller 2006, S. 168). Bei mittleren und radikalen Innovationen kann man davon ausgehen, dass die Flop-Rate weitaus höher ist. Ein sorgfältig ausgearbeitetes Konzept kann das Gesamtrisiko verringern. Zeit und Geld können gut investiert sein, wenn in den späteren Phasen weniger nachgearbeitet werden muss (Herstatt 2007, S. 312). Wer in der frühen Phase spart, wird vermutlich später die Rechnung dafür bezahlen: dann, wenn ein unausgegorenes Konzept in die – kostenintensive – Umsetzung geht, bei der Nachbesserungen noch mehr Zeit und Geld kosten oder der Prozess abgebrochen werden muss.

Wichtig am Ende der frühen Phase von echten Formatinnovationen ist es deshalb, eine realistische Einschätzung zum Stand zur Entwicklung zu geben. Fehlende Informationen und Unsicherheiten sind charakteristisch für Innovationen (vgl. Kapitel 6.1.3). Diese Informationslücken, Unsicherheiten und Risiken müssen im Konzept benannt werden. Bei echten und radikalen Innovationen sollte das Ziel sein, „die mit Innovationen einhergehenden Risiken transparenter und besser beherrschbar zu machen" (ebd., S. 297).

Es muss klar sein, dass Geld für die nächste Phase freigeschaltet wird – und dass es keine hohe Sicherheit dafür gibt, dass sich die Entwicklung lohnt, dass es zum Pilot oder gar zur (erfolgreichen) Staffel kommt. Mehr Sicherheit, ob ein Format in seinen Mechanismen funktioniert und sich so produzieren lässt, gibt es erst im fortschreitenden Prozess. Wissen Entscheider, dass echte Neuerungen mit hoher Wahrscheinlichkeit schiefgehen, können sie risikobewusst handeln und die Verantwortung dafür tragen.

6.3.3.2 Informeller Austausch und standardisierter Informationsfluss

Im Konzept wird die Formatidee nicht nur inhaltlich angereichert, sondern es geht verstärkt um den Nutzen des entstehenden Produktes. Das bedeutet: Andere Bereiche des Senders müssen verstärkt hinzugezogen werden.

Hier stellt sich die Frage, ob die Koordination der Schnittstellen zu anderen Bereichen bei einem höheren Innovationsgrad anders aussehen sollte als bei einem niedrigen. Eine parallele Bearbeitung von Aufgaben (Concurrent Engineering) beschleunigt zwar den Prozess, ist aber bei steigender Neuigkeitsintensität mit Vorsicht zu genießen. Die Gefahr ist hoch, dass Mitarbeiter vieler Bereiche Arbeit leisten, die bei Prozessabbruch nicht umsonst, aber vergebens ist (vgl. Kapitel 6.1.3).

Dies unterstützt eine Studie von Salomo/Gemünden/Billing (2007, S. 215 ff.). Sie geht davon aus, dass die Integration von Marketing, Produktion und Einkauf in den Innovationsprozess abhängig ist von den Anforderungen der einzelnen Phasen und des Innovationsgrades. Je nach Phase und Grad müsse es eine dynamische Anpassung geben. Salomo/Gemünden/Billing belegen, dass „eine dynamische interfunktionale Integration, also keine oder eine geringe Integration in den frühen Phasen und eine intensive Integration zum Ende des Prozesses, den Innovationserfolg vergrößert" (ebd., S. 239).

Für echte Formatinnovationen ist es demnach zu früh, zu lähmend und zu aufwendig, funktionsübergreifende Zusammenarbeit schon in der Konzeptphase zu institutionalisieren.[2] Das heißt allerdings nicht, dass kein Austausch zwischen den Abteilungen stattfinden soll (Song/Thieme/Xie 1998, S. 295 ff.). „Qualitativ hochwertige" (Salomo/Gemünden/Billing 2007, S. 240 ff.) Informationen unterstützen den Erfolg. Die Kommunikation sollte auf Basis informeller Netzwerke mit Verbindungspersonen oder Steuerungsinstanzen stattfinden (ebd., S. 239 ff.).

Für die Konzeptphase in der Formatentwicklung heißt das: Die an den neuen Ideen Beteiligten sollten sich austauschen und gezielt Fragen an Kollegen anderer Abteilungen stellen (vgl. Kapitel 6.3.2.2). Produktion, Marketing, Presse, Rechtsabteilung, Jugendschutz und Programmplanung sind ebenfalls in der Verantwortung, mitzudenken, Fragen zu stellen und auch unaufgefordert relevante Information zu den entstehen neuen Projekten weiterzugeben.

Voraussetzung für eine informelle Kommunikation relevanter Informationen ist, dass die Verantwortlichen der einzelnen Senderbereiche wissen, an welchen

---

[2] Ausnahme bildet die Zusammenarbeit mit den Bereichen „Online" und „Mobile", sofern sie organisatorisch getrennt sind. Die Zuständigen für andere Plattformen müssen so früh wie möglich intensiv im Entwicklungsprozess integriert sein. Sie liefern nicht nur begleitende Maßnahmen. Sie sollten kreative Treiber neuer Ideen sein und den kreativen Prozess unterstützen. Nur so können transmediale, echt- und radikal-neue Formate entstehen.

Innovationen gearbeitet wird. Es gilt hier, das Wissen und die Informationen der Innovationsstruktur für Formatentwicklung als sekundäre Organisation wieder in die Primärorganisation zu überführen.

Am effektivsten zu gewährleisten ist dies, wenn das Thema Innovation einen festen Platz auf der Agenda der Regelmeetings der Bereichsleiter bekommt. Verantwortlich dafür ist das Innovationsmanagement in Absprache mit dem Innovationsboard (vgl. Kapitel 6.3.2.3). Ziel sollte es dabei nicht sein, Ideen erneut zu diskutieren oder gar weiterzuentwickeln. Es geht lediglich darum, alle Abteilungen darüber zu informieren, an was mit welcher Priorität gearbeitet wird, um den weiteren, informellen Informationsaustausch zu unterstützen. Mit dem Thema Innovation auf den Agenden der Bereichsleiter wird auch der Bedarf an neuem Programm mit konkreten Vorgaben in das Unternehmen kommuniziert, um allen Mitarbeitern wiederum Impulse und Anhaltspunkte für neue Ideen zu geben.

6.3.4 Ausblick auf den weiteren Prozessverlauf: Iterationen und intensives Monitoring

Bei einem mittleren Innovationsgrad ist von vielen Unsicherheiten auszugehen, die sich im Verlauf des Prozesses in den Phasen der Pilotierung und Realisierung immer weiter verringern. Die dafür erforderliche Kreativität nimmt ab, die Steuerung kann vorsichtig intensiviert werden (vgl. Kapitel 6.1.4). Das bedeutet: mehr Strukturierung und mehr Formalisierung. Dies legt einen Wechsel in der Organisation nahe.

In der frühen Phase der Ideenfindung und -entwicklung ist es wichtig, dass jeder in den beteiligten Organisationen die Möglichkeit haben sollte, frei und ohne strukturelle Zwänge Ideen zu entwickeln. Die Innovationsstruktur (vgl. Kapitel 4.1.2) hat hier die Funktion, Impulse zu geben, Ideen zu sammeln, zu bewerten und ihre Entwicklung zu unterstützen, bis sie zum Konzept gereift sind. Für die weiteren Phasen von der Pilotierung bis zur Serienproduktion und Evaluierung sollte die Entwicklung in Projekten weiterverfolgt werden. Sie gelten als ideale Organisationsform für Innovationen im Fernsehen (vgl. Kapitel 4.3). Spätestens mit dem Abschluss der frühen Phase sollte auf Seiten des Senders als Auftraggeber ein verantwortlicher Projektleiter mit Team implementiert werden (vgl. Kapitel 6.3.2.4). Er hat die Aufgabe, einerseits die interorganisationale Zusammenarbeit zwischen Sender und Produzent zu steuern, andererseits die senderinternen Abläufe zu koordinieren und die Bereiche Online, Herstellung, Jugendschutz, Marketing, Rechtsabteilung, Presse, Sales, Programmplanung und Distribution in den Prozess zu integrieren.

Dabei empfiehlt sich, die Instanzen der Innovationsstruktur für Formatentwicklung als Sekundärorganisation weiterhin mit der Steuerung und zumindest der Beratung der Projekte zu betrauen. Das Innovationsboard sollte bei echten Innovationen bis zum Ende der Pilotierung involviert sein, um bei Veränderungen Entscheidungen über den weiteren Verlauf des Prozesses zu treffen.

Zu beachten ist für Projektleiter wie für Innovationsmanagement und -board: Von einem linearen Prozess ist bei echten Innovationen auch nach der frühen Phase nicht auszugehen. Wer hier zu straff steuert, riskiert, dass an einmal verabschiedeten Ideen (zu) lange festgehalten wird, auch wenn sich schon andeutet, dass das Konzept nicht aufgeht. Um die Entstehung neuer, vielleicht besserer Ideen nicht zu verhindern, muss es erlaubt sein, einzelne Elemente und ganze Ideen zu verwerfen und neue Wege zu gehen. Dafür gilt es, besonders bei echten Innovationen die Ziele im Verlauf des Prozesses immer wieder anzupassen (vgl. Kapitel 5.1.3.2).

Kommen wir zu den wichtigsten konkreten Aufgaben, die nach der frühen Phase anstehen: Im Gegensatz zu niedriginnovativen Entwicklungen ist bei echten Formatinnovationen ein Pilot in der Praxis üblich und aus meiner Sicht unbedingt ratsam. Kein noch so ausführliches Papier kann ein „physisches" Bewegtbild ersetzen. Piloten helfen, das mit dem Innovationsgrad steigende Risiko zu verringern, denn das echt Neue stellt die Akteure nicht nur vor inhaltlich-gestalterische, sondern auch vor herstellerische Herausforderungen.

Wie in Kapitel 5.2.4 dargelegt, gibt es unterschiedliche Möglichkeiten der Pilotierung, die bei echten Innovationen ausgeschöpft werden können: Bis zu einem sendefähigen Piloten lassen sich mit Mood-Tapes und Funktionspiloten Erkenntnisse sammeln, ob einzelne Elemente wie Spielmechanismen, Protagonisten oder die Technik funktionieren – und sie lassen sich innerhalb bestehender Formate oder auf Testflächen online oder on air ausprobieren (vgl. Kapitel 6.4.4.4).

Ganze Piloten als Prototypen eignen sich, um echte Formatinnovationen vor der Ausstrahlung mit den verschiedenen Methoden qualitativer Marktforschung zu testen. Dabei werden die Prototypen z. B. Fokusgruppen vorgeführt, die sie zunächst mithilfe von „Real-Time-Response (RTR)-Tests" direkt beim Zusehen bewerten und im Anschluss mithilfe von Moderatoren diskutieren. Die so gewonnenen Erkenntnisse liefern zwar keine verlässliche Aussage darüber, ob ein Format ein Erfolg wird oder nicht. Aber sie können zur konkreten Weiterarbeit am Piloten genutzt werden oder die Entscheidung vereinfachen, ob ein neues Format überhaupt veröffentlicht wird oder nicht.

Die Pilotierungsphase kann bei echten Formatinnovationen ein langer Prozess mit vielen Wiederholungsschleifen sein. Oft kommt es zu mehreren Piloten, bis ein Prototyp für die Serienproduktion steht. Für Management und Programmplanung bedeutet das: Ein Ausstrahlungstermin der Serie sollte erst angesetzt werden, wenn die Pilotierungsphase erfolgreich abgeschlossen ist. Will man einen Sendeplatz termingerecht bestücken, ist es ratsam, mehrere Piloten dafür zu erstellen, bevor man eine Entscheidung für die finale Produktion gibt. Die ausstrahlungsunterstützenden Aufgaben im Sender (Marketing, Presse, Sales etc.) sollten in der Entwicklungsphase nur punktuell mit einbezogen werden, da bis zum Abschluss der Phase eine Ausstrahlung immer ungewiss ist.

Mit dem Start der Serienproduktion echter Formatinnovationen ist die Entwicklung zwar weitgehend abgeschlossen, die Arbeit am Format in der Regel aber noch lange nicht. Die produktionsbezogenen und inhaltlich-kreativen Routinen müssen sich erst einspielen. Selten ist ein echt-neues Format mit der ersten Sendung „fertig". Während der Produktion der ersten Folgen ist intensives „Monitoring" erforderlich. Monitoring bezeichnet die laufende Feinsteuerung, die „den Prozessfortschritt im Auge hat und damit ständig Impulse abgeben soll, den Prozess in Richtung der angestrebten Ziele zu beeinflussen" (Hauschildt/Salomo 2011, S. 338).

Die finale Bewertung der Qualität eines Formates kann erst zu einem Zeitpunkt stattfinden, wenn die Kinderkrankheiten der ersten Sendungen ausgemerzt sind. Zeit sollte man sich vor allem für die abschließende Bewertung der Zuschauerresonanz geben. Die Frage nach einem Quotenerfolg ist selten nach wenigen Folgen zu beantworten. Fernsehen ist ein Gewohnheitsmedium (Mikos 2012, S. 118). Es basiert auf Ritualisierung. Die Zuschauer gelten als träge und brauchen Zeit, sich auf etwas Neues einzulassen und sich daran zu gewöhnen (Zabel 2009, S. 328). Ein schwacher Einstart eines neuen Formates muss nicht heißen, dass es ein Flop wird. Es kann viele Folgen, manchmal sogar Staffeln dauern, um innovatives Fernsehen zu etablieren. Eine Evaluierung ist aus meiner Sicht erst nach dem Abschluss der ersten Staffel zu empfehlen.

6.3.5 Zusammenfassung und Empfehlungen für echte Formatinnovationen

Echte Formatinnovationen können sich für Medienunternehmen lohnen, nicht nur weil sie ein besseres Image haben als Me-too-Produkte. Von Formaten mit vielen neuen Elementen können sowohl Sender als auch Produzenten lange profitieren, und zwar auf dem nationalen wie auf dem internationalen Markt. Die Entwicklung von Formaten mittleren Innovationsgrades ist allerdings mit mehr Aufwand und Risiken verbunden als die Entwicklung niedriginnovativer Formate. Ob sich die Investitionen auszahlen, kann schwer vorhergesagt werden.

Für die besonderen Herausforderungen der Entwicklung echt-neuer Formate in der frühen Phase des Innovationsprozesses ergeben sich zusammenfassend folgende Empfehlungen:

1. Für echte Formatinnovationen muss eine innovationsbewusste Umgebung geschaffen werden, in der sich Kreativität entfalten kann.
2. Das Management von echten Formatinnovationen ist bei der obersten Leitungsfunktion des Unternehmens angesiedelt.
3. Es empfiehlt sich eine zentrale Innovationsstruktur mit Innovationsboard, Innovationsmanagement und Kreativ-Gremium als Sekundärorganisation, welche den Ideenprozess in der frühen Phase koordiniert und die Projekte im weiteren Innovationsprozess als Lenkungsausschuss begleitet.
4. Die Innovationsaktivitäten sollten einen festen Platz auf der Agenda aller Bereichsleiter im Unternehmen haben. In der frühen Phase müssen sie vor allem gezielt mit einbezogen werden, um qualitativ hochwertige Informationen zu liefern.
5. Individuelle Kreativität ist für echte Innovationen essentiell. Dafür braucht es intrinsisch motivierte, kreative Mitarbeiter mit Fachkompetenz und Durchsetzungsstärke.
6. Kreative Impulse haben bei echten Innovationen eine größere Bedeutung als strategische: Sie können durch den Zugang zu neuen Informationen angeregt und konkret durch Kreativitätstechniken gefördert werden.
7. Im kreativen Prozess der Formatentwicklung sollten sich individuelle Tätigkeiten und Gruppenarbeit abwechseln. Dabei sollte es eine Trennung zwischen Ideenfindung und Ideenbewertung geben. Der Ideengeber ist in die Weiterentwicklung seiner Ideen mit einzubeziehen.
8. Für die Entwicklungsarbeit in der frühen Phase sollten ausreichend Zeit und Ressourcen eingeplant werden. Im gesamten Innovationsprozess muss mit iterativen Schleifen, Veränderungen, Verzögerungen und Abbruch gerechnet werden.
9. Unsicherheiten, Probleme und Informationslücken sollten transparent sein, um mit den entstehenden Risiken verantwortungsbewusst umzugehen.
10. Für echte Innovationen sind Piloten zu empfehlen. Serienproduktion und Sendetermin und die damit zusammenhängenden Maßnahmen sollten erst mit einer erfolgreichen Pilotierung geplant werden.

11. Die Serienproduktion der ersten Folgen braucht ein intensives Monitoring. Eine Erfolgsbewertung echter Formatinnovationen sollte erst mit Abschluss der ersten Staffel stattfinden.

6.4 Freiheit statt Struktur: radikale Formatinnovationen

Radikal-innovative Formate gehen über rein inhaltliche Neuerungen hinaus. Sie ergeben sich aus veränderten Produktionsformen auf Basis neuer Prozesse oder Techniken. Oder sie bedienen sich neuer Verbreitungswege und beziehen dabei mehrere mediale Plattformen so mit ein, dass durch die Kombination etwas deutlich Neues ermöglicht wird – was wiederum Auswirkungen auf die inhaltliche Gestaltung haben kann (vgl. Kapitel 2.5.5).

Es sind die radikal-neuen Formate, die das klassische Fernsehen immer wieder beleben und die neues Fernsehen ermöglichen. Sowohl das alte Broadcast-TV braucht ständig Nachschub an Formaten als auch das neue „Personal Cast" (Riffi/ Michel 2013, S. 36). Radikale Neuerungen können sich gerade im crossmedialen Content-Markt lohnen. Sind sie erfolgreich, dann eröffnen sich durch die neuen Distributionswege neue Erlösmodelle. So ist eine innovative Serie wie „House of Cards" zunächst für den Online-Dienst Netflix produziert worden, aber längst als Lizenz nicht nur im Internet-TV zu sehen. Sie ist im Pay- und im Free-TV weltweit ein Hit.

Hochinnovatives birgt allerdings auch ein hohes Risiko, radikal danebenzugehen. „Die Millionärswahl – Demokratisch reich werden" (ProSieben / Sat. 1, 2013) ist ein Beispiel für den Mut, etwas Neues zu schaffen – und dafür, wie man damit scheitern kann. Die Idee: Zuschauer können andere Zuschauer „demokratisch" zum Millionär wählen – und online die Vorauswahl für die Kandidaten der großen Shows treffen. Etwas Vergleichbares gab es bis dahin nicht, und pilotieren lässt sich ein Event, das auf Interaktivität basiert, auch nicht. Für Sender und Produzent bedeutet das volles Risiko. Ambitioniert ist das transmediale Format mit riesigem Marketing-Aufwand gestartet. Im Bereich Social Media brachte es „Die Millionärswahl" zu einem Achtungserfolg, wenn auch hervorgerufen durch einen Shit-Storm. Im TV floppte die Show völlig und wurde schnell auf einen späten Sendeplatz gelegt, dann aus dem linearen Programm des Senders genommen und online zu Ende gebracht.

Dass es sich sowohl für Sender als auch Produzent vielfach auszahlen kann, mit einer Extra-Dimension an Neuem radikal anders zu sein, beweist der Erfolg von „Berlin Tag & Nacht" (RTL2, seit 2011). Auch wenn das Format häufig als „Trash" kritisiert und ihm Qualität abgesprochen wird, läuft es über Jahre mit weitgehend gleichbleibend guten Quoten und einem weiteren Spin-off, „Köln

50667" (RTL2, seit 2013). Lizenzen werden europaweit gehandelt, z. B. in Ungarn, Frankreich, Slowakei und Österreich. Der Produzent *Filmpool* hat die Pionierrolle übernommen und die damit verbundenen Potentiale wie zeitweilige Monopolstellung, Aufbau von Markteintrittsbarrieren, eine enge Verbindung zum Kunden sowie Imagevorteile (Horsch 2003, S. 73 ff.) voll ausgeschöpft. *Filmpool* hat sich im Genre „Scripted Reality" die Marktführerschaft in Deutschland gesichert. Auch der Sender, der zusammen mit dem Produzenten das Wagnis eingegangen ist, hat profitiert: RTL2 holt über lange Zeit täglich zweistellige Marktanteile in der Zielgruppe in der wichtigen Access-Primetime und ist seinem Image als junger, innovativer Sender gerecht geworden.

Was kann man als Sender und Produzent tun, um radikale Innovationen wie diese zu schaffen? Was muss bei radikalen Innovationen anderes sein als bei wenig innovativen Formaten? Kann man radikale Neuerung planen und wenn ja, wie?

6.4.1 Freiheit für radikale Innovationen

Radikal Neues kann nur mit einem Maximum an Kreativität entstehen. Die Anforderungen, die echte Innovationen an Personen, Umfeld und Prozesssteuerung stellen, gelten bei radikalen Innovationen erst recht (vgl. Kapitel 6.3.5). Das schaffende Individuum sollte mit hervorragenden kognitiven Fähigkeiten und hoher Intelligenz ein hohes Potential haben, Neues zu schaffen. Diese Kreativität ist gepaart mit Fach- und Erfahrungswissen, praktischem Können sowie dem leidenschaftlichen Interesse, sich ständig Neues anzueignen. Die Idealbesetzung für radikale Innovationen liebt das, was sie tut, geht voll und ganz darin auf, arbeitet mutig und diszipliniert an ihren Ideen. Und sie ist so frei und autonom, an ihre Innovationen zu glauben und sie gegen Widerstände durchzusetzen. Kurz: Für neues Fernsehen braucht es kreative, hochintelligente Profis, starke Persönlichkeiten, die in Lage sind, sich im System mit ihren radikalen Formatideen zu behaupten.

Doch selbst Ausnahmetalente werden es sehr schwer haben, das Fernsehen zu erneuern, wenn das Umfeld nicht stimmt. Für radikal-neue Formate müssen TV-Unternehmen ihren Beitrag leisten: Sie müssen den kreativen Personen Freiheit und Sicherheit für ihre Arbeit garantieren. Das ideale Umfeld für radikale Innovationen ist frei von Druck, frei von Vorgaben, frei von Kontrolle und frei von Sanktionen.

Diese Forderung nach maximaler Freiheit für Kreativität hat Auswirkungen auf die Strukturierung und Steuerungsintensität der Prozesse. Wer aber eine Reihenfolge von Aktivitäten vorgibt, „strukturiert damit den Prozess der Erreichung der Ergebnisse inhaltlich vor und engt damit den Gestaltungsspielraum der innovierenden Personen enorm ein" (Hauschildt/Salomo 2011, S. 310).

Radikale Innovationen entstehen selten in linearen, straff gesteuerten Prozessen – zumindest nicht in der frühen Phase. Einen Beleg dafür liefert Herstatt (2007, S. 302 ff.). Er untersucht „Breakthrough"-Innovationen, „bei denen ein neues Bedürfnis durch eine neue, bisher noch nicht in dieser Form angewandte Technologie befriedigt wird" (ebd., S. 297), und stellt fest: Breakthrough-Innovationen entstehen durch ausprobieren und scheitern. Sie „sind das Ergebnis eines langwierigen ‚Trial-and-Error'-Prozesses" (ebd., S. 303). Die Frage, ob sich radikale Innovationen in der frühen Phase überhaupt gestalten und strukturieren lassen, beantwortet Herstatt demnach vorsichtig: Es sollte zumindest möglich sein, „das ‚fuzzy front end' auf einer ‚best effort'-Basis zu durchdringen und auch inhaltlich zu gestalten" (ebd., S. 312).

Von einem planbaren, zielgerichteten Verlauf ist in der frühen Phase kaum auszugehen. Feste Aufgaben für die einzelnen Phasen sowie starre Zielvorgaben und Meilensteine sind bei radikal-neuen Formaten kontraproduktiv – sie würden die Kreativität zu früh einschränken. Anders als bei inkrementellen und echten Innovationen wähle ich demnach bei radikalen Innovationen einen anderen Weg und betrachte die frühe Phase als Ganzes – ohne die explizite Einteilung in die Abschnitte Impuls, Idee und Konzept.

6.4.2 Ressourcen für radikal-neue Formate

Innovationen zu entwickeln ist ressourcenintensiv – das gilt für radikale noch mehr als für echte (vgl. Kapitel 6.3.3.1). Herstatt (ebd., S. 305 ff.) belegt das in seiner Studie zu Breakthrough-Innovationen: Diese Projekte dauern lange und verursachen hohe Kosten. In der Regel sprengen sie das meist für ein Jahr eingeplante Budget für Forschung und Entwicklung.

Wie lange die Entwicklung eines radikal-neuen Formates dauert, ist schwer einzuschätzen (vgl. Kapitel 3.1.2). Will man radikale Innovationen in der frühen Phase in einen Zeitplan pressen, wird man sie vermutlich verhindern (vgl. Kapitel 5.1.3.2). Ideen entwickeln sich in iterativen Schleifen durch ausprobieren. Dafür reicht es nicht, nur darauf zu hoffen, dass im Regelbetrieb radikale Innovationen entstehen. Impulse und Ideen können durchaus bei Routine-Tätigkeiten entstehen, aber daraus radikal-neue Formate in ihrer Komplexität zu entwickeln, ist nicht „nebenbei" zu machen.

Kreative brauchen neben Freiheit vor allem eins: Zeit. Ausreichend Zeit, um die verschiedensten Variationen zu durchdenken, immer wieder neue Ideen und Gedankengänge zuzulassen und schon Entstandenes gegebenenfalls wieder zu verwerfen; Zeit, um unterschiedliche „Köpfe" hinzuzuziehen, Experten zu fragen, in Gruppen zu arbeiten; Zeit, die Sache einmal liegen zu lassen, wieder Kreativität zu schöpfen und erneut nachzudenken. Oft können die Früchte der Innovationsarbeit erst spät geerntet werden – oder es kommt zu keinem verwertbaren Ergebnis.

Um der Formatentwicklung diese Zeit zu gewähren, muss für radikal Neues früh Geld investiert werden. Das fertige Konzept als Moneygate abzuwarten, kann verhindern, dass radikale Innovationen überhaupt entstehen. Doch auf welcher Basis – wenn nicht mit einem ausgearbeiteten Konzept – soll Budget für die Entwicklung freigesetzt werden? Reicht ein Ideenpapier, eine mündliche Idee, eine Vision oder einfach nur ein Gefühl?

Je weniger über das Neue bekannt ist, desto größer sind die damit verbundenen Risiken. Welche Informationen zu einer radikal-neuen Idee vorhanden sein sollten, um in sie zu investieren, hängt von der Risikobereitschaft des Unternehmens ab. Soll etwas völlig Neues ermöglicht werden, sollte das Entwicklungsbudget, das jeder Sender und auch die meisten Produktionsfirmen einplanen, nicht erst mit dem Konzept eingesetzt werden. Vielmehr wäre es sinnvoll, Ideenentwicklung offen und weniger zielgerichtet zu unterstützen und dafür Ressourcen zur Verfügung zu stellen. Die wohl radikalste Lösung für die frühe Phase ist es, exzellente Top-Kreative mit wenigen oder gar keinen Vorgaben – dafür aber mit Geld – auszustatten und sie in Ruhe arbeiten zu lassen.

Wie so ein Paradies für Kreative aussehen könnte, macht die Videoplattform YouTube mit ihren *YouTubeSpaces* vor. In diesen Studios in Metropolen wie New York, Los Angeles, Tokio und London werden ausgewählten Künstlern und Kreativen Studios, Sets, Requisiten, Kameras, Schnittplätze, kurz: alles, was zu einer professionellen Produktion gehört, kostenlos zu Verfügung gestellt. Sie bekommen dabei Unterstützung von Experten sowie Fortbildungen, z. B. in Dramaturgie und Vermarktung. In diesem Umfeld können Kreative weitgehend frei und ungestört an ihren Ideen arbeiten und sie gleich umsetzen und ausprobieren.

6.4.3 Radikale Innovationen in großen Fernsehunternehmen

Die deutsche Fernsehlandschaft ist geprägt von großen Sendergruppen (ProSiebenSat.1, RTL-Gruppe, ZDF, ARD), den davon abhängigen Produktionseinheiten (z. B. *Bavaria, Red Arrow, Studio Hamburg*) und verstärkt international agierende Produktionsriesen (z. B. *Endemol/Shine, ITV, Warner*). Untersuchungen zeigen aber, dass sich in großen Organisationen radikale Innovationen schwer entwickeln können, während kleine Unternehmen und Start-ups prädestiniert sind für hochinnovative Produkte (Herstatt 2007, S. 303 f.; Stringer 2000, S. 70 ff.).

Start-ups sind in der Regel noch völlig unstrukturiert. Keine starre Organisationsform hindert die freie Entfaltung. Start-ups gelten als flexibel und nah am Markt. Im Mittelpunkt stehen die Gründer, die meist zugleich die Ideen zur Innovation hatten. Mit ihnen als zentrale Personen wird das gesamte Unternehmen mit allen Ressourcen auf das Breakthrough-Projekt ausgerichtet und oft unkonventionell organisiert. Es muss keinen Wandel im Unternehmen geben aufgrund der Schaffung von etwas Neuem. Das Neue *ist* das Unternehmen, und daraus ziehen die Mitarbeiter ihre Motivation: „Start-ups sehen sich meist in der Rolle des David, der gegen einen Goliath [...] antritt, um etablierte Standards in Frage zu stellen" (Herstatt 2007, S. 305).

Wollen große Unternehmen mit ihrem „genetischen Konservativismus" (ebd., S. 303) von kleinen lernen, um Innovationen eines höheren Grades hervorzubringen, sollten sie versuchen, deren Besonderheiten innerhalb der großen Organisation zu integrieren (vgl. Kapitel 4.1.3). Orientiert man sich an den Merkmalen von Start-ups und leitet daraus Strategien für große Unternehmen ab (ebd., S. 305 ff.), findet man viele der schon für echte Formatinnovationen genannten Empfehlungen (vgl. Kapitel 6.3) bestätigt und verstärkt.

Die Anforderungen an die Organisation von Innovationsprojekten in Fernsehunternehmen erfüllt die „Innovationsstruktur für Fomatentwicklung" (vgl. Kapitel 6.3.2.3). Zudem müssen sich Sender und Produzenten klar zu radikalen Innovationen bekennen, dieses strategische Ziel deutlich definieren und die Umsetzung ernst meinen. Radikal-neue Formate müssen aktiv gewollt und in der Unternehmensstrategie verankert sein.

> „Nur durch explizite Unterstützung durch das Top-Management als Machtpromotor kann die Weiterführung des Projektes auch in Phasen gesichert sein, in denen eine erste, ‚nur' an harten ökonomischen Kennzahlen ausgerichtete Beurteilung eher den Projektabbruch nahelegen würde" (ebd., S. 306).

Die Notwendigkeit, Innovationen zur Chefsache zu machen, wurde schon bei echten Formatinnovationen dargelegt. Bei radikalen gilt dies erst recht, denn die Risiken wachsen mit dem Innovationsgrad. Diese muss die oberste Führungsinstanz tragen – immer mit dem Wissen, dass die Wahrscheinlichkeit des Scheiterns groß ist. Das erfordert von der Unternehmensführung Mut und Konsequenz.

Weiterhin ist es wichtig, Impulse aus allen Richtungen zuzulassen, denn eine Breakthrough-Innovation entsteht oft in ganz anderen Kontexten und Zielmärkten. „Gerade der Blick in entfernte Bereiche ermöglicht ein Abstrahieren von konventionellen Lösungsparadigmen hin zu radikal neuen Ansätzen" (ebd., S. 302). Bei Formatinnovationen sind demnach nicht nur Redaktionen und Entwickler gefragt, sondern Personen unterschiedlicher Fähigkeiten und aus verschiedenen Fachrichtungen und Abteilungen. Externe Mitarbeiter und Experten sollten die Möglichkeit haben, ihre Ideen einzubringen. Aber auch Zuschauer und Nutzer sowie Werbekunden sollten aktiv nach ihren Wünschen gefragt werden (vgl. Kapitel 6.4.4.1 und 6.4.4.2).

Bei radikalen Innovationen ist es weiterhin essentiell, dass sie in Projekten separat zur Primärorganisation strukturiert sind (Herstatt 2007, S. 307). Projekte ermöglichen ein Agieren in kleineren Einheiten – ähnlich wie bei Start-ups. Die Teams sollten nicht nur mit Zeit und Geld ausgestattet sein, sondern auch mit der Freiheit, das Projekt nach ihren Bedürfnissen zu gestalten, und sie sollten einen direkten Draht zur obersten Führungsinstanz des Unternehmens haben (ebd., S. 307).

Für radikal-neue Formate sind bunt gemischte Teams zu empfehlen, vor allem aber ist die Zusammenarbeit mit Technik-, Online- und Social-Media-Spezialisten schon in der frühen Phase ratsam. Auch Kollegen aus Herstellung und Produktion sind hilfreich, um Wege zu entwickeln, wie neue Ideen bezahlbar verwirklicht werden können. Neben den fachübergreifenden und externen Profis können junge kreative Talente das Team ergänzen. Sinnvoll ist es, dabei nicht zu eng zu denken. Da man am Anfang noch nicht genau weiß, welche Art von Format genau entstehen wird, sollten möglichst unterschiedliche Qualifikationen und Kompetenzen zusammengebracht werden. Der Vorteil großer Organisationen ist dabei, dass es unternehmensintern Fachleute und Spezialisten gibt, die ohne großen Aufwand dazugeholt werden können.

6.4.4 Ansätze für konkrete Maßnahmen

Strukturelle Maßnahmen bilden den Rahmen, in dem Innovationen eines höheren Grades innerhalb komplexer Unternehmensstrukturen möglich werden. Die Steuerung der Prozesse gestaltet sich bei radikalen Innovationen äußerst schwierig, denn Kreativität braucht Freiraum zur Entfaltung. Freiheit kann aber für das Management nicht heißen: nichts tun und alles dem Zufall überlassen. Freiheit für Neues braucht besondere Formen der Unterstützung, wie sie folgende Ansätze bieten:

Um an neue Ideen für radikale Formatinnovationen zu kommen, hilft es, mit Innovationswettbewerben und dem Einbeziehen von „Lead-Usern" kreative Quellen auch von außerhalb zu erschließen und für die weitere Entwicklung zu nutzen. Besonderes Augenmerk verdient die Beobachtung und Entwicklung von neuen Technologien. Für den gesamten Prozess empfiehlt sich, Neues auszuprobieren und aus den Ergebnissen zu lernen (Probe-and-Learn-Prozess).

6.4.4.1 Offen für alle: Ideenwettbewerb

Radikal-neue Ideen entstehen oft da, wo man sie gar nicht erwartet. Man muss also auch jenseits der üblichen Köpfe und Kontexte nach ihnen suchen. Die Innovationsforschung diskutiert unter dem Begriff „Open Innovation" verschiedene Instrumente, um Ideen von außen zu bekommen, also auch von Akteuren außerhalb der eigenen Abteilung oder des Unternehmens (Bley 2010, S. 315).

Ideen- oder Innovationswettbewerbe sind dafür eine der wohl populärsten Methoden. Ein Ideenwettbewerb ist eine

> „Aufforderung eines privaten oder öffentlichen Veranstalters an die Allgemeinheit oder eine spezielle Zielgruppe, themenbezogene Beiträge innerhalb eines bestimmten Zeitraums einzureichen, die von Experten an Hand verschiedener Beurteilungsdimensionen bewertet und leistungsorientiert prämiert werden" (Walcher 2007, S. 16).

Damit diese Art der Innovationsinitiative ein Erfolg wird, braucht es neben professioneller Koordination vor allem viele motivierte Teilnehmer (Bley 2010, S. 309). Als Grundmotivation für Wettbewerbe gilt es, sich zu messen und gewinnen zu wollen. Doch darüber hinaus müssen für das Mitmachen weitere Anreize geschaffen werden. Es muss sich lohnen, Ideen zu entwickeln und sie weiterzugeben. Dabei spielt der (materielle) Preis eine Rolle. Eine Idee muss als wertvolles Gut behandelt und entsprechend belohnt werden. Mindestens ebenso wichtig aber ist die öffentliche Anerkennung der kreativen Leistung. Meiner Erfahrung nach kommt bei Ideenwettbewerben zu neuen Formaten noch ein Aspekt hinzu: Die Kreativen, die eine Idee einreichen, wollen vor allem am weiteren Prozess beteiligt sein, sie wollen ihr „Baby" entwickeln und umsetzen (vgl. Kapitel 6.3.2.1).

Innovationswettbewerbe haben viel mit Pitches gemeinsam. Auch hier wetteifern die Teilnehmer mit neuen Ideen. Doch bei Pitches sind ausgewählte, routinierte Profis am Werk, Unternehmen und Kreative, die nach mehr oder weniger klaren Vorgaben ihre Beiträge liefern (vgl. Kapitel 6.2.2). Ideenwettbewerbe haben dagegen den Anspruch, sich weiteren Quellen von Neuem zu öffnen. Sie können sich an alle wenden, den Kreis aber auch eingrenzen.

Ein Ideenwettbewerb kann im eigenen Unternehmen stattfinden. Vor allem, wenn es sich um weitverzweigte Organisationen mit vielen Mitarbeitern handelt, lassen sich immer neue Quellen für neue Ideen erschließen. Viele kreative Köpfe mit den entsprechenden Fachkompetenzen kommen mit ihren Einfällen nicht zum Zuge. Mitarbeiter aus nicht-redaktionellen Bereichen können z. B. mit ihren eigenen Sichtweisen und Fachkenntnissen radikal Neues beisteuern. Aufrufe zu Wettbewerben sind der Versuch, dieses Potential zu nutzen. Zudem helfen interne Ideenwettbewerbe, das Thema Innovation ins Unternehmen zu tragen und so langfristig an einer Innovationskultur zu arbeiten.

Außerhalb der eigenen Organisation und fernab der Routinen des Fernsehgeschäftes bietet sich die Zusammenarbeit mit Schulen, Hochschulen und Forschungseinrichtungen an (Bley 2010, S. 305). So können Studierende ihre Vision von neuem Fernsehen entwickeln und haben die Chance, dass sie in einem professionellen Kontext veröffentlicht werden. Nutzbare Ideen sind zudem allgemein von Kunden, Anwendern und Nutzern zu erwarten (ebd., S. 305; Mensel 2004, S.101 f). Doch können auch im Bereich Fernsehen ganz normale Kunden, also Zuschauer, Menschen ohne Domänenwissen und fachliche Qualifikationen, neue und nützliche Ideen liefern?

Genau das wurde 2001 mit dem TV-Format „Die neuen Fernsehmacher" (RTL2) versucht. Zuschauer konnten dabei ihre Formatideen einreichen. Experten wählten die acht besten aus, die dann on air als Pilotfolgen präsentiert wurden. Über den Gewinner entschieden die Zuschauer per Televoting. Den ersten Platz belegte ein Informatikstudent mit der Idee „Was passiert, wenn...?". Kandidaten müssen in dieser Show erraten, wie zuvor gefilmte Experimente ausgehen. Die daraus entstehende, an „Wetten, dass...?" erinnernde Show wurde ein Jahr später mit drei Folgen in der ARD ausgestrahlt. „Die neuen Fernsehmacher" brachten keine Revolution, sondern ein Me-too-Format.

Mit der Digitalisierung und der massenhaften Nutzung von Videoplattformen ist von den Kunden und Nutzern innovativerer Input zu erwarten als zu Zeiten passiver Rezeption linearen Fernsehens. YouTube z. B. lebt vom Input der Nutzer, das benötigte Fachwissen ist überschaubar und für jeden zugänglich. Der dort gezeigte User Generated Content und die semi-professionellen Videos entsprechen zum größten Teil zwar nicht dem, was hier mit „professionell erstellten Bewegtbildformaten" als neues Fernsehen definiert wurde (vgl. Kapitel 1.1 und 2.3.3). Dennoch sind Videoplattformen heute einer der wohl wichtigsten Lieferanten für Innovationsinput. Eine Initiative wie „Your Turn – Der Video-Creator-Wettbewerb" soll primär neue Ideen für Videokanäle fördern. Der 2015 von YouTube, *Endemol beyond* und dem *Medienboard Berlin-Brandenburg* gestartete Innovationswettbewerb versteht sich aber auch als netzwerkübergreifend und kann für alle Bewegtbildplattformen Impulse geben.

6.4.4.2 Neues von Lead-Usern

Für Formate, die nicht nur radikal-neu, sondern auch erfolgreich sein sollen, ist es die Herausforderung für Macher und Manager, zu prognostizieren, was das Publikum von morgen sehen möchte. Methoden der traditionellen Marktforschung, die bei inkrementellen und echte Innovationen brauchbare Erkenntnisse liefern, stoßen allerdings an ihre Grenzen, wenn es um radikal Neues geht. Bei den klassischen Methoden haben die befragten Kunden nur wenig Möglichkeiten, sich mit innovativen Ideen einzubringen (Herstatt/Lüthje/Lettl 2007, S. 61 ff.). Kritisch in diesem Kontext ist vor allem ihre Auswahl zu sehen: „Repräsentative Stichproben der aktuellen Kunden lösen sich zu wenig von den bestehenden Marktangeboten und artikulieren nur selten zukunftsweisende Bedürfnisse und Anforderungen" (ebd., S. 62). Der Status quo wird so eher unterstützt, Veränderndes nicht entdeckt.

Um Trends in der Gesellschaft, in Markt und Wirtschaft sowie in der Technologie verlässlich zu ermitteln, können die verschiedensten Informationsquellen hinzugezogen werden, wie sie die Abbildung 6.14 beispielhaft zeigt.

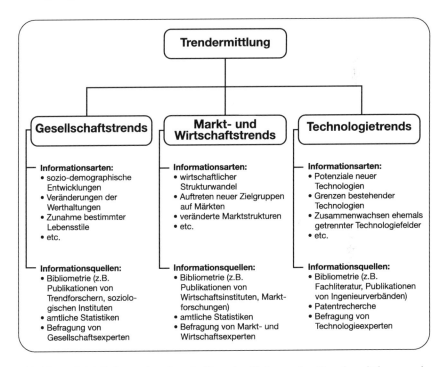

Abbildung 6.14: Informationsbeschaffung im Rahmen der Trendermittlung nach Herstatt/Lüthje/Lettl (2007, S. 67)

Um zukünftige oder latente Bedürfnisse von Kunden zu prognostizieren, wird in der Innovationsforschung die Einbeziehung von Lead-Usern als erfolgversprechend eingeschätzt (Hippel 1986, S. 796; Lüthje 2007, S. 48 ff.; Herstatt/

Lüthje/Lettl 2007, S. 61 ff.). Als Lead-User gelten besonders qualifizierte und fortschrittliche Kunden, die „in ihren Bedürfnissen und Produktanforderungen ihrer Zeit voraus sind" (Herstatt/Lüthje/Lettl 2007, S. 74). Mit diesen Qualifikationen können sie bei radikalen Innovationen in zweierlei Hinsicht hilfreich sein: Sie liefern zum einen Ansätze für neue Ideen und sie können neue Ideen testen und bewerten.

Macht man sich im Bewegtbildmarkt auf die Suche nach fortschrittlichen Kunden, wird man sie vermutlich nicht auf dem Sofa vor dem Fernseher beim klassischen TV-Programm finden (vgl. Kapitel 6.4.4.1). Die Zuschauer von morgen sind Nutzer, die sich in Online-Videotheken oder bei Bezahlsendern ihr Programm auswählen, auf Videoplattformen stöbern und ab und an selbst etwas produzieren und veröffentlichen.

Amazon z. B. setzt bei der Entwicklung von hochwertigen Serien für die Online-Videothek *Prime* auf das Feedback der Kunden. Diese Rezipienten sind als fortschrittlicher einzustufen als die des linearen Fernsehens. Sie suchen sich gezielt ihre Programme aus und setzen sich kritischer mit Inhalten auseinander. Die exakte Datenanalyse dieser Online-Kunden kann Auskunft darüber geben, wer was wie oft anschaut, und damit, welche Vorlieben die Kunden im Detail haben. Dies ermöglicht nicht nur, eine Serie als Ganzes zu bewerten, sondern erlaubt auch die Analyse von Details und Elementen. Wie kommen Themen einzelner Szenen an und wer sind die beliebtesten Schauspieler? Begehrte Inhalte lassen sich so schon vor der Produktion identifizieren und dienen als Vorgaben für die Entwicklung neuer Stoffe.

In der Pilotphase holt sich Amazon direktes Feedback seiner *Prime*-Kunden und richtet die Auswahl neuer Formate danach aus. Auch in Deutschland sind 2015 sieben unterschiedliche Pilotfolgen von Serien auf *Amazon Instant Video* zu sehen, darunter „Down Dog", „Cocked" and „Point of Honor". Die Reaktionen der Nutzer sowie der Fachpresse aus den USA, Deutschland und Großbritannien werden analysiert. Die Ergebnisse fließen mit ein bei den Entscheidungen, ob ganze Staffeln der Serie produziert werden. Das Zuschauerverhalten beim Rezipieren der Serie kann dabei ganz direkt nachvollzogen werden: Wird die Folge bis zum Ende angesehen? Wer steigt in der Folge wo aus? Wird etwas mehrfach angesehen? Damit sind Online-Videotheken den klassischen Sendern weit voraus, denn sie können „ihre Zuschauer so präzise vermessen, wie kein TV-Sender es je könnte" (Schultz 2014a).

Eine Vorreiterrolle bei der Entwicklung radikal-innovativer Formate nimmt Googles Videoplattform YouTube ein: Das Geschäftsmodell baut auf den Input der Nutzer – viele sind zugleich die Produzenten und Stars ihrer eigenen Inhalte. Konsequenterweise werden die Besucher dazu eingeladen bei *TestTube*, dem Ideenpool von YouTube, noch nicht ausgereifte Funktionen der Programmierer und Entwickler zu testen.

YouTube entfernt sich dabei vom Selbstverständnis, eine reine Video-Plattform für Content von jedem für jeden zu sein. Das Unternehmen greift zunehmend in die Entwicklung und Produktion mit ein. Es wurde erkannt: „Damit die Nutzer länger bleiben, braucht YouTube vor allem eines: hochwertigere Inhalte. Die Beiträge sollen besser aussehen, besser erzählt werden" (Schultz 2014b).

YouTube ist zwar (noch) nicht ein klassischer Produzent der eigenen Inhalte – aber das Unternehmen unterstützt die Entstehung von innovativen und hochwertigen Inhalten. In den eigenen Studios, den *YouTube Spaces* entwickeln die Kreativen nicht nur neue Ideen, sondern setzen diese gleich in hochwertige Videos um (vgl. Kapitel 6.4.2).

Auch ProSiebenSat.1 setzt verstärkt auf den Input von YouTube-Stars. So mietete das Unternehmen 2014 eine Villa in Hollywood, wo sich die deutschen Künstler wochenlang kreativ austoben durften und Videos drehten, die dann auf einem der eigenen Web-Kanäle veröffentlicht wurden.

6.4.4.3 Technologiebeobachtung und -entwicklung

Neue Technologien können Impulse für radikal-neue Formate oder gar neue Geschäftsfelder liefern. Sie gelten generell als *die* Quelle von Innovationsideen (Kobe 2007, S. 25) und sind Treiber für Neues im Bewegtbildmarkt. Neben den auf Inhalte fokussierten Marktanalysen sollte die Entwicklung neuer Technologie gezielt beobachtet werden.

Kobe beschreibt unterschiedliche Methoden für die Beobachtung von technischen Entwicklungen (ebd., S. 30 f.). „Zufällige Beobachtungen" passieren neben den täglichen Routinetätigkeiten. „Pflichtbeobachtungen" sind von den Experten der Fachabteilungen zu leisten. Bei „Suchbeobachtungen" sind spezialisierte Teams dazu aufgefordert, Ideen für neue Geschäftsfelder zu finden. Will man Informationen über eine bestimmte Technologie und deren Potential sammeln, eignen sich „Technologiestudien".

Die verschiedenen Formen können, einzeln oder in Kombination angewendet, helfen, Technologiebeobachtungen zielgerichtet zu beauftragen. Wenn radikal-neue Produkte oder Geschäftsfelder entstehen sollen, ist eine zentrale Steuerung ratsam (ebd., S. 36). So kann für Formatentwicklungen z. B. das Innovationsboard die Beauftragung je nach Projekt koordinieren und dabei gewährleisten, dass die Erkenntnisse den überwiegend inhaltlich arbeitenden Kreativen zugänglich gemacht werden.

Geht es von der Beobachtung in die Entwicklung von neuen Technologien, empfiehlt die Innovationsforschung, diese von der eigentlichen Produktentwicklung zu trennen und vorzuverlagern (vgl. Kapitel 6.1.3). Eldred/Macgrath vertreten den Ansatz, dass die Machbarkeit neuer Technologien erst grundsätzlich bewiesen sein sollte, bevor die eigentliche Produktentwicklung gestartet wird (Eldred/McGrath 1997a, S. 41; Eldred/McGrath 1997b, S. 30). Cooper/Edgett/Kleinschmidt (2002, S. 26) integrieren zwar die Technologieentwicklung in ihr State-Gate-Modell (vgl. Kapitel 6.1.3), um zielgerichtetes Arbeiten zu ermöglichen. Sie vertreten aber auch die Ansicht, dass die Entwicklung von Technologie und Produkt zu trennen sind, um zu verhindern, dass nur inkrementelle Innovationen entstehen. Die Technologieentwicklung ist bei ihnen zwar vorgeschaltet, kann aber dann auch in spätere Phasen des Produktentwicklungsprozesses münden (vgl. Abbildung 6.15).

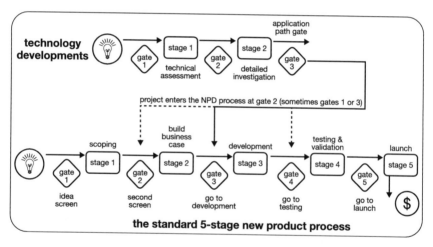

Abbildung 6.15: Fünfphasiger Stage-Gate-Prozess mit vorgeschalteter Technologieentwicklung nach Cooper/Edgett/Kleinschmidt (2002, S. 26)

Aus diesem Ansatz lässt sich für radikale Formatinnovationen schließen, dass technische Neuerungen erst auf ihre Machbarkeit zu überprüfen sind, bevor man in die inhaltliche Formatentwicklung geht. Die Technologien sind dann im weiteren Innovationsprozess zu verbessern und immer wieder den Inhalten anzupassen.

Was passiert, wenn eine neue Technologie unausgereift on air geht, zeigt der Start vom „Quizduell" (ARD, seit 2014). Das Format und dessen Innovationscharakter beruhen auf der Zusammenführung von TV und App (vgl. Kapitel 2.5.5). Als die App und damit die Zuschauereinbindung in den Folgen der ersten Staffel nicht funktionierte, wurde aus dem hochinnovativen Format eine einfache Quizshow mit geringem Innovationscharakter.

Daraus lernte RTL bei ihrer, ebenso auf einer App basierten, interaktiven Musik-Show „Rising Star" (2014). Um ein peinliches Debakel zu vermeiden, wurde die Zuschauereinbindung vorher live im Magazin „Extra" getestet. In der Show funktionierte das interaktive Element. Ein Flop war sie trotzdem und die Staffel wurde aufgrund der schlechten Quoten verkürzt. Die neue Technik brachte zu wenig inhaltliche Innovation, um dem abebbenden Trend des Gesangs-Casting-Genres noch einmal Auftrieb zu geben.

6.4.4.4 Tests und Probemärkte

Das Beispiel der Zuschauereinbindung durch Apps, auf der Formate wie „Quizduell" (ARD, 2014), „Rising Star" (RTL, 2014) und „Keep your Light Shining" (ProSieben, 2014) basieren, zeigt, dass bei Neuerungen höheren Grades vieles schlichtweg getestet werden muss. Bei fehlenden Informationen ist das Ergebnis nicht vorhersehbar – es bleibt unvermeidlich, Neues in „Trial-and-Error"-Prozessen auszuprobieren (vgl. Kapitel 6.4.1). Um die Unsicherheit in der frühen Phase zu reduzieren, schlagen Lynn/Monroe/Paulson (1996, S. 272) einen Probe-and-Learn-Prozess vor: Dabei werden frühe Produktversionen oder Produkte in Probemärkten eingeführt, die Erkenntnisse gesammelt, das Produkt entsprechend verändert und erneut im Markt getestet (vgl. Kapitel 6.1.3).

Als Testfläche für neue Formate wird das Internet von den großen Sendern und Produzenten bislang nur zögerlich genutzt. Pilottests online wie sie bei Online-Videotheken möglich sind (vgl. Kapitel 6.4.4.2), haben für TV-Sender im Moment noch wenig Sinn. Die Online-Nutzer unterscheiden sich noch zu stark von den Zielgruppen der meisten großen TV-Sender. Sie sind wesentlich jünger. Laut der ARD/ZDF-Onlinestudie 2014 entfallen bei allen Online-Nutzern nur 6 Prozent ihrer täglichen Nutzungsdauer von Bewegtbild (inkl. „live Fernsehen") auf das Internet. 94 Prozent am Tag wird klassisch ferngesehen. Die 14- bis 29-jährigen Männer als die online-affinste Gruppe schauen 78 Prozent (158 Minuten) ihres täglichen Bewegtbildkonsums im Fernsehen. 22 Prozent (44 Minuten) der Nutzungsdauer erfolgt im Internet. Insgesamt schauen 14- bis 29-Jährige täglich im Schnitt 29 Minuten Fernsehinhalte im Internet (Koch/Liebholz 2014, S.406), das sind mit 15 Prozent doppelt so viele wie bei allen Nutzern. Daraus folgt: Auch wenn online große Reichweiten erzielt würden, sagt das noch wenig über einen Reichweitenerfolg bei allen Zuschauern im klassischen Free-TV aus.

Bewährt hat sich für neue Formate im klassischen Fernsehen, sie auf Versuchsflächen im eigenen Sender zu testen. Eine Variante ist es dabei, neue Ideen in bestehenden Formaten auszuprobieren. „Mein bester Feind" (ProSieben, seit 2014) war z. B. zunächst ein Element von „Circus Halligalli" (ProSieben, seit 2013), bis daraus eine eigene Show entwickelt wurde. Aber auch Magazine wie „Punkt 12" (RTL) und „taff" (ProSieben) oder die Reportagereihe „24 Stunden" (Sat.1) eignen sich dafür, neue Protagonisten, formatierende Elemente oder ganze Formate in Miniserien auszuprobieren. Ohne großes Risiko ergeben sich Erkenntnisse, ob und wie sich die Produktion bewerkstelligen lässt, und natürlich, wie das Neue beim Zuschauer ankommt. Sind die Miniformate erfolgreich, empfehlen sie sich für eigene Sendungen, was sogar eine echte Pilotierung ersetzen kann (vgl. Kapitel 5.2.4).

Gängig ist es auch, Piloten oder Ministaffeln für neue Formate on air zu testen. Das kann an gesonderten Sendeplätzen passieren, die weniger im Fokus stehen und so weniger Risiko bedeuten. So empfehlen sich Formate, die sonntags am Nachmittag oder Vorabend erfolgreich laufen, für eine Beförderung in die Primetime.

Sendergruppen nutzen zudem ihre kleinen, weniger reichweitenstarken Sender, um neue Formate zu testen und einzuführen (vgl. Kapitel 6.4.5.2). Formate, die bei Sendern der zweiten Generation eingeführt und zum Erfolg gebracht wurden, schaffen es ins Programm der großen Kanäle. „Die strengsten Eltern der Welt" (seit 2009) z. B. lief erfolgreich bei Kabel eins und wurde 2013 ins Sat.1-Programm befördert. Dort waren die Quoten allerdings nicht ausreichend hoch. Seit 2014 läuft das Format wieder beim kleinen Schwesternsender Kabel eins.

Den Standort des Mutterhauses in den Niederlanden macht sich *Endemol* zunutze. Das für radikal innovative Formate bekannte Produktionsunternehmen führt neue Formate oft erst in der Heimat ein. Der kleine, aber wichtige und als innovativ geltende TV-Markt kann dabei als Probiermarkt gesehen werden. Sendungen, die in den Niederlanden gut laufen, haben auch in anderen Ländern eine Chance. Den prominentesten Beweis lieferte *Endemol* mit „Big Brother". Als die umstrittene Reality-Show 1999 in den Niederlanden startete, galt sie als radikalneu, ja als Tabubruch. Mit dem Erfolg in den Niederlanden ließ sich das Format weiterverkaufen – nach Deutschland (ab dem Jahr 2000) und in über 70 weitere Länder weltweit. Auch „Utopia" – in Deutschland „Newtopia" (Sat.1, 2015) – wurde von *Talpa*, gegründet vom Ex-Endemold-Chef John De Mol, zunächst für die Niederlande produziert, wo es erfolgreich läuft und somit den Weg für den weltweiten Verkauf ebnete. Erfolgreich war es allerdings dann weder in den USA noch Deutschland.

6.4.5 Kleine Organisationen als Innovationstreiber

Der Versuch, die Besonderheiten kleiner Unternehmen innerhalb der großen Konzerne zu simulieren, kann aus meiner Sicht nur schwer das erzeugen, was Startups im Kern ausmachen: das ungeplante Zusammentreffen von Menschen, die Ideen haben, etwas bewegen möchten, dabei alle Widerstände in Kauf nehmen und mit Spaß die Welt verändern wollen. Diese besondere Motivation lässt sich schwer auf Knopfdruck erzeugen.

Schaut man auf die deutsche Fernsehlandschaft, scheint sich das zu bestätigen: Ungewöhnliche neue Formate werden gerade von jungen, kleinen Firmen rund um – oft prominente – kreative Ausnahmetalente entwickelt. Zum Beispiel gilt die *bildundtonfabrik* um Jan Böhmermann mit Formaten wie „Roche und Böhmermann" (ZDFkultur, 2012) und „Neo Magazin" (ZDFneo, seit 2013) als Hoffnungsträger für TV-Innovationen. Das kleine Produktionsunternehmen *SEO* entwickelte für das *TVLab* 2012 den Cartoon „Deutsches Fleisch" und gewann die Produktion der Serie (ZDFneo, 2014). Christian Ulmen entwickelte mit seiner *Ulmen Television* mit „About:Kate" (ARTE, 2013) eines der ersten transmedialen Formate sowie das Webformat „Mann/Frau" (BR, 2014). Darüber hinaus betreibt er seinen YouTube-Kanal *Ulmen TV* mit selbst produziertem Content. *Strandgutmedia* produzierte u. a. das innovative Late-Night-Format „neoParadise" (2011-2013, ZDFneo) mit Joko Winterscheid und Klaas Heufer-Umlauf, das aus „MTV Home" (MTV / Viva, 2009-2011) hervorging. Die beiden Moderatoren wurden zu den neuen TV-Stars mit Hits wie „Circus HalliGalli" (ProSieben, seit 2013) und „Joko gegen Klaas – Das Duell um die Welt" (ProSieben, seit 2012).

Es sind also die kleinen Kreativ-Schmieden, die radikal-neue Ideen liefern. Um als Sender oder großes Produktionsunternehmen von diesen Innovationstreibern zu profitieren, muss man mit ihnen kooperieren oder Innovationen auf kleinere Einheiten delegieren.

6.4.5.1 Anforderungen für die Zusammenarbeit mit kleinen Einheiten

Sender machen sich generell die Kreativität kleiner (und großer) Produzenten durch das klassische Modell der Auftragsproduktion zunutze. Der Produzent liefert in der Regel die Ideen, entwickelt sie in Absprache mit dem Sender und produziert das Format. Senderredakteure und -producer steuern den Prozess und managen die Schnittstellen; der Produzent übernimmt die kreative Hauptleistung, der Sender bekommt die Rechte.

Dieses Konstrukt der interorganisationalen Zusammenarbeit ist zwar Routine zwischen Sender und Produzent (Fröhlich 2010, S. 358). Geht es um wirklich neue Ideen, ist es ein Quell von Konflikten. Der Sender hat nicht nur die Funktion eines Gatekeepers. Er gibt auch im weiteren Entwicklungsprozess den Rahmen vor, so dass Produzenten kaum autonom handeln können (vgl. Kapitel 2.4.2 und 3.1.4). Gerade bei kleinen und neuen Produzenten prallt die Innovationskraft häufig auf wenig innovative Redakteure und unflexible oder undurchsichtige Senderstrukturen. In der Auseinandersetzung um Inhalte, bei denen der Produzent als Auftragnehmer in letzter Konsequenz die Wünsche des Kunden zu erfüllen hat, schleifen sich spitze Ideen und Konzepte oft bis zur Langeweile ab. Die charakteristische „mehrstufige Kunden-Integration" (Windeler 2008, S. 127) bezeichnen frustrierte Produzenten, die ihre Ideen nicht durchsetzen können, gerne als „Redakteurs-Fernsehen", ein Begriff, der nicht positiv besetzt ist.

Um radikale Innovation zu bekommen, reicht es aber nicht, sich der Kreativität der kleinen Innovations-Schnellboote bedienen zu wollen – auf Senderseite muss der Unternehmensdampfer die entsprechenden Vorkehrungen treffen, damit die kleinen Kreativen auch anlegen können. Die Makler an den Schnittstellen der Sender haben eine Schlüsselfunktion, sie sind das Tor zu Neuem (vgl. Kapitel 3.1.4). Was von ihnen gefordert ist, geht über das hinaus, was (Entwicklungs-)Redakteure in der Regel zu leisten vermögen. Sie sollten zwar auch selbst kreatives Potential haben (vgl. Kapitel 6.3.1.1), vor allem aber müssen sie mit der Kreativität der anderen umgehen können. Ihre Aufgabe ist es, die Anforderungen der meist großen Unternehmen mit denen der kleinen zu koordinieren. Sie müssen Struktur und Freiheit an diesen Schnittstellen austarieren.

Handeln Sender nicht selbst innovationsbewusst, wird es schwer, von der Kreativität anderer zu profitieren. Im Austausch für Kreativität braucht es Zeit und Geld, Mut und Vertrauen (vgl. Kapitel 6.4.2). Wird nicht früh ein ausreichendes Entwicklungsbudget freigesetzt, ist das gerade für kleine, junge Produktionsunternehmen problematisch. Sie haben oft keine finanziellen Rücklagen für lange Entwicklungen. In Vorleistung für unbezahlte Entwicklungsarbeit zu gehen, können sich viele nicht leisten. Radikal-neue Ideen kommen oft nicht etwa zustande, weil der Sender als Kunde diese aktiv in der Entwicklung fördert und unterstützt, sondern weil die Produzenten sich und andere kleine Partner in ihrem Netzwerk ausbeuten. In der Hoffnung auf Aufträge und intrinsisch motiviert, bürden viele große und kleine kreative Zulieferer sich Mehrarbeit auf – ohne, dass diese angemessen honoriert wird.

6.4.5.2 Ausgliederung von Innovationen

Eine Möglichkeit, als große, eher unflexible Sender-Organisation wie eine kleine zu agieren, ist es, Innovationen auf kleine Kanäle zu delegieren und sie als Innovationsplattform zu nutzen. So nutzt die ARD ihre Dritten Programme nicht nur, um Regionalität abzubilden, sondern um hier ohne großen Quotendruck neue Formate zu entwickeln und on air zu testen. Ihnen kommt die „wichtige Rolle als Innovationsmotor und -bühne für Das Erste zu" (ARD 2012, S. 3). So finden Sendungen wie „Inas Nacht" (seit 2007) mit Ina Müller ihren Weg vom NDR in das Hauptprogramm der ARD (seit 2009).

Das ZDF hat sich mit ZDFneo eine Experimentierplattform geschaffen. Hier gibt es nicht nur Platz für Neuentwicklungen, hier werden sie forciert und mit klaren Maßnahmen zur Förderung versehen. Sind Innovationen erfolgreich, haben sie die Chance, einem großen Publikum im ZDF zugänglich gemacht zu werden – oder die privaten Sender, die ihre neuen, kleinen Sender wie *Sixx* und *RTLnitro* fast ausschließlich als Recyclingplattformen nutzen, bedienen sich der erfolgreichen Experimente. So wurde aus „NeoParadise" mit Joko und Klaas (ZDFneo) „Circus HalliGalli". Ausstrahlender Sender ist allerdings nicht das ZDF, sondern ProSieben.

Jan Böhmermann darf mit seinem „Neo Magazin" bei ZDFneo (seit 2013) erfrischend kritisch-schräge Inhalte auf Sendung bringen. 2015 wird das Format zusätzlich im ZDF unter neuem Titel „Neo Magazin Royale" am Freitagabend gegen Mitternacht ausgestrahlt. Beide reichweitenschwachen Sendeplätze sind ohnehin nicht relevant. Rezipiert wird „Neo Magazin Royale" zu einem großen Teil online via Mediathek.

Besonders erwähnenswert ist das seit 2011 alljährlich stattfindende *TVLab* von ZDFneo, das in Zusammenarbeit mit der *European Broadcast Union* (EBU) ins Leben gerufen wurde. Ausgewählte Produzenten sind hier eingeladen, ihre innovativen Konzepte einzureichen. Pitches auszuschreiben, um neue Formatideen zu bekommen, gehört zum Alltag in der Zusammenarbeit zwischen Sender und Produzent. Meist jedoch sind diese Aufrufe mit so konkreten Anforderungen verbunden, dass die Ergebnisse eher inkrementelle oder echte Formatinnovationen hervorbringen als radikale (vgl. Kapitel 6.2).

Ein so offen formulierter Pitch wie der des *TVLabs* ist die Ausnahme und erlaubt radikal-neue Ideen. Außer der Länge von 30 Minuten gibt es kaum Einschränkungen: Zum Start im Jahr 2011 forderte der damalige ZDFneo-Leiter Norbert Himmler die Produzenten auf: „Macht etwas, das neu ist" (Niggemeier 2011). Mittlerweile gibt es allerdings regelmäßig Vorgaben, die sich aus der strategischen Ausrichtung des Senders ergeben. So wurden 2014 nach Ideen für fiktionale Programme gefragt. Als Einschränkung ist es auch zu sehen, dass der Pitch nicht allen Produzenten offen steht, sondern nur einer Auswahl. Radikal Neues aber erfordert, gerade nicht auf „Traditionspartner" (Hauschildt/Salomo 2011, S. 165) zu setzen.

Aus den Einreichungen wählt eine Senderjury die besten Ideen aus, die dann von den jeweiligen Produzenten pilotiert werden. Diese Piloten werden nacheinander innerhalb einer Woche in der Primetime bei ZDFneo ausgestrahlt, parallel im Internet gezeigt und durch Blogs, zusätzliches Material und Social-Media-Angebote unterstützt. Die Zuschauer und User stimmen in einem festgelegten Zeitraum darüber ab, welches Format ihnen am besten gefallen hat – der Produzent „gewinnt" eine Staffelproduktion.

6.4.5.3 Zukauf und Neugründung: Strategien von Produktionsunternehmen

Der Bewegtbildmarkt wird beherrscht von großen, abhängigen und unabhängigen Unternehmen und Unternehmensgruppen. Ein Beispiel, dass der Konzentrationstrend (Riffi/Michel 2013, S. 18) noch anhält, ist die Ende 2014 verkündete Fusion von *Endemol*, der *Shine Group* und *Coremedia*. In Deutschland entstand daraus *Endemol Shine Germany*.

Kleine Unternehmen gibt es zwar viele, aber nur wenige große teilen sich den Bärenanteil an den Umsätzen.

> „Während 83 Prozent der Unternehmen mit einem Umsatz bis zu 1 Mio. EUR nur 8 Prozent der gesamten Produzentenumsätze in Deutschland generieren, entfällt auf 1 Prozent der Unternehmen (rund 25 Unternehmen) fast die Hälfte des Umsatzes " (Castendyk/Goldhammer 2012, S. 158).

Eine Möglichkeit für große Produzenten mit kleinen Einheiten zu kooperieren, sind zwischenbetriebliche Marktlösungen (vgl. Kapitel 4.2). Große Unternehmen und Gruppen, die zum Teil international agieren und/oder sender(un)abhängig sind, kaufen ganz oder teilweise kleine unabhängige Ideenschmieden und Produktionsunternehmen. So beteiligte sich *All3Media* 2007 an *MME Moviement*, *ITV* 2008 an *Imago TV*. 2014 übernahm *Studio Hamburg* eine 50-prozentige Beteiligung an *UlmenTelevision*.

Eine andere, sehr erfolgreiche Strategie ist es, kreative Beiboote als Tochterunternehmen und Joint Ventures selbst zu gründen. In Deutschland hat das unabhängige Produktionsunternehmen *Brainpool TV* früh erkannt, wie wichtig es ist, kreative Ausnahmetalente und Künstler so an sich zu binden, dass beide – Produzent und Künstler – davon profitieren. *Brainpool TV* sichert sich so Kreativität und Köpfe; die Künstler nutzen das Produktions-Know-how sowie die Größe und Marktmacht des Unternehmens. Zusammen mit Stefan Raab entstand schon 1989

Raab TV, es folgten weitere wie *Ladykracher TV* mit Anke Engelke oder *Princess TV* mit Ilka Bessin alias „Cindy aus Marzahn". Beachtenswert ist auch, wie sich der Produktionsriese *Endemol Shine Germany* den innovativen Herausforderungen im Markt stellt. Für den Bereich Spielfilm wurde das Joint Venture *Wiedemann und Berg Television* (seit 2010) gegründet; es gibt Mehrheitsbeteiligungen am Infotainment-Spezialisten *META Productions* (seit 1998) und der Produktionsfirma von Show-Moderator Jörg Pilawa *Herr P.* (seit 2011). Ein weiterer innovativer Zugang in der Unternehmensgruppe ist das Joint Venture *Florida TV* (seit 2011) mit Joko Winterscheid und Klaas Heufer-Umlauf. Besonders zukunftweisend aber scheint die Gründung der Tochterfirma *Endemol beyond* (seit 2012), die sich allein auf Produktionen für transmediale Formate und Online-Channels konzentriert.

6.4.6 Ausblick auf den weiteren Prozessverlauf: Chefsache bis zum Prozessende

In der frühen Phase von radikalen Formatinnovationen erweist sich straffe Strukturierung als kontra-kreativ. Im weiteren Verlauf des Prozesses liegt die Herausforderung darin, die immer weiter abnehmende Kreativität, Unstrukturiertheit und Unsicherheit sinnvoll zu steuern. Zunächst gelten dabei die Erkenntnisse und Empfehlungen für echte Formatinnovationen (vgl. Kapitel 6.3.4): Es muss in einem erhöhten Maß mit laufenden Veränderungen und Verzögerungen, iterativen Entwicklungsschleifen, mehreren Piloten, Prozessabbruch und Scheitern gerechnet werden, was noch mehr Geld und Geduld als bei echten Innovationen erfordert. Eine Parallelisierung der Prozesse ist riskant. Die Ausstrahlung und die begleitenden Maßnahmen zum Markteintritt sollten erst dann geplant werden, wenn die Pilotierung abgeschlossen ist.

Da es sich bei radikalen Innovationen nicht allein um inhaltliche Neuerungen handelt, sondern eine weitere Dimension der Neuheit im Spiel ist, kommen auf das Management zusätzliche Herausforderungen zu. Es gilt, neue Techniken, neue Produktionsmöglichkeiten und neue Plattformen zu integrieren oder die Zusammenarbeit mit weiteren Unternehmen jenseits der üblichen Sender-Produzenten-Struktur zu organisieren.

Um ein hochinnovatives Projekt losgelöst von den Zwängen des Regelbetriebs zu entwickeln und die komplexen Schnittstellen bis zum Ende des Innovationsprozesses zu koordinieren, sollte es in der Sekundärorganisation der Innovationsstruktur belassen werden. Radikale Innovationen sollten bis zum Projektende Chefsache sein. Das heißt, die Koordination übernimmt entweder das Innovationsboard selbst oder ein vom Board installierter Lenkungskreis.

Die Funktion eines Lenkungskreises bei Innovationen ist es, neben der Steuerung für einheitliche Informationsstände zu sorgen und Konflikte unter den Beteiligten zu regulieren. Zudem kann er durch Analysen und Vorschläge das Projekt kreativ beraten und unterstützen (Hauschildt/Salomo 2011, S. 84). Ein Lenkungskreis für radikal-neue Formate sollte zudem mit der Kompetenz ausgestattet sein, die Ziele im Verlauf des Innovationsprozesses immer wieder anzupassen und gegebenenfalls neu zu setzen. Mit steigendem Innovationsgrad muss die Zielsetzung als Prozess gesehen werden, die sich mit der Entstehung des Formates weiterentwickelt (vgl. Kapitel 5.1.3.2). In Zusammenhang damit stehen immer wieder neu zu hinterfragende Entscheidungen über Zeit und Geld, über die Priorität des Projektes, seinen Abbruch oder wann die Innovation in die nächsten Phasen befördert wird und schließlich in den Regelbetrieb übergeht.

Bis dies der Fall ist und der Innovationsprozess abgeschlossen wird, kann bei radikalen Formatinnovationen die Weiterentwicklung weit über die Produktion der ersten Folgen und die Ausstrahlung hinausgehen. Nachjustierungen sind an der Tagesordnung, vor allem, weil zu den inhaltlichen Neuerungen technische oder produktionsbezogene hinzukommen. In Fällen, in denen keine Pilotierung möglich ist, muss die Weiterentwicklung während der Ausstrahlung erfolgen, um die Erkenntnisse für die aktuelle oder zumindest für die nächste Staffel zu nutzen.

Um radikale Formatinnovation zu evaluieren und über ihren Erfolg zu entscheiden, spielt wiederum der Faktor Zeit die entscheidende Rolle. Mit steigendem Innovationsgrad muss damit gerechnet werden, dass das Format nicht sofort von den Zuschauern angenommen wird (vgl. Kapitel 6.3.4). Wer eine neue Sendung zu schnell aufgrund schlechter Quoten aufgibt und absetzt, verspielt möglicherweise die Chance, etwas ganz Neues zu etablieren, möglicherweise einen neuen Trend zu setzen. „Berlin Tag & Nacht" (RTL2) hat diese Chance bekommen. Dem Format wurde Zeit gegeben, auch wenn die Quoten zunächst weit unter den Erwartungen und dem Senderschnitt lagen. Es dauerte vier Wochen, bis sich der Erfolg einstellte und dann das Format vom Flop zum Hit wurde.

6.4.7 Zusammenfassung und Empfehlungen für radikale Formatinnovationen

Ein radikal-neues Format ist Chance und Risiko zugleich. Gelingt es, etwas ganz Neues zu schaffen, können Sender und Produzent über Jahre von der Innovationsführerschaft profitieren. Scheitern ist bei radikalen Innovationen allerdings wahrscheinlicher: Entwicklungs- und Produktionsprozesse sind von Unsicherheiten und fehlenden Informationen geprägt; die Zuschauerakzeptanz ist ungewiss. Radikal-neue Formate verlangen die Bereitschaft und die Ressourcen, Risiken einzugehen. Weitere Empfehlungen sind:

1. Zur Entwicklung von radikalen Innovationen braucht es die besten und kreativsten Persönlichkeiten der Branche.
2. Das Umfeld sollte Freiheit und Sicherheit bieten und ohne Druck und Kontrolle auskommen. Straffes Prozessmanagement gilt es in der frühen Phase zu ersetzen durch Freiraum und positive Unterstützung.
3. Für die Entwicklung radikaler Innovationen müssen frühzeitig Zeit und Geld bereitgestellt werden.
4. Radikale Innovationen müssen als „Chefsache" in der Unternehmensstrategie verankert sein.
5. Radikal-neue Ideen sind in abteilungsübergreifenden, heterogenen Projekt-Teams jenseits der Linienorganisation zu entwickeln. Die Steuerung wird über eine zentrale Innovationsstruktur koordiniert.
6. Radikal Neues entsteht oft fernab des Bekannten: Für die Suche und Entwicklung von radikal-neuen Ideen sollten sich Sender und Produzenten für andere Köpfe und Kontexte öffnen. Initiativen dafür sind Ideenwettbewerbe und die Zusammenarbeit mit Lead-Usern.
7. Neue Technologien sind häufig die Grundlage für radikale Innovationen. Sie müssen ständig beobachtet werden. Bei der Formatentwicklung empfiehlt es sich, sie dem eigentlichen Prozess vorzuschalten.
8. Probierflächen oder Testmärkte können Erkenntnisse für radikale Formatinnovationen liefern.
9. Radikale Innovationen sind bei kleinen Unternehmen und Einheiten wahrscheinlicher. Um davon zu profitieren, sollten große Distributions- und Produktionsunternehmen mit kleinen Firmen kooperieren.
10. Damit die Kooperation mit den Kleinen gelingt, gilt es besonders an den Schnittstellen innovationsbewusst zu agieren sowie Freiheit und Ressourcen zu gewähren.
11. Zur Steuerung radikal-neuer Projekte sollte für den gesamten Innovationsprozess ein Lenkungskreis etabliert sein.
12. Radikale Formatinnovationen brauchen Zeit, um sich auf dem Markt zu etablieren.

6.5 Zusammenfassung: Grad-Phasen-Modell

Das von mir in dieser Arbeit entwickelte Grad-Phasen-Modell bildet einen neuen Ansatz für zielgerichtetes Management von Formatinnovationen. Es berücksichtigt die unterschiedlichen Anforderungen, die sich im Prozessverlauf der Entwicklung und aus der Innovationsintensität der entstehenden Formate ergeben, und bietet damit mehr als *eine* allgemeingültige Anleitung für das Innovationsmanagement. Aus der Theorie des Grad-Phasen-Modells lassen sich für konkrete Fragestellungen situationsbezogene Handlungsalternativen ableiten.

Das Grad-Phasen-Modell legt dar, dass zu Beginn eines Prozesses, also in der frühen Phase, und bei einem hohen Innovationsgrad viel Kreativität erforderlich ist. Mit zunehmendem Prozessverlauf und bei sinkendem Innovationsgrad wird Kreativität weniger wichtig. Umgekehrt dazu verhält sich die Steuerungsintensität. Am Prozessanfang und bei radikalen Innovationen sollte sie gering sein. Je weiter der Prozess fortschreitet und/oder je weniger innovativ ein Format ist, desto intensiver ist zu strukturieren und zu steuern.

Das Ausmaß der Kreativität spielt zum Verständnis des Grad-Phasen-Modells eine entscheidende Rolle. Kreativität wird hier als die Fähigkeit verstanden, etwas Neues und Nützliches zu schaffen. Sie ist ein nicht klar quantifizierbares Phänomen, das sich zusammensetzt aus dem für das kreative *Produkt* notwendigen *Prozess*, den beteiligten *Personen* und dem *Umfeld*. Aus dem Innovationsgrad des Formates (Produkt) gehen die Gestaltung der einzelnen Phasen (Prozess) sowie die besonderen Anforderungen an die Individuen (Personen) und die unternehmerische Umgebung (Umfeld) hervor.

Für die Praxis heißt das: Bei inkrementellen Formatinnovationen wird wenig Neues erwartet. Der gesamte Prozess kann von Anfang an straff gesteuert werden. Dem dienlich sind klare Analysen, Vorgaben, die Parallelisierung von Aufgaben und eine frühzeitige Projektbildung. Ideal dafür sind routinierte Produzenten und Projektleiter mit Managementqualitäten in einer Struktur gebenden, kontrollierenden Umgebung.

Formatinnovationen mittleren Grades sind geprägt von echt-neuen Ideen. Dafür braucht es ein erhöhtes Maß an Kreativität, was eine kreativitätsfördernde Umgebung voraussetzt. Ein innovationsbewusstes Unternehmen muss genügend Freiheit gewähren, damit neue Ideen entstehen, aber auch Struktur bieten, damit diese Ideen ihren Weg durch die Instanzen finden und zu Produkten werden können. Für diese Herausforderung wurde hier ein eigenes Strukturmodell für Formatentwicklung mit einem Innovationsboard an der Spitze skizziert, das den Innovationsprozess steuert. Dabei ist vor allem in der frühen Phase ausreichend Freiheit, Zeit und Geld erforderlich.

Die Bedeutung von individueller Kreativität steigt mit dem Innovationsgrad. Für echte Formatinnovationen braucht es kreative, intrinsisch motivierte Persönlichkeiten mit hoher Durchsetzungskraft. Neben der Auswahl der „richtigen" Personen kann Kreativität auch zielgerichtet mit konkreten Maßnahmen und Methoden gefördert werden. Zur Generierung von Formatideen habe ich mit dem „Formatbaukasten" eine eigene Technik entwickelt.

Radikale Innovationen brauchen ein Höchstmaß an Kreativität. Nach der Theorie des Grad-Phasen-Modells verlangt dies ein Mindestmaß an Steuerung vor allem in den ersten Prozessabschnitten. Von strukturierten, geradlinigen Prozessen ist dabei nicht auszugehen. Radikale Innovationen sind geprägt vom Ausprobieren, Testen, Verwerfen, Neumachen und Scheitern. Förderlich ist dafür ein Umfeld, das – neben ausreichend Ressourcen – Freiheit und Sicherheit, positive Unterstützung von der Unternehmensführung sowie Offenheit für Neues von innen und außen bietet. In innovations- und damit risikobewussten Organisationen können sich die besten Kreativen am besten entfalten. Sind diese Anforderungen in einem (großen) Unternehmen nicht zu gewährleisten, lohnt sich die Kooperation mit kleinen kreativen Einheiten und Start-ups.

7 Ergebnisse und Ausblick

7.1 Zusammenfassung der Ergebnisse

Fernsehen lebt von Neuem. Neben den täglichen Neuerungen, die in Routinen entstehen, brauchen Fernsehunternehmen Innovationen, die mehr bieten als Variationen und Aktualisierungen des immer Gleichen.

Allgemein gelten als Innovationen Erfindungen, die sich auf dem Markt bewähren müssen, also Produkte oder Prozesse, die neu und nützlich sind. Für diese Arbeit wurden Formate als Innovationsobjekte definiert. Sie sind zukunftsfähige Produkte im crossmedialen Bewegtbildmarkt, in dem die individuelle, entlinearisierte Nutzung eine zunehmende Bedeutung einnimmt. Formate bieten erwartbaren, seriellen Content, können industriell hergestellt werden und eignen sich zur Verbreitung auf allen Plattformen. Sowohl als Idee als auch als fertiges Bewegtbild-Produkt können sie international gehandelt werden. Formate bieten Verlässlichkeit für Zuschauer, Produzenten und Sender.

Formate werden von Produzenten entwickelt und hergestellt. Die Sender spielen in diesem Prozess eine entscheidende Rolle: Sie wählen die neuen Formate nicht nur für deren Verbreitung aus (Gatekeeper-Funktion), sie sind im gesamten Innovationsprozess integriert. Damit kommt ihnen eine Schlüsselrolle beim Management der Formatentwicklung zu.

Neu ist nicht gleich neu im Fernsehen. Zur Differenzierung von Formatinnovationen im Hinblick auf ihre Gestaltung habe ich die Einteilung in drei Innovationsgrade gewählt. Inkrementelle Formatinnovationen sind wenig originell und orientieren sich stark an vorhandenen Sendungen. Echte Formatinnovationen haben einen deutlichen Neuigkeitscharakter und mindestens ein Alleinstellungsmerkmal, das sie von vorhandenen Formaten unterscheidet. Radikale Formatinnovationen gehen über rein inhaltliche Neuerungen hinaus. Neue Technologien oder Produktionsweisen ermöglichen dabei auch eine hohe inhaltliche Innovationsintensität.

Um die Entwicklung von Formatinnovationen zu verstehen und sie so gestaltbar zu machen, stand hier die Sichtweise auf die Innovationsprozesse im Vordergrund. Für eine erste Betrachtungsebene wurde ein Phasenmodell in drei Stufen und sieben Abschnitten entwickelt: Die frühe Phase umfasst Impuls, Idee und

Konzept, die Pilot-Phase Papierpilot und Pilot, die Realisierungs-Phase die Serienproduktion und die Evaluierung.

Um den verschiedenen Arten von Formatinnovationen in den einzelnen Entwicklungsabschnitten gerecht zu werden, ist dieses Phasenmodell um die Dimension des Innovationsgrads zum Grad-Phasen-Modell erweitert worden. Das Grad-Phasen-Modell setzt Prozessablauf und Innovationsgrad durch das Ausmaß an Kreativität zueinander in Beziehung. Daraus lässt sich auf die Steuerungsintensität für das Prozessmanagement schließen. Je innovativer ein Projekt und je früher die Prozessphasen sind, desto mehr Kreativität ist notwendig, desto weniger intensiv sollte gesteuert werden.

In den Abschnitten der frühen Phase, die hier im Fokus stehen, spielt Kreativität eine außergewöhnlich große Rolle. Sie erfordert Freiheit und wenig Steuerung, was für die Beteiligten mehr Unsicherheiten und Risiken bedeutet. Mit dem Fortschreiten des Innovationsprozesses geht es immer weniger um Kreativität und vermehrt um Routinen. Der Prozess kann mit zunehmender Intensität gesteuert werden. Kreativität ist auch für den Innovationsgrad entscheidend. Sie gewinnt mit steigender Innovationsintensität an Bedeutung, was zur Folge hat, dass auch Unsicherheiten und Risiken zunehmen.

Das Management der einzelnen Phasen ist folglich nach dem erwarteten Innovationsgrad auszurichten. Strukturen, Prozesssteuerungen, Personen und Ressourcen sind inkrementellen, echten und radikalen Formatinnovationen jeweils anzupassen. Da sich die Innovationsintensität im Prozessverlauf verändern kann, ist die Klassifizierung nicht als starre Vorgabe zu sehen. Sie muss sich an den Teilergebnissen der Phasen orientieren. Die Ziele sind dementsprechend im Entwicklungsprozess dynamisch zu entwickeln.

Bei niedriginnovativen Formaten (Me-too-Produkten) ist das Ergebnis vorhersehbar, das unternehmerische Risiko damit gering. Im Entwicklungsprozess stehen Routine, Effizienz und Schnelligkeit im Vordergrund. Es wird dabei eher von einem strategischen als einem kreativen Impuls auf Basis von Bedarfs-, Markt- und Formatanalysen ausgegangen. Vor der eigentlichen Entwicklung gesammelte Informationen erlauben Vorgaben, die den Prozess straff organisieren lassen. Pitches mit Briefings, ein klarer Ideenauswahlprozess, die Parallelisierung von Aufgaben und der Verzicht auf eine Pilotierung verkürzen den Innovationsprozess. Für diese Projekte sind erfahrene, routinierte und strukturierte Personen und Produzenten wichtiger als kreative Künstler.

Bei echten Formatinnovationen spielt Kreativität eine größere Rolle: Dafür braucht es kreative, intrinsisch motivierte Personen mit Fachkompetenz und Durchsetzungsstärke sowie eine innovationsbewusste Umgebung, in der sich Kreativität entfalten kann. Impulse für neue Ideen und deren Weiterentwicklung

7.1 Zusammenfassung der Ergebnisse

können methodisch gefördert werden durch neue Informationen, durch gezielte Kreativitätstechniken (z. B. den „Formatbaukasten") und das Abwechseln von individueller Arbeit und Gruppenarbeit. Um Innovationen eines höheren Grades zu entwickeln, sind ausreichend Ressourcen zur Verfügung zu stellen. Im gesamten Prozess braucht Kreativität Zeit. Zudem kann es immer zu Veränderungen, Verzögerungen und einem Abbruch der Entwicklung kommen.

Mit steigendem Innovationsgrad erhöht sich das Risiko. Um damit umzugehen, müssen Unsicherheiten, Probleme und Informationslücken transparent gemacht werden. Zur Risikominimierung empfehlen sich Piloten. Erst nach einer erfolgreichen Pilotierung sollte die Serienproduktion beginnen. Diese erfordert weiterhin intensives Monitoring. Eine Erfolgsbewertung echter Formatinnovationen ist jedoch erst mit dem Abschluss der ersten Staffel ratsam.

Um echte Formatinnovationen zu managen, empfiehlt sich eine zentrale Innovationsstruktur als Sekundärorganisation, die bei der obersten Leitungsfunktion des Unternehmens angesiedelt ist. Dafür wurde in dieser Arbeit ein Strukturmodell mit Innovationsboard, Innovationsmanagement und Kreativ-Gremium entwickelt. In dieser Innovationsstruktur für Formatentwicklung wird der Ideenprozess in der frühen Phase koordiniert und die Projekte im weiteren Innovationsprozess begleitet.

Für die Entstehung von radikalen Formatinnovationen spielt individuelle Kreativität eine entscheidende Rolle. Damit diese sich entfalten kann, braucht es ein von Freiheit und Sicherheit geprägtes Umfeld sowie frühzeitig bereitgestellte Ressourcen. Es empfiehlt sich die Kooperation mit kleinen Unternehmen, bei denen die Entstehung von radikal Neuem als wahrscheinlicher gilt. Auch für diese Zusammenarbeit ist wichtig: Straffes Prozessmanagement mit Druck und Kontrolle ist kontra-kreativ, Freiraum und positive Unterstützung helfen dem Prozess.

Da Ideen für radikale Formatinnovationen oft jenseits der bekannten Kontexte entstehen, müssen sich Unternehmen auch nach außen öffnen. Initiativen dafür sind neben Ideenwettbewerben die Zusammenarbeit mit besonders fortschrittlichen Kunden (Lead Usern), die Hinweise auf Trends und neue Bedürfnisse liefern. Probierflächen und Testmärkte können in allen Phasen des Innovationsprozesses genutzt werden, um Erkenntnisse zu sammeln. Die Beobachtung von Technologieentwicklungen spielen eine besondere Rolle, denn neue Technologien sind oft die Grundlage für radikal-neue Formate. Wird innovative Technik eingesetzt, sollte ihre Entwicklung *vor* der eigentlichen Formatentwicklung stattfinden.

Radikale Formatinnovationen sind geprägt von hohem Ressourceneinsatz bei hohem Risiko. Zeit spielt dabei eine entscheidende Rolle: Der gesamte Entwicklungsprozess ist schwer planbar und kann sich über Jahre hinziehen. Ist das radikal-neue Format fertig, muss ihm auch Zeit gegeben werden, sich auf dem Markt zu etablieren. Die Bereitschaft dafür muss strategisch verankert und bei der obersten Leitungsfunktion angesiedelt sein.

Wie bei echten Formatinnovationen ist für radikale Innovationen eine zentrale Innovationsstruktur ratsam, die parallel zur Primärorganisation funktioniert. Radikal-neue Ideen werden dabei in abteilungsübergreifenden Projektteams entwickelt, die Steuerung übernimmt bis zur Serienreife ein in der Innovationsstruktur verankerter Lenkungskreis.

Radikale Innovationen stellen also ganz andere Anforderungen an Unternehmen als inkrementelle Innovationen. Auch wenn zu Beginn eines Prozesses nicht immer vorhersehbar ist, welche Art von Innovation am Ende entstehen wird – und ob es überhaupt zu einem neuen Format kommt –, zeigt die Theorie des Grad-Phasen-Modells, dass Innovationen je nach dem zu erwartenden Innovationsgrad unterschiedlich zu handhaben sind. Unternehmen können Bedingungen schaffen, die für die Entwicklung von Produkten einer bestimmten Innovationsintensität ideal sind, und das Management danach ausrichten. Damit liefert das Grad-Phasen-Modell konkrete Empfehlungen, Formate eines bestimmten Innovationsgrades strategisch zu planen und ihre Entwicklung gezielt zu fördern und zu steuern.

7.2 Fazit und Ausblick

Die Entwicklung von Formatinnovationen wird für Fernsehunternehmen an Bedeutung gewinnen – nicht nur trotz, sondern wegen der radikalen Veränderungen im Bewegtbildmarkt. Durch die Vielfalt der Distributionsmöglichkeiten neben dem klassischen Fernsehen steigt der Bedarf an Bewegtbildcontent. Dabei ist nicht nur günstig produzierter (User Generated) Content gefragt. Formate als qualitative Produktmarken werden wichtiger. Sie bieten Verlässlichkeit für Zuschauer und Nutzer und binden sie – was angesichts der immer breiteren Palette an Auswahlmöglichkeiten von hohem Wert ist. Gleichzeitig aber steigen die Ansprüche an die Qualität der Inhalte. Durch das Angebot an jederzeit zur Verfügung stehenden Serien, Shows und Dokumentationen ist niemand mehr abhängig von dem, was ihm das lineare Fernsehen vorsetzt.

Um im crossmedialen Content-Markt bestehen zu können, muss es ständig Nachschub an innovativen und qualitativ hochwertigen Formaten geben, die auch im internationalen Vergleich bestehen können. Kein Serienfan wird sich ein halbgares deutsches Format anschauen, wenn er zugleich z. B. „Orange Is the New Black" (Netflix, in den USA seit 2013) sehen kann. Diesen Herausforderungen müssen sich Sender, ob linear oder on demand, free oder pay, on air oder online, ebenso wie Produzenten stellen – Herausforderungen, die zugleich eine große Chance für gutes neues Fernsehen bieten. Investitionen in die Entwicklungsarbeit können sich auszahlen durch internationale Vermarktung auf unterschiedlichen Plattformen. Produzenten können sich von ihrer Abhängigkeit von den wenigen deutschen Sendergruppen emanzipieren. Partner für Koproduktionen im Ausland oder die Zusammenarbeit mit Pay-TV-Sendern und Video-on-Demand-Plattformen eröffnen neue Märkte und Finanzierungsmodelle.

Für Sender wie für Produzenten bedeutet der Umbruch im Fernsehmarkt, dass sie sich stärker mit der Formatentwicklung befassen und sie professionalisieren müssen. Das von mir in dieser Arbeit entwickelte Grad-Phasen-Modell liefert dafür einen entscheidenden Beitrag. Es bildet eine theoretische Grundlage, die Entwicklungsprozesse für Bewegtbildformate differenziert zu analysieren, und gibt Empfehlungen, neues Fernsehen in der Praxis schon in der wichtigen frühen Phase zielgerichtet zu gestalten. Mit der Betrachtung dieser in der Medienwissenschaft noch kaum beachteten frühen Phase und der hohen Bedeutung des Innovationsgrades von Formaten bei Innovationsprozessen schließt das Grad-Phasen-Modells eine Forschungslücke in der Medienwissenschaft.

Aus den Ergebnissen dieser theoretischen Grundlagenarbeit für eine medienwissenschaftlich orientierte Innovationsforschung drängen sich weitere Forschungsfragen auf: Das Grad-Phasen-Modell gilt es durch empirische Untersuchungen der frühen Phase zu validieren. Wie sind erfolgreiche Innovationen unterschiedlichen Grades im Rückblick entstanden? Wie bewerten die Beteiligten Prozess und Ergebnisse? Gibt es weitere Dimensionen zu berücksichtigen? Weiterhin ist die in Fernsehunternehmen vorhandene Kreativität in Bezug auf ihre Messbarkeit zu untersuchen und es sind Modelle für ihre Darstellung zu entwickeln (vgl. Kapitel 6.1.1), um Kreativität noch gezielter für Innovationen steuern zu können.

Die Veränderungen im Bewegtbildmarkt galoppieren. Mit den ständigen Neuerungen Schritt zu halten, war schon während des Verfassens dieser Arbeit eine Sisyphosaufgabe. Was heute als radikal-innovativ gilt, kann morgen schon wieder Schnee von gestern sein. Weitere Forschungen sollten sich deshalb auf radikale Innovationen für neues Fernsehen fokussieren. Wie verändern die neuen Distributions- und Rezeptionsbedingungen sowie „Big Data"-Analysen die Bewegtbildinhalte, ihre Entwicklung, ihre Produktion und ihre Erlösmodelle? Und schließlich gilt es zu untersuchen, wie sich die Rolle der Produzenten mit dem Wandel im Bewegtbildmarkt verändert. Gibt es tatsächlich eine Emanzipation der Produzenten und dadurch eine Machtverschiebung im Sender-Produzenten-Verhältnis (Lückenrath 2014)?

Gelingt es sowohl den Produktions- als auch den Distributionsunternehmen, die sich aus den Veränderungen ergebenden Chancen zu nutzen, könnte die Vision vom goldenen Fernsehzeitalter mit hochqualitativen, innovativen und erfolgreichen Formaten tatsächlich Wirklichkeit werden.

Literaturverzeichnis

AGF (2014): Junge Zielgruppen folgen dem TV-Content ins Netz. Online verfügbar unter https://www.agf.de/agf/presse/?name=pm_17122014 (zuletzt abgerufen am 27.12.2014).

Albach, H. (1994): Culture and Technical Innovation. A Cross-Culture Analysis and Policy Recommendations. Berlin und New York.

Albert, R. S./Runco, M. A. (2010): A History of Research on Creativity. In: Handbook of Creativity. Hrsg. von R. J. Sternberg. 14. Auflage. Cambridge, S. 16–17.

Alter, U./Geschka, H./Schaude, G. R./Schlicksupp, H. (1972): Methoden und Organisation der Ideenfindung. Unveröffentlicher Forschungsbericht des Battelle-Instituts. Frankfurt.

Altmeppen, K.-D./Lantzsch, K./Will, A. (2010): Das Feld der Unterhaltungsbeschaffung und -produktion. Sondierung eines ungeordneten Bereichs. In: Handbuch der Unterhaltungsproduktion. Beschaffung und Produktion von Fernsehsendungen. Hrsg. von K.-D. Altmeppen/K. Lantzsch/A. Will. Wiesbaden, S. 11–32.

Amabile, T. M. (1983a): Social Psychology of Creativity. A Componential Conceptualization. In: Journal of Personality and Social Psychology 45, S. 357–377.

Amabile, T. M. (1983b): The Social Psychology of Creativity. New York.

Amabile, T. M. (1996): Creativity in Context. Update to The Social Psychology of Creativity. Boulder und Oxford.

Amabile, T. M. (1998): How to Kill Creativity. In: Harvard Business Review 76 (5), S. 77–78.

Anding, M./Hess, T. (2003): Was ist Content? Zur Definition und Systematisierung von Medieninhalten. Arbeitspapier des Instituts für Wirtschaftsinformatik und Neue Medien, LMU München 5. München.

ARD (2012): Bericht der ARD über die Erfüllung ihres Auftrags, über die Qualität und Quantität ihrer Angebote und Programm sowie über die geplanten Schwerpunkte (§ 11e Rundfunkstaatsvertrag). Online verfügbar unter http://www.daserste.de/specials/ueber-uns/ard-leitlinien-2012-100.pdf (zuletzt abgerufen am 02.01.2015).

ARD (2014): Auftrag der ARD. Online verfügbar unter http://www.ard.de/home/intern/die-ardAuftrag_der_ARD/322402/index.html (zuletzt abgerufen am 03.01.2015).

Armbruster, S./Mikos, L. (2009): Innovation im Fernsehen am Beispiel von Quizshow-Formaten. Konstanz.

Aßmann, U./Neumann, R. (2003): Quo vadis Komponentensystem? Von Modulen zu grauen Komponenten. In: HMD-Praxis der Wirtschaftsinformatik 40 (231), S. 19–27.

Backerra, H./Malorny, C./Schwarz, W. (2007): Kreativitätstechniken. Kreative Prozesse anstoßen, Innovationen fördern. 3. Auflage. München.

Baker, N. R./Siegmann, J./Rubenstein, A. H. (1967): The Effect of Perceived Needs and Means on the Generation of Ideas for Industrial Research and Development Projects. In: IEEE Transactions of Engineering Management 14 (4), S. 156–163.

Becker, J. (2002): Marketing-Konzeptionen. Grundlagen des strategischen und operativen Marketing-Managements. München.

Becker, J./Kahn, D. (2005): Der Prozess im Fokus. In: Prozessmanagement. Ein Leitfaden zur prozessorientierten Organisationsgestaltung. Hrsg. von J. Becker/M. Kugeler/M. Rosemann. Bd. 6. Berlin, S. 3–16.

Becker, J./Schwaderlapp, W./Seidel, S. (2012) (Hrsg.): Management kreativitätintensiver Prozesse. Theorien, Methoden, Software und deren Anwendung in der Fernsehindustrie. Berlin und Heidelberg.

Bergener, K./Voigt, M. (2012): Managementpraktiken für erfolgreiches Projektmanagement in kreativen Industrien – entwickelt am Beispiel der deutschen TV-Industrie. In: Management kreativitätsintensiver Geschäftsprozesse. Theorien, Methoden, Software und deren Anwendung in der Fernsehindustrie. Hrsg. von J. Becker/W. Schwaderlapp/S. Seidel. Berlin und Heidelberg, S. 161–183.

Blaug, M. (2001): Where Are We Now in Cultural Economics? In: Journal of Economics Surveys 15 (2), S. 123–145.

Bley, S. (2010): Innovationswettbewerb und Open Innovation. In: Die frühe Innovationsphase. Methoden und Strategien für die Vorentwicklung. Hrsg. von C. Gundlach/A. Ganz/J. Gutsche. Düsseldorf, S. 298–325.

Boos, E. (2011): Das große Buch der Kreativitätstechniken. München.

Booz/Allen/Hamilton (1983): New Product Management for the 1980s. New York.

Brockhoff, K. (1999): Forschung und Entwicklung. 5. Auflage. München.

Burns, T./Stalker, G. M. (1961): The Management of Innovation. London.

Busemann, K./Tippelt, F. (2014): Ergebnisse der ARD/ZDF Online-Studie: Second Screen. Parallelnutzung von Fernsehen und Internet. In: Media Perspektiven 7-8, S. 408–416.

Buzan, T./Buzan, B. (2013): Das Mind-Map-Buch. Die beste Methode zur Steigerung Ihres geistigen Potentials. 14. Auflage. München.

Castendyk, O./Goldhammer, K. (2012): Produzentenstudie 2012. Daten zur Film-und Fernsehwirtschaft in Deutschland 2011/2012. Berlin.

Caves, R. E. (2000): Creative Industries. Contracts Between Art and Commerce. Cambridge.

Collins, J. (2001): Good To Great. New York.

Collins, M. A./Amabile, T. M. (2010): Motivation and Creativity. In: Handbook of Creativity. Hrsg. von R. J. Sternberg. 14. Auflage. Cambridge, S. 297–312.

Colman, J. (2012): Das ψ-Konzept. Ganzheitlicher Ansatz einer Potenzialberatung zur Steigerung der Innovationsfähigkeit von Medienunternehmen. In: Management kreativitätsintensiver Geschäftsprozesse. Theorien, Methoden, Software und deren Anwendung in der Fernsehindustrie. Hrsg. von J. Becker/W. Schwaderlapp/S. Seidel. Berlin und Heidelberg, S. 71–84.

Cooper, R. G. (1988): Predevelopment Activities Determine New Product Sucess. In: Industrial Marketing Management 17 (2), S. 237–248.

Cooper, R. G./Edgett, S. J./Kleinschmidt, E. J. (2002): Optimizing the State-Gate-Process. What Best-Practice Companies Do – I. In: Research Technology Management 45 (5), S. 21–27.

Cooper, R. G./Kleinschmidt, E. J. (1994): Screening New Products for Potential Winners. In: Institute of Electrical and Electronics Engineers IEEE Engineering Management 22 (4), S. 24–30.

Cornet, A. (2002): Plattformkonzepte in der Automobilentwicklung. Wiesbaden.

Corsten, H. (1998): Simultaneous Engineering als Managementkonzept für Produktentwicklungskonzepte. In: Integrationsmanagement für neue Produkte. Hrsg. von P. Horváth/G. Fleig. Stuttgart, S. 123–166.

Csikszentmihalyi, M. (1988): Society, Culture, and Person. A Systems View of Creativity. In: The Nature of Creativity. Contemporary Psycholological Perspectives. Hrsg. von R. J. Sternberg. New York, S. 325–339.

Csikszentmihalyi, M. (1990): Flow. The Psychology of Optimal Experience. New York.

Csikszentmihalyi, M. (1996): Creativity. Flow and the Psychology of Discovery and Invention. New York.

Csikszentmihalyi, M. (2010): Implications of a Systems Perspective for the Study of Creativity. In: Handbook of Creativity. Hrsg. von R. J. Sternberg. 14. Auflage. Cambridge, S. 313–335.

Csikszentmihalyi, M./Csikszentmihalyi, I. S. (1988): Optimal Experience. Psychological Studies of Flow in Consciousness. Cambridge.
Dal Zotto, C./Kranenburg, H. van (2008) (Hrsg.): Management and Innovation in the Media Industry. Cheltenham (UK).
Davenport, T. H. (2005): Thinking for a Living. How to Get Better Performance and Results from Knowledge Workers. Boston (MA).
De Bono, E. (1971): Lateral Thinking for Management. New York.
De Bono, E. (1985): Six Thinking Hats. New York.
De Bono, E. (1992): Serious Creativity. Using the Power of Lateral Thinking to Create New Ideas. New York.
De Bono, E. (2005): De Bonos neue Denkschule. Heidelberg.
Deci, E. L./Ryan, R. M. (1985): Intrinsic Motivation and Self-Determination in Human Behavior. New York.
Deci, E. L./Ryan, R. M. (1993): Die Selbstbestimmungstheorie der Motivation und ihre Bedeutung für die Pädagogik. In: Zeitschrift für Pädagogik 39, S. 223–238.
Dehm, U./Storll, D. (2005): Die Zuschauer verstehen. Abschied von der Informations-Unterhaltungsdichotomie. In: TV-Diskurs 9 (2), S. 42–45.
DiMaggio, P. (1977): Market Structure, the Creative Process, and Popular Culture. In: Journal of Popular Culture 11 (4), S. 436–452.
DiMaggio, P./Powell, W. W. (1983): The Iron Cage Revisited. Institutional Isomorphism and Collective Rationality in Organizational Fields. In: American Sciological Review 48 (2), S. 147–160.
Dogruel, L. (2013): Eine kommunikationswissenschaftliche Konzeption von Medieninnovationen. Begriffsverständnis und theoretische Zugänge. Wiesbaden.
Dwyer, L./Mellor, R. (1991): Organizational Environment, New Product Process Activities, and Project Outcomes. In: Journal of Product Innovation Management 8 (1), S. 39–48.
Eimeren, B. van/Frees, B. (2014): Ergebnisse der ARD/ZDF Online-Studie: 79 Prozent der Deutschen online. Zuwachs bei mobiler Internetnutzung und Bewegtbild. In: Media Perspektiven 7 (8), S. 378–396.
Eldred, E. W./McGrath, M. E. (1997a): Commercializing New Technology – I. In: Research Technology Management 1 (1-2), S. 41–47.
Eldred, E. W./McGrath, M. E. (1997b): Commercializing New Technology – II. In: Research Technology Management 2 (3-4), S. 29–33.
Esser, F. (2000): Does Organization Matter? Redaktionsforschung aus internationaler Perspektive. In: Kommunikation über Grenzen und Kulturen. Hrsg. von H. G. Brosius. Konstanz, S. 111–126.
Feess, E. (2015): Stichwort Komplexität. In: Gabler Wirtschaftslexikon. Hrsg. von Springer Gabler Verlag. Online verfügbar unter http://wirtschaftslexikon.gabler.de/Archiv/5074/komplexitaet-v8.html (zuletzt abgerufen am 02.02.2015).
Finke, R. A./Ward, T. B./Smith, S. M. (1992): Creative Cognition. Theory, Reserach and Application. Cambridge.
Fischermanns, G. (2010): Praxishandbuch Prozessmanagement. 9. Auflage. Gießen.
Foag, M. (2010): „More of the same". Die Kopiermentalität im deutschen Fernsehen. Ein Modell zur Bewertung von Innovation und Imitation im deutschen Unterhaltungsfernsehen. In: Handbuch der Unterhaltungsproduktion. Beschaffung und Produktion von Fernsehsendungen. Hrsg. von K. Lantzsch/K.-D. Altmeppen/A. Will. Wiesbaden, S. 135–151.
Förster, J./Denzler, M. (2004): How to Become Successful, Creative, and Happy. A Regulatory Focus Perspective on Emotion, Cognition, and Behavior. In: Mapping the World. New Perspectives in the Humanities and Social Sciences. Hrsg. von F. Hardt. Tübingen, S. 83–98.
Förster, J./Denzler, M. (2006): Kreativiät. In: Kognition (Band XX des Handbuchs der Psychologie). Hrsg. von J. Funke/P. A. Frensch. Göttingen u.a.

Förster, J./Friedmann, R. (2003): Kontextabhängige Kreativität. In: Zeitschrift für Psychologie 211 (3), S. 149–160.
FRAPA (2011): The FRAPA Report 2011. Protecting Format Rights.
FRAPA (2014): Welcome to FRAPA. Leading Association in TV Format Recognition And Protection. Online verfügbar unter http://www.frapa.org (zuletzt abgerufen am 30. 05. 2014).
Frees, B. (2014): Ergebnisse der ARD/ZDF Online-Studie: Konvergentes Fernsehen. TV auf unterschiedlichen Zugängen. In: Media Perspektiven 7-8, S. 417–419.
Friedmann, R./Förster, J. (2000): The Effects of Approach and Avoidance Motor Actions on the Elements of Creative Insight. In: Journal of Personality and Social Psychology 79, S. 477–492.
Fröhlich, K. (2008): Organisation für Innovation. Kreativitätsfördernde Organisation in der TV-Unterhaltungsproduktion. In: Zur Ökonomie der Unterhaltungsproduktion. Hrsg. von G. Siegert/B. von Rimscha. Köln, S. 151–173.
Fröhlich, K. (2010): Innovationssysteme der TV-Unterhaltungsproduktion. Komparative Analyse Deutschlands und Großbritanniens. Wiesbaden.
Gassmann, O. (2003): Wege zum erfolgreichen Produkt. Management von Innovationsprozessen. In: Business Engineering. Auf dem Weg zum Unternehmen des Informationszeitalters. Hrsg. von H. Österle/R. Winter. 2., neu bearbeitete und erweiterte Auflage. Berlin, S. 250–264.
Gebhardt, A. (2000): Rapid Prototyping. Werkzeuge für die schnelle Produktentstehung. 2., völlig überarbeitete Auflage. München.
Geschka, H. (1993): Wettbewerbsfaktor Zeit. Beschleunigung von Innovationsprozessen. Landsberg.
Giddens, A. (1984): The Constitution of Society. Cambridge.
Giersberg, F. (2014): VPRT-Prognose zum Medienmarkt 2014. Umsätze der audiovisuellen Medien in Deutschland. Statistiken 2013 – Prognosen 2014 – Trends 2015-2020. Berlin.
Gigerenzer, G. (2008): Bauchentscheidungen. Die Intelligenz des Unbewussten und die Macht der Intuition. 9. Auflage. München.
Gläser, M. (2008): Medienmanagement. München.
Gleich, U. (2008): Medienqualität. ARD-Forschungsdienst. In: Media Perspektiven 12, S. 642–646.
Göpfert, J. (1998): Modulare Produktentwicklung. Zur gemeinsamen Gestaltung von Technik und Organisation. Wiesbaden.
Gordon, W. J. J. (1961): Synectics. The Development of Creative Capacity. New York.
Grimme-Institut (2014): Über den Grimme-Preis. Online verfügbar unter http://www.grimme-institut. de/html/index.php?id=46 (zuletzt abgerufen am 25. 09. 2014).
Gryskiewicz, S. (1988): Trial by Fire in an Industrial Setting. A Practical Evaluation of Three Creative Problem-Solving Techniques. In: Innovation. A Cross-Disciplinary Perspective. Hrsg. von K. Gronhaug/G. Kaufmann. Oslo, S. 205–232.
Guilford, J. P. (1950): Creativity. In: American Psychologist 5, S. 444–454.
Gundlach, C./Ganz, A./Gutsche, J. (2010) (Hrsg.): Die frühe Innovationsphase. Methoden und Strategien für die Vorentwicklung. Düsseldorf.
Habann, F. (2003) (Hrsg.): Innovationsmanagement in Medienunternehmen. Theoretische Grundlagen und Praxiserfahrungen. Wiesbaden.
Habann, F. (2010): Erfolgsfaktoren von Medieninnovationen. Eine kausalanalytische empirische Untersuchung. Baden-Baden.
Hallenberger, G. (2002): Fernsehformate und internationaler Formathandel. In: Internationales Handbuch Medien. Baden-Baden, S. 130–137.
Harmon, P. (2007): Business Process Change. A Guide for Business Managers and BPM and Six Sigma Professsionals. New York.
Hauschildt, J. (1970): Zur Artikulation von Unternehmenszielen. In: Zeitschrift für betriebswirtschaftliche Forschung 22, S. 545–559.

Literaturverzeichnis

Hauschildt, J. (1991): Zur Messung des Innovationserfolges. In: Zeitschrift für Betriebswirtschaft 61 (4), S. 451–476.

Hauschildt, J. (1993): Innovationsmanagement. München.

Hauschildt, J./Salomo, S. (2011): Innovationsmanagement. 5., überarbeitete, ergänzte und aktualisierte Auflage. München.

Heckhausen, H. (1989): Motivation und Handeln. 2. Auflage. Berlin u.a.

Herstatt, C./Lüthje, C./Lettl, C. (2007): Fortschrittliche Kunden zu Breakthrough-Innovationen stimulieren. In: Management der frühen Innovationsphase. Grundlagen – Methoden – Neue Ansätze. Hrsg. von C. Herstatt/B. Verworn. 2., überarbeitete und erweiterte Auflage. Wiesbaden, S. 61–75.

Herstatt, C./Verworn, B. (2007) (Hrsg.): Management der frühen Innovationsphase. Grundlagen – Methoden – Neue Ansätze. 2., überarbeitete und erweiterte Auflage. Wiesbaden.

Herstatt, C. (2007): Management der frühen Phase von Breakthrough-Innovationen. In: Management der frühen Innovationsphase. Grundlagen – Methoden – Neue Ansätze. Hrsg. von C. Herstatt/B. Verworn. 2., überarbeitete und erweiterte Auflage. Wiesbaden, S. 295–314.

Herzhoff, S. (1991): Innovations-Management. Gestaltung von Prozessen und Systemen zur Entwicklung und Verbesserung der Innovationsfähigkeit von Unternehmungen. Gladbach/Köln.

Hesmondhalgh, D. (2007): The Cultural Industries. 2. Auflage. London.

Hess, T. (2002): Netzwerkcontrolling. Instrumente und ihre Werkzeugunterstützung. Wiesbaden.

Hess, T./Anding, M. (2001): Content Syndication. Konzept und erste praktische Erfahrungen. In: Information Research and Content Management. Hrsg. von R. Schmidt. Frankfurt, S. 41–53.

Hess, T./Köhler, L. (2003): Organisation der Produktinnovation in Medienunternehmen. Eine Analyse aufbauorganisatorischer Varianten. In: Innovationsmanagement in Medienunternehmen. Theoretische Grundlagen und Praxiserfahrungen. Hrsg. von F. Habann. Wiesbaden, S. 39–57.

Higgins, E. T. (1997): Beyond Pleasure and Pain. In: American Psychologist 52 (12), S. 1280–1300.

Hippel, E. von (1986): Lead Users. A Source of Novel Product Concepts. In: Management Science 32, S. 791–805.

Hoff, J. (2013): Das Penthaus ist weg. RTL-Programmchef Frank Hoffmann über Quotenschwund, neue Experimente und Thomas Gottschalk. In: Süddeutsche Zeitung vom 18.06.2013, S. 31.

Holm-Hadulla, R. M. (2010): Kreativität. Konzept und Lebensstil. Göttingen.

Horsch, J. (2003): Innovations- und Projektmanagement. Wiesbaden.

Hügel, H.-O. (2011): Qualitätskriterien oder Kritik. Messen oder Werten von Unterhaltung. In: Gute Unterhaltung?! Qualität und Qualitäten der Fernsehunterhaltung. Hrsg. von G. Hallenberger. Konstanz, S. 69–82.

Johne, F. A. (1984): How Experinced Product Innovators Organize. In: Journal of Product Innovation Management 1, S. 210–223.

Kammann, U. (2013): Moral, Maßstäbe, Diskurs. Der Grimme-Preis und das „Dschungelcamp". Online verfügbar unter http://grimme-institut.de/html/index.php?id=426&no_cache=1&tx_ttnews[tt_news]=393&tx_ttnews[backPid]=425&cHash=0df9afd8ac (zuletzt abgerufen am 14.02.2015).

Kepplingen, H. M./Rouwen, B. (2000): Der prognostische Gehalt der Nachrichtenwerttheorie. In: Publizistik 45 (4), S. 462–475.

Khurana, A./Rosenthal, S. R. (1998): Towards Holistic „Front Ends" in New Production Development. In: Journal of Product Innovation Management 15 (1), S. 57–74.

Kiefer, M. L. (2001): Medienökonomik. Einführung in eine ökonomische Theorie der Medien. München, Wien und Oldenburg.

Kleinknecht, A./Reinjnen, J. O. N./Smith, W. (1993): Collecting Literature-Based Innovation Ouput Indicators. The Experience in the Netherlands. In: New Concepts in Innovation Output Measurement. Hrsg. von A. Kleinknecht/D. Bain. Houndmills, S. 42–84.

Kline, S. J./Rosenberg, N. (1986): An Overview of Innovation. In: The Positive Sum Strategy. Harnesssing Technology from Economic Growth. Hrsg. von R. Landau/N. Rosenberg. Washington, S. 275–305.

Kobe, C. (2007): Technologiebeobachtungen. In: Management der frühen Innovationsphasen. Grundlagen – Methoden – Neue Ansätze. Hrsg. von C. Herstatt/B. Verworn. 2., überarbeitete und erweiterte Auflage. Wiesbaden, S. 24–37.

Koch, W./Liebholz, B. (2014): Ergebnisse der ARD/ZDF Online-Studie: Bewegtbildnutzung im Internet und Funktionen von Videoportalen im Vergleich zum Fernsehen. In: Media Perspektiven 7-8, S. 397–407.

Koch-Gombert, D. (2005): Fernsehformate und Formatfernsehen. München.

Koestler, A. (1966): Der göttliche Funke. Der schöpferische Akt in Kunst und Wissenschaft. Bern, München und Wien.

Köhler, L. (2005): Produktinnovation in der Medienindustrie. Organisationskonzepte auf Basis von Produktplattformen. Wiesbaden.

Köhler, L./Hess, T. (2003): Produktinnovation in Medienunternehmen. Eine Fallstudienanalyse zur Organisation der Produktinnovation in Unternehmen verschiedener Mediengattungen. München.

Koners, U./Goffin, K. (2007): Learning from Postproject Reviews. A Cross-Case Analysis. In: Journal of Product Innovation Management 24 (3), S. 242–258.

Kotzbauer, N. (1992): Erfolgsfaktoren neuer Produkte. Der Einfluß der Innovationshöhe auf den Erfolg technischer Produkte. Frankfurt am Main.

Krei, A. (2014): Alles trimedial beim MDR. Wille erklärt Umbau-Pläne. Online verfügbar unter http://www.dwdl.de/nachrichten/47535/alles_trimedial_beim_mdr_wille_erklaert_umbauplaene/ (zuletzt abgerufen am 04.12.2014).

La Roche, W. von (2008): Einführung in den praktischen Journalismus. 18., aktualisierte und erweiterte Auflage. Berlin.

Lampel, J./Lant, T./Shampsie, J. (2000): Balancing Act. Learning from Organizing Practices in Cultural Industries. In: Organization Science 11 (3), S. 263–269.

Lantzsch, K. (2008): Der internationale Fernsehformathandel. Akteure, Strategien, Strukturen, Organisationsformen. Wiesbaden.

Lantzsch, K. (2010): Organisation des Fernsehformathandels. Interorganisationale Netzwerke als Kooperationsform. In: Handbuch der Unterhaltungsproduktion. Beschaffung und Produktion von Fernsehsendungen. Hrsg. von K. Lantzsch/K.-D. Altmeppen/A. Will. Wiesbaden, S. 273–286.

Lantzsch, K./Altmeppen, K.-D./Will, A. (2010) (Hrsg.): Handbuch Unterhaltungsproduktion. Beschaffung und Produktion von Fernsehunterhaltung. Wiesbaden.

Leblebici, H./Salancik, G. R./Copay, A./King, T. (1991): Institutional Changes and the Transformation of Interorganizational Fields. An Organizational History of the U.S. Radio Broadcasting Industry. In: Administrative Science Quarterly 36 (3), S. 333–363.

Lippmann, W. (1964): Die öffentliche Meinung. München.

Lückenrath, T. (2014): Die neue deutsche Serienwelle. Machtwechsel? Die Emanzipation der Produzenten. Online verfügbar unter http://www.dwdl.de/mipcom2014/47996/machtwechsel_die_emanzipation_der_produzenten/ (zuletzt abgerufen am 28.12.2014).

Lühring, N. (2007): Innovationsfördernde Organisationsstrukturen unter Berücksichtigung früher Innovationsphasen. In: Management der frühen Innovationsphase. Grundlagen – Methoden – Neue Ansätze. Hrsg. von C. Herstatt/B. Verworn. 2., überarbeitete und erweiterte Auflage. Wiesbaden, S. 133–164.

Lüthje, C. (2007): Methoden zur Sicherstellung von Kundenorientierung in den frühen Phasen des Innovationsprozesses. In: Management der frühen Innovationsphasen. Grundlagen – Methoden – Neue Ansätze. Hrsg. von C. Herstatt/B. Verworn. 2., überarbeitete und erweiterte Auflage. Wiesbaden, S. 39–60.

Lynn, G. G./Akgün, A. E. (1998): Innovation Strategies Under Uncertainty. A Contingency Approach for New Product Development. In: Engineering Management Journal 10 (3), S. 11–17.

Lynn, G. G./Monroe, J. G./Paulson, A. S. (1996): Marketing and Discontinuous Innovation: the Probe and Learn Process. In: California Management Review 38 (3), S. 8–37.

Mantel, U. (2013): Unterhaltungsdampfer RTL nimmt Kurs auf Relevanz. Online verfügbar unter http://www.dwdl.de/nachrichten/41615/unterhaltungsdampfer_rtl_nimmt_kurs_auf_relevanz/ (zuletzt abgerufen am 04.12.2014).

Mayer, R. E. (2010): Fifty Years of Creativity Research. In: Handbook of Creativity. Hrsg. von R. J. Sternberg. 14. Auflage. Cambridge, S. 449–460.

Meffert, H. (2000): Marketing. Grundlagen marktorientierter Unternehmensführung. Konzepte, Instrumente, Praxisbeispiele. Wiesbaden.

Mensel, N. (2004): Organisierte Initiative für Innovationen. Wiesbaden.

Mikos, L. (1992): Fernsehen im Kontext von Alltag, Lebenswelt und Kultur. In: Rundfunk und Fernsehen 40 (4), S. 528–543.

Mikos, L. (2008): Film- und Fernsehanalyse. 2., überarbeitete Auflage. Konstanz.

Mikos, L. (2010): Unterhaltungsrezeption. Das Fernsehpublikum und die Qualität der Unterhaltung. In: Handbuch der Unterhaltungsproduktion. Beschaffung und Produktion von Fernsehsendungen. Hrsg. von K. Lantzsch/K.-D. Altmeppen/A. Will. Wiesbaden, S. 81–97.

Mikos, L. (2011): Aktives Erleben. Vom kulturellen Wert der Fernsehunterhaltung. In: Gute Unterhaltung?! Qualität und Qualitäten der Fernsehunterhaltung. Hrsg. von G. Hallenberger. Konstanz, S. 55–64.

Mikos, L. (2012): Neue Formate und Programmtrends im deutschen Fernsehen. Ein Rückblick auf das Programmjahr 2010/2011. Hrsg. von der Arbeitsgemeinschaft der Landesmedienanstalten in der Bundesrepublik Deutschland. In: Programmbericht 2011. Fernsehen in Deutschland. Programmforschung und Programmdiskurs. Berlin, S. 117–127.

Mitchell, J. C. (1969): The Concept and Use of Social Networks. In: Social Networks in Urban Situations. Hrsg. von J. C. Mitchell. Manchester, S. 1–50.

Mitchell, S. (2008): Komplexitäten. Warum wir erst anfangen, die Welt zu verstehen. Frankfurt am Main.

Mooney, R. L. (1963): Creativity Approaches. An Integrative Model. In: Scientific Creativity. It's Recognition and Development. Hrsg. von C. Taylor/F. Barron. New York u.a., S. 331–340.

Mueller-Oerlinghausen, J./Sauder, A. (2003): Kreativität. Alles oder nichts? Erfolgsfaktoren innovativer Produktentwicklung. In: Innovationsmanagement in Medienunternehmen. Theoretische Grundlagen und Praxiserfahrungen. Hrsg. von F. Habann. Wiesbaden, S. 16–36.

Neale, S. (1981): Genre and Cinema. In: Popular Television and Film. Hrsg. von T. Bennet/S. Boyd-Bowmann/J. Woollacott. London.

Niggemeier, S. (2011): Macht doch, was Ihr wollt. Online verfügbar unter http://www.faz.net/aktuell/feuilleton/medien/2.1756/im-fernsehen-tv-lab-macht-doch-was-ihr-wollt-11114582.html (zuletzt abgerufen am 19.09.2014).

Ohms, W. J. (2000): Management des Produktionsentstehungsprozesses. Handlungsorientierte Erfolgsfaktorenforschung im Rahmen einer empirischen Studie in der Elektroindustrie. München.

Osborn, A. F. (1953): Applied Imagination. Principles and Procedures of Creative Thinking. New York.

Pebels, W. (2001): Produktmanagement. Produktinnovation, Markenpolitik, Programmplanung, Prozessorganisation. München.

Perlitzer, M./Löbler, H. (1989): Das Innovationsverhalten in der mittelständischen Industrie. Das Risk-Return-Paradoxon. Stuttgart.

Peterson, R. A. (1994): Cultural Studie Through the Production Perspective. Progress and Prospects. In: The Sociology of Culture. Hrsg. von D. Crane. Oxford, S. 163–185.

Prather, C. W. (2005): The Dumb Thing about Smart Goals for Innovation. In: Research Technology Management, S. 14–15.

Reichwaldt, R./Schaller, C. (2006): Innovationsmanagement von Dienstleistungen. Herausforderungen und Erfolgsfaktoren in der Praxis. In: Service Engineering. Entwicklung und Gestaltung innovativer Dienstleistungen. Hrsg. von H.-J. Bullinger/A.-W. Scheer. Berlin, S. 167–194.

Rhodes, M. (1961): An Analysis of Creativity. In: Phi Delta Kappan 42, S. 305–310.

Riehl, K. (2014): Neue deutsche Welle. Online verfügbar unter http://www.sueddeutsche.de/medien/neue-serien-neue-deutsche-welle-1.2178278 (zuletzt abgerufen am 23.10.2014).

Riffi, A./Michel, P. (2013): Bewegtbild 2020. Eine Studie zu Strategien der Contentproduzenten. Essen/Marl.

Rohrbach, B. (1969): Kreativität nach Regeln. Methode 635, eine neue Technik zum Lösen von Problemen. In: Absatzwirtschaft 12, S. 73–76.

Röpcke, A. (2010): Reflexive Koordination. Organisation der Content-Produktion als Auftragsproduktion. In: Handbuch der Unterhaltungsproduktion - Beschaffung und Produktion von Fernsehsendungen. Hrsg. von K. Lantzsch/K.-D. Altmeppen/A. Will. Wiesbaden, S. 243–258.

Salomo, S./Gemünden, H./Billing, F. (2007): Dynamisches Schnittstellenmanagement. In: Management der frühen Innovationsphasen. Grundlagen – Methoden – Neue Ansätze. Hrsg. von C. Herstatt/B. Verworn. 2., überarbeitete und erweiterte Auflage. Wiesbaden, S. 161–194.

Schachtner, K. (1999): Kommunikations- und Informationsstrukturen für die Planung marktgerechter Produktinnovationen. In: Information Management and Consulting 14 (3), S. 81–89.

Schlaak, T. M. (1999): Der Innovationsgrad als Schlüsselvariable. Perspektiven für das Management von Produktentwicklungen. Wiesbaden.

Schlicksupp, H. (2004): Innovation, Kreativität und Ideenfindung. Würzburg.

Schneider, K./Wagner, D./Behrens, H. (2003): Vorgehensmodelle zum Service Engineering. In: Service Engineering. Entwicklung und Gestaltung innovativer Dienstleistungen. Hrsg. von H.-J. Bullinger/A.-W. Scheer. Berlin, S. 117–141.

Scholler, J. W./Melcher, J. (1995): The Ineffability of Insight. In: The Creative Cognition Approach. Hrsg. von S. M. Smith/T. B. Ward/R. A. Finke. Cambridge (MA), S. 97–133.

Schreyögg, G. (2008): Organisation. Grundlagen moderner Organisationsgestaltung. Wiesbaden.

Schultz, S. (2014a): Das Fernsehen der Zukunft (1). Die Vermessung des Zuschauers. Online verfügbar unter http://www.spiegel.de/wirtschaft/unternehmen/amazon-und-netflix-erfinden-fernsehen-der-zukunft-a-988172.html (zuletzt abgerufen am 17.09.2014).

Schultz, S. (2014b): Das Fernsehen der Zukunft (2). Operation HollyTube. Online verfügbar unter http://www.spiegel.de/wirtschaft/unternehmen/netflix-start-youtube-macht-free-tv-ueberfluessig-a-988173.html.

Schulz, W. (1976): Die Konstruktion von Realität in den Nachrichtenmedien. Freiburg und München.

Schumpeter, J. A. (1939): Business Cycles. A Theoretical, Historical and Statistical Analysis of the Capitalist Process. New York und London.

Schumpeter, J. A. (1964): Theorie der wirtschaftlichen Entwicklung. Berlin.

Schumpeter, J. A. (1993): Kapitalismus, Sozialismus und Demokratie. 7. erweiterte Auflage. Tübingen.

Schwehm, M. O./Voigt, M. (2012): Validierung und Erweiterung der Theorie des Managements kreativitätsintensiver Prozesse. Eine Studie in der deutschen Fernsehindustrie. In: Management kreativitätsintensiver Geschäftsprozesse. Theorien, Methoden, Software und deren Anwendung in der Fernsehindustrie. Hrsg. von J. Becker/W. Schwaderlapp/S. Seidel. Berlin und Heidelberg.

Seidel, S. (2009): A Theory of Managing Creativity-Intensive Processes. Unveröffentlichte Dissertation an der Wirtschaftswissenschaftlichen Fakultät der Universität Münster.

Seidel, S. (2011): Toward a Theory of Managing Creativity-Intensive Processes. A Creative Industries Study. In: Inf. Syst. E-Business Management 9 (4), S. 407–446.

Seidel, S. (2012): Management kreativitätsintensiver Geschäftsprozesse. In: Management kreativitätsintensiver Geschäftsprozesse. Theorien, Methoden, Software und deren Anwendung in der Fernsehindustrie. Hrsg. von J. Becker/W. Schwaderlapp/S. Seidel. Berlin und Heidelberg, S. 3–16.

Seidel, S./Müller-Wienbergen, F./Rosemann, M. (2010): Pockets of Creativity in Business Processes. In: Communications of the Association for Information Systems 27 (1), S. 415–436.

Siegert, G./Rimscha, B. von (2008) (Hrsg.): Zur Ökonomie der Unterhaltungsproduktion. Köln.

Siegert, G./Weber, R. H./Lobigs, F./Spacek, D. (2006): Der Schutz innovativer publizistischer Konzepte im Medienwettbewerb. Eine medienökonomische und medienrechtliche Untersuchung. Baden-Baden.

Sjurts, I. (2004): Der Markt wird's schon richten!? Medienprodukte, Medienunternehmen und die Effizienz des Marktprozesses. In: Medien und Ökonomie. Band 2: Problemfelder der Medienökonomie. Hrsg. von K.-D. Altmeppen/M. Karmasin. Wiesbaden, S. 159–181.

Smith, S. M./Ward, T. B./Schumacher, J. S. (1993): Constraining Effects of Examples in Creative Generation Tasks. In: Memory & Cognition 21, S. 837–845.

Söndermann, M./Backes, C./Arndt, O. (2009): Gesamtwirtschaftliche Perspektiven der Kultur- und Kreativwirtschaft in Deutschland. Berlin.

Söndermann, M./Backes, C./Arndt, O./Brünick, D. (2009): Kultur- und Kreativwirtschaft. Ermittlung der gemeinsamen charakteristischen Definitionselemente der heterogenen Teilbereiche der „Kulturwirtschaft" zur Bestimmung ihrer Perspektiven aus volkswirtschaftlicher Sicht (Endbericht). Berlin.

Song, X. M./Thieme, J. R./Xie, J. (1998): The Impact of Cross-Functional Joint Involvment Across Product Development Stages. An Exploratory Study. In: The Journal of Product Innovation Management 15, S. 289–303.

Sternberg, R. J. (2010) (Hrsg.): Handbook of Creativity. 14. Auflage. Cambridge.

Sternberg, R. J./Lubart, T. I. (2010): The Concept of Creativity. Prospects and Paradigms. In: Handbook of Creativity. Hrsg. von R. J. Sternberg. 14. Auflage. Cambridge, S. 3–15.

Stringer, R. (2000): Innovation. How to Manage Radical Innovation. In: California Management Review 42 (4), S. 70–88.

Swink, M. L. (1998): A Tutorial on Implementing Concurrent Engineering in New Product Development Programs. In: Journal of Operations Management 16, S. 103–116.

Sydow, J./Windeler, A. (2004a) (Hrsg.): Organisation der Content-Produktion. Wiesbaden.

Sydow, J./Windeler, A. (2004b): Projektnetzwerke. Management von (mehr als) temporären Systemen. In: Organisation der Content-Produktion. Hrsg. von J. Sydow/A. Windeler. Wiesbaden, S. 37–52.

Thom, N. (1980): Grundlagen des betrieblichen Innovationsmanagements. Köln.

Thomke, S./Fujimoto, T. (2000): The Effect of „Front-Loading". Problem-Solving on Product Development Performances. In: The Journal of Product Innovation Management 17 (2), S. 128–142.

Thorsby, D. (2001): Economics and Culture. Cambridge.

Towse, R. (2003): Cultural Industries. In: A Handbook of Cultural Economics. Hrsg. von R. Towse. Cheltenham, S. 170–176.

Urban, K. K. (1993): Neuere Aspekte in der Kreativitätsforschung. In: Psychologie in Erziehung und Unterricht 39, S. 133–148.

Vahs, D./Burmester, R. (1999): Innovationsmanagement. Von der Produktidee zur erfolgreichen Vermarktung. Stuttgart.

Verworn, B. (2005): Die frühen Phasen der Produktentwicklung. Wiesbaden.

Verworn, B./Herstatt, C. (2007a): Bedeutung der frühen Phasen des Innovationsprozesses. In: Management der frühen Innovationsphasen. Grundlagen – Methoden – Neue Ansätze. Hrsg. von C. Herstatt/B. Verworn. 2., überarbeitete und erweiterte Auflage. Wiesbaden, S. 3–19.

Verworn, B./Herstatt, C. (2007b): Strukturierung und Gestaltung der frühen Phasen des Innovationsprozesses. In: Management der frühen Innovationsphasen. Grundlagen – Methoden – Neue Ansätze. Hrsg. von C. Herstatt/B. Verworn. 2., überarbeitete und erweiterte Auflage. Wiesbaden, S. 111–134.

Verworn, B./Herstatt, C./Nagahira, A. (2006): The Impact of the „Fuzzy Front End" on New Product Development Sucess in Japanese NPD Projects. In: Proceedings of the R&D Management Conference. Lake Windermere.

Vogt, T. (2010): Kalkulierte Kreativität. Die Rationalität kreativer Prozesse. Wiesbaden.

Walcher, D. (2007): Der Ideenwettbewerb als Methode der aktiven Kundenintegration. Theorie, empirische Analyse und Implikationen für den Innovationsprozess. Wiesbaden.

Ward, T. B. (1995): What's Old About New Ideas? In: The Creative Cognition Approach. Hrsg. von S. M. Smith/T. B. Ward/R. A. Finke. Cambridge (MA), S. 157–178.

Ward, T. B./Smith, S. M./Finke, R. A. (2010): Creative Cognition. In: Handbook of Creativity. Hrsg. von R. J. Sternberg. 14. Auflage. Cambridge, S. 189–212.

WDR (2001): Zum Auftrag des öffentlich-rechtlichen Rundfunks. Eine medienpolitische Standortbestimmung des Gremienvorsitzenden der ARD. Online verfügbar unter http://www.wdr.de/unternehmen/gremien/rundfunkrat/pdf/resolution/Funktionsauftrag_Papier_2001.pdf (zuletzt abgerufen am 24.09.2014).

WDR (2014): Mediennutzung 2024. Online verfügbar unter http://www.wdr-mediagroup.com/download/spezialmodule/dokumente/Studie_Mediennutzung2024_Broschuere.pdf (zuletzt abgerufen am 15.01.2015).

Weise, J. (2005): Planung und Steuerung von Innovationsprojekten. Wiesbaden.

Werth, L./Förster, J. (2007): Regulatorischer Fokus. Ein Überblick. In: Zeitschrift für Sozialpsychologie 38 (1), S. 33–42.

Wesseler, F. (2013): Unterhaltung auf allen Kanälen. Der Facebook-Erfolg von „Berlin - Tag & Nacht". In: Programmbericht 2012. Fernsehen in Deutschland. Programmforschung und Programmdiskurs. Berlin, S. 197–202.

Windeler, A. (2001): Unternehmensnetzwerke. Wiesbaden.

Windeler, A. (2004): Organisation der TV-Produktion in Projektnetzwerken. Zur Bedeutung von Produkt- und Industriespezifika. In: Organisation der Content-Produktion. Hrsg. von J. Sydow/A. Windeler. Wiesbaden, S. 55–76.

Windeler, A. (2008): Unterhaltungsproduktion in Netzwerken. In: Zur Ökonomie von Unterhaltungsproduktion. Hrsg. von G. Siegert/B. Rimscha. Köln.

Windeler, A. (2010): Organisation der Content-Produktion in organisationalen Handlungsfeldern. Ein Analyserahmen. In: Handbuch der Unterhaltungsproduktion. Beschaffung und Produktion von Fernsehsendungen. Hrsg. von K. Lantzsch/K.-D. Altmeppen/A. Will. Wiesbaden, S. 219–242.

Windeler, A./Sydow, J. (2004): Vernetzte Content-Produktion und die Vielfalt möglicher Organisationsformen. In: Organisation der Content-Produktion. Hrsg. von J. Sydow/A. Windeler. Wiesbaden, S. 1–17.

Witt, J. (1996): Produktinnovation. München.

Woodman, R. W./Sawyer, J. E./Griffin, R. W. (1993): Toward a Theory of Organizational Creativity. In: Academy of Management Review 18 (2), S. 293–321.

Zabel, C. (2009): Wettbewerb im deutschen TV-Produktionssektor. Produktionsprozesse, Innovationsmanagement und Timing-Strategien. Wiesbaden.

Zabel, C. (2010): Schumpeter meets DSDS. Eine empirische Analyse der Innovationsmuster im Wettbewerb des deutschen TV-Produktionssektor 1992-2007. In: Handbuch der Unterhaltungsproduktion. Beschaffung und Produktion von Fernsehsendungen. Hrsg. von K. Lantzsch/K.-D. Altmeppen/A. Will. Wiesbaden, S. 101–116.

Zarges, T. (2013): Baron: „Wir hätten eine Revolution anzetteln müssen". Online verfügbar unter http://www.dwdl.de/interviews/43020/baron_wir_haetten_eine_revolution_anzetteln_muessen/ (zuletzt abgerufen am 15.01.2015).

Zedtwitz, M. von (2002): Organizational Learning Through Post-Project Reviews in R&D. In: R&D Management 32 (3), S. 255–268.

Zwicky, F. (1959): Morphologische Forschung. Winterthur.

Zwicky, F. (1966): Entdecken, Erfinden, Forschen im morphologischen Weltbild. München.

Druck: KN Digital Printforce GmbH · Schockenriedstraße 37 · 70565 Stuttgart